Le modèle Outside Insight

Éditions Eyrolles
61, bd Saint-Germain
75240 Paris Cedex 05
www.editions-eyrolles.com

Cet ouvrage est paru en 2017 sous le titre
Outside Insight: Navigating a World Drowning in Data
chez Portfolio/Penguin Random House.

Composition : Soft Office

ISBN : 978-2-212-57362-6

Jørn Lyseggen

Le modèle Outside Insight

La data au cœur de votre prise de décision

Traduit de l'anglais par Églantine Roche

Éditions
EYROLLES

Pour Kai et Izzy
J'ai remporté le gros lot à votre naissance.
Je suis très fier de vous. Je vous aime tant.

Sommaire

Préface 1

Introduction 5

PREMIÈRE PARTIE
Une nouvelle réalité numérique

Chapitre 1
Tout le monde sème des miettes en ligne 13

Chapitre 2
Étudier les données internes, c'est étudier le passé 41

Chapitre 3
Étudier les données externes, c'est étudier l'avenir 57

DEUXIÈME PARTIE
Un nouveau paradigme de prise de décision

Chapitre 4
Pour une nouvelle réalité numérique 73

Chapitre 5
La valeur des données externes 87

Chapitre 6
La valeur du temps réel 99

Chapitre 7
La valeur du benchmarking 113

TROISIÈME PARTIE
L'Outside Insight dans la pratique

Chapitre 8
L'Outside Insight pour les conseils d'administration et les cadres 127

Chapitre 9
L'Outside Insight pour les marketeurs 149

Chapitre 10
L'Outside Insight pour le développement produit 169

Chapitre 11
L'Outside Insight pour la gestion du risque 187

Chapitre 12
L'Outside Insight pour les décisions d'investissement 201

QUATRIÈME PARTIE
L'avenir de l'Outside Insight

Chapitre 13
L'émergence d'une nouvelle catégorie de logiciels 217

Chapitre 14
Des problèmes complexes à résoudre 225

Chapitre 15
De nouvelles sources de données 239

Chapitre 16
Les risques potentiels de l'Outside Insight 247

Chapitre 17
L'avenir de l'Outside Insight 259

Remerciements 265

Index 267

Préface

Au cours de l'été 2001, j'ai pris un peu de recul pour essayer d'identifier les macro-tendances susceptibles de modeler le monde dans les années à venir. J'avais décidé de créer une entreprise et j'essayais de déterminer quelle tendance serait la plus porteuse. J'ai alors trouvé très intéressante l'explosion de l'information en ligne. Nous étions désormais submergés d'informations, et il était tout simplement impossible, car trop long et complexe, d'essayer de les exploiter manuellement. La réponse évidente à ce problème semblait être un logiciel en mesure de suivre et d'analyser automatiquement toutes ces données.

C'est ainsi qu'est née la société Meltwater. Au départ, nous étions deux et une machine à café, dans une cabane d'Oslo, en Norvège (notre adresse était d'ailleurs Shack 15[1]), avec un capital initial de 15 000 dollars. Notre idée était de développer un logiciel qui, en quelques minutes, fournirait aux cadres et aux décideurs un résumé de tout ce qui s'était passé dans le monde au cours des dernières vingt-quatre heures. Il devait leur restituer ces informations sous une forme si simple à lire qu'il ne leur aurait fallu que quelques secondes pour être au courant de ce qui concernait leurs concurrents, leurs clients clés et leur propre marque. Notre slogan était « Informed decisions », car nous voulions aider les responsables à exploiter les informations désormais disponibles en ligne, en plus de toutes les données dont ils disposaient habituellement.

À l'époque, nous n'avions pas conscience d'être tombés sur une macro-tendance d'importance considérable. Au début, nous nous sommes concentrés sur les actualités en ligne et les sites d'entreprise. Nous n'avions pas prévu l'avènement des réseaux sociaux. Facebook

1. Ndt : en anglais, *shack* signifie « cabane ».

a été fondé en 2004, Twitter en 2006. Les blogs n'ont pas attiré l'attention du public avant 2007 environ. Cette immense quantité de nouveaux contenus en ligne a suscité un besoin en logiciels perfectionnés, en mesure d'analyser des milliards de documents chaque jour. Aujourd'hui, les algorithmes intelligents, le traitement automatique du langage naturel (TALN[1]), le machine learning (apprentissage automatique) et les techniques de big data servent à générer de l'analytique et des insights à partir des actualités en ligne et des réseaux sociaux, ce qui était totalement inconcevable en 2001.

Au fil des ans, Meltwater a évolué et s'est établie comme entreprise internationale, accompagnant plus de 25 000 entreprises dans plus de 100 pays. Nos clients vont des moyennes entreprises locales aux grandes multinationales. Nous collaborons d'une manière ou d'une autre avec la moitié des entreprises de la liste Fortune 500. Nous fournissons nos services à tous les secteurs, et nos clients vont de Coca-Cola au Vatican. Après d'humbles débuts, nous comptons désormais 1 400 employés, et 60 bureaux sur les six continents.

Nos clients nous ont appris à utiliser ingénieusement les informations externes. En effet, en plus des utilisations basiques, telles que la veille concurrentielle, la mesure de la satisfaction du client et le développement produit, nous avons parfois dû faire face à des cas surprenants que nous n'avions pas prévus. L'université d'Oslo a par exemple eu recours à nos services pour mesurer la vitesse à laquelle une nouvelle orthographe du mot « ketchup » en norvégien était adoptée. Une entreprise de dix personnes du sud de la Suède, qui vendait des fenêtres, suivait les reportages locaux sur les cambriolages afin de générer des leads. Dans un pays d'Europe, une agence gouvernementale analysait les groupes de discussion en ligne pour enquêter sur des cas de suspicion d'opérations d'initiés.

En travaillant avec nos clients du monde entier, nous avons constaté la valeur que peuvent générer les informations extérieures, et réalisé que nous n'avions encore qu'une vague idée du rôle que ces informations joueraient à l'avenir dans la prise de décision.

---

1. Ndt : en anglais, « *Natural Language Processing* » (NLP).

Aujourd'hui, les consommateurs et les entreprises produisent des contenus en ligne à une vitesse sans précédent. L'engagement en ligne des consommateurs et sur les réseaux sociaux est en croissance permanente. Les entreprises utilisent l'Internet comme une arène stratégique dans laquelle promouvoir leurs marques, leurs produits et leurs emplois, et augmentent en conséquence leurs investissements en ligne et leur création de contenus. Avec l'arrivée de nouveaux contenus, plus riches et librement accessibles sur Internet, il est possible d'obtenir des insights de plus en plus élaborés pour le business.

Je suis convaincu que nous sommes à la veille d'une immense transformation en matière de prise de décision dans les entreprises. Je pense également que, dans les années à venir, l'utilisation des informations en ligne changera la manière dont les entreprises sont gérées, les stratégies développées, la santé des entreprises mesurée et la manière dont les dirigeants exercent leur métier.

Ces perspectives sont fascinantes et dépassent sans aucun doute tout ce que je pouvais imaginer quand j'ai fondé Meltwater en 2001. Grâce au Word Wide Web et à l'avènement des réseaux sociaux, l'Internet s'est transformé en une source précieuse d'insights consommateurs et de veille concurrentielle. Ces informations sont aujourd'hui largement sous-utilisées. Alors que les entreprises tentent d'améliorer leur positionnement dans un environnement incroyablement dynamique, rapide et concurrentiel, les gagnantes seront celles qui sauront le mieux prévoir les changements et les anticiper. L'un des facteurs cruciaux de cette course sera la capacité d'une entreprise à exploiter les données externes pour en tirer des insights.

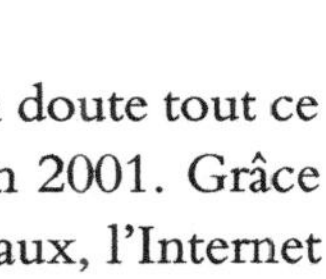

Jørn Lyseggen
San Francisco, mars 2017

Introduction

Le 25 avril 2016, VentureBeat, blog tech discutant de l'écosystème de la Silicon Valley, a rapporté que, dans la semaine précédant son rapport financier du premier trimestre, Apple s'était séparé de tous ses recruteurs sous contrat[1]. Cette information a été perçue comme un mauvais présage. En effet, quand Apple a publié ses données financières le lendemain, elles annonçaient une chute de 13 % des recettes[2]. Pour la première fois en treize ans, Apple enregistrait ce trimestre-là des chiffres négatifs de progression des ventes. La réaction du marché à cet affaissement fut de réduire la valeur marchande d'Apple de 58 milliards de dollars, plus ou moins l'équivalent de la valeur de BMW.

Cet ouvrage décrit les insights[3] précieux que peuvent renfermer les informations que les entreprises et les personnes laissent derrière eux sur Internet, leurs « miettes numériques », et la manière dont ces informations sont en général négligées dans les processus décisionnels des entreprises. Les offres d'emploi, les réseaux sociaux, les blogs et les demandes de brevets sont des sources précieuses d'informations prévisionnelles. Elles révèlent en effet combien une entreprise investit, si ses clients sont satisfaits, et son positionnement futur sur le marché.

---

1. Jordan Novet, « Apple Has Laid off All of Its Contract Recruiters, Source Says », *VentureBeat*, 25 avril 2016.
2. Emil Protalinski, « Apple Sees iPhone Sales Fall for the First Time: Down 16.3% to 51.2 Million in Q2 2016 », *VentureBeat*, 26 avril 2016.
3. Ndt : « Insight » est un mot de plus en plus utilisé en français dans le domaine du marketing. Or, c'est un terme très riche dont le sens varie en fonction du contexte. Il peut tour à tour avoir l'une des significations suivantes, voire cumuler plusieurs de ces significations en même temps : connaissance, compréhension, informations, aperçu, appréciation (dans le sens d'évaluation), analyse, éclairage, enseignements, inspiration, intuition, perspicacité, prise de conscience, réflexion, regard éclairé, points de repère.

Malgré leur valeur stratégique manifeste, ces sources d'informations ne sont pas fréquemment utilisées aujourd'hui. Dans cet ouvrage, nous montrerons que les entreprises qui s'intéressent à cette nouvelle catégorie de données disposeront d'une meilleure compréhension de leur environnement concurrentiel et obtiendront un avantage « inéquitable » sur leurs concurrents.

L'Outside Insight en récits

Cet ouvrage parle des nombreuses organisations qui utilisent déjà l'Outside Insight pour acquérir un avantage concurrentiel et améliorer leur processus de décision.

Nous pouvons citer cette unité spéciale de surveillance Facebook de la police de New York, qui a réussi à retrouver et à faire condamner les assassins d'une adolescente innocente, prise dans le feu croisé des guerres entre gangs, lors d'un crime sans témoins.

À ses premières heures, YouTube comparait sa couverture médiatique à celle de ses concurrents pour mesurer la réussite de la construction de sa marque et la création de son audience. Sa position dominante précoce dans les mentions dans les médias fut un indicateur précoce de sa position dominante dans l'espace vidéo en ligne.

L'entreprise américaine RaceTrac utilise les données externes pour augmenter la précision de ses prévisions de chiffre d'affaires. En intégrant des indicateurs extérieurs précurseurs, données qui ne sont habituellement pas utilisées pour l'établissement du budget, l'entreprise a réussi à réduire de 15 % ces erreurs de prédiction.

En quatre ans seulement, Daniel Wellington, fabricant de montres suédois, a réussi à vendre plus de montres que Rolex, en utilisant Instagram comme canal marketing principal. Daniel Wellington fait de ses clients les ambassadeurs de sa marque, et est représentatif de la nouvelle génération de marques pour lesquelles les réseaux sociaux sont innés, et qui maîtrisent pleinement le potentiel viral du monde numérique.

Hike, application de messagerie développée en Inde, a réussi à dépasser Facebook Messenger en moins de trois ans et à s'imposer comme deuxième application de messagerie en Inde, après WhatsApp. L'arme secrète de Hike est son analytique rigoureuse des réseaux sociaux, qu'elle exploite pour son développement produit. En effet, elle cisèle soigneusement chaque nouvelle fonction de son produit selon les préférences des consommateurs, qui ressortent de l'analyse des réseaux sociaux.

EQT, société de capital-risque leader en Europe, met au point un outil de data science sophistiqué baptisé Motherbrain, pour identifier les jeunes entreprises à potentiel. Cette initiative repose sur l'idée qu'à mesure que les entreprises se développent et réussissent, elles sèment des miettes en ligne, telles que des offres d'emploi, du buzz sur les réseaux sociaux, et une couverture médiatique. En utilisant des logiciels perfectionnés pour surveiller ces informations, EQT compte identifier avant ses concurrents les start-up européennes les plus prometteuses.

Les réseaux sociaux peuvent également être utilisés pour prévoir le résultat des élections. En 2016, Meltwater a correctement prévu le résultat du référendum sur le Brexit et la victoire de Donald Trump aux élections américaines.

Les sondages conventionnels indiquaient dans les deux cas un autre résultat, alors que l'analyse en ligne dressait un tableau plus précis et montrait une prévalence des soutiens au Brexit et à Trump sur les réseaux sociaux. Lors du décompte des voix, les résultats se sont avérés plus proches de ceux de l'analyse des réseaux sociaux que des sondages traditionnels.

UN NOUVEAU PARADIGME DE PRISE DE DÉCISION

Aujourd'hui, la plupart des entreprises n'utilisent pas les données externes de manière systématique, mais concentrent au contraire leurs analyses et leurs efforts sur les données internes, telles que les données financières. Le problème de cette approche est qu'elle est fondamentalement réactive. Les données internes sont le résultat ultime d'événements historiques. Gérer une entreprise sur la base des données internes telles que les données financières du trimestre écoulé revient à conduire une voiture en regardant dans le rétroviseur.

Dans cet ouvrage, nous nous attacherons à démontrer que la prise de décision doit être entièrement repensée pour s'adapter à la nouvelle réalité numérique. L'Internet a transformé la manière de communiquer, de s'informer, de faire des achats, de socialiser, de faire de la publicité et de gérer les finances. Cependant, malgré tous ces changements, les processus de prise de décision des entreprises sont restés statiques.

Cet ouvrage propose un nouveau paradigme de prise de décision. Le modèle Outside Insight (OI) est une approche axée sur l'anticipation des changements dans le panorama concurrentiel à l'aide du suivi et de l'analyse des traces laissées en ligne par vos concurrents, vos clients, vos fournisseurs et les autres acteurs de votre écosystème.

Cette nouvelle approche de la prise de décision s'éloigne de l'ancien paradigme axé sur les indicateurs clés de performance (KPI), les données financières, les plans annuels et les rapports trimestriels internes. Ce modèle s'attache à analyser avec rigueur les données externes, en temps réel. Cette approche s'écarte de l'analyse de ce que *vous* faites pour vous intéresser à ce que fait *votre secteur*, afin de comprendre et d'anticiper en temps réel les changements de votre marché.

Une nouvelle catégorie de logiciels

Le besoin d'analyser la pléthore d'informations disponibles en ligne donnera naissance à une nouvelle catégorie de logiciels. Celle-ci sera aux données externes ce que l'informatique décisionnelle, ou *Business Intelligence* (BI), est aux données internes. Dans cet ouvrage, cette nouvelle catégorie de logiciels est également nommée Outside Insight (OI).

Tandis que la BI s'intéresse principalement aux métriques opérationnelles spécifiques à l'entreprise, qui sont pour la plupart des indicateurs de performance tardifs, l'OI est axé sur la compréhension en temps réel de l'évolution de l'environnement concurrentiel afin d'en prévoir les menaces et les opportunités.

Les exigences techniques sont très différentes pour chacune de ces catégories de logiciels. Tandis que les logiciels de BI se concentrent sur des données par essence structurées, les logiciels d'OI doivent être beaucoup plus sophistiqués, car ils devront comprendre du texte et être en mesure d'identifier des patterns dans de grandes quantités de données non structurées. Pour cette raison, l'OI doit s'appuyer sur les techniques de big data, du machine learning et de l'analyse prédictive.

L'OI ajoute un nouveau niveau de sophistication à la boîte à outils du manager.

Avec l'OI, les dirigeants peuvent voir au-delà des données de l'entreprise et comprendre en temps réel l'évolution de l'ensemble du secteur. À l'aide de puissances de calcul massives dans le cloud et des techniques modernes de la data science, il est possible de mesurer et d'analyser l'impact de tous les facteurs extérieurs, et de donner vie aux cinq forces de Porter dans des tableaux de bord et des alertes en temps réel.

J'ai écrit ce livre parce que je suis convaincu que l'Outside Insight modèlera la réflexion sur la stratégie d'entreprise et la prise de décision pour les années à venir. L'Outside Insight permet de tirer des informations prospectives précieuses d'une grande quantité de données largement ignorées aujourd'hui. Ces données étant des données tierces, elles ne sont pas affectées par des biais internes. Elles permettent d'établir des comparaisons entre des données comparables, les vôtres et celles de vos concurrents, en temps réel. Cette analyse est source de valeur importante pour les conseils d'administration, les dirigeants et les équipes opérationnelles.

Nous sommes actuellement submergés de données. Jusqu'à présent, les nouveaux types de données en ligne ont largement été ignorés. Nous pouvons décider de continuer à les ignorer et les considérer comme du simple bruit, ou bien nous pouvons les approcher habilement pour en extraire de nouveaux insights. L'analyse des informations externes disponibles en ligne peut en effet nous fournir de nouveaux insights impossibles à extraire de nos données internes. Cet Outside Insight nous aidera à prendre de meilleures décisions et à élaborer des stratégies plus efficaces. Je suis convaincu que, dans les années qui viennent, la plupart des entreprises seront contraintes d'investir dans des systèmes et processus leur permettant d'exploiter l'Outside Insight et de rester dans la course.

STRUCTURE DE L'OUVRAGE

La première partie de l'ouvrage, *Une nouvelle réalité numérique*, décrit la manière dont le monde a changé et comment exploiter les nouvelles données accessibles sur l'Internet pour en tirer des insights prospectifs.

La deuxième partie, *Un nouveau paradigme de prise de décision*, aborde la manière dont l'accès aux informations en temps réel sur votre secteur bouleverse le processus de prise de décision sous trois aspects.

La troisième partie, *L'Outside Insight dans la pratique*, propose un cadre simple pour se lancer dans l'Outside Insight et explique comment l'intégrer ensuite dans des phases plus avancées. Cette partie comprend également des exemples pratiques d'utilisation de l'Outside Insight dans la prise de décision managériale, dans le marketing, pour le développement produit, l'identification du risque et les décisions d'investissement.

La quatrième partie, *L'avenir de l'Outside Insight*, décrit les obstacles techniques à surmonter, les types de données rencontrées et les questions que l'Outside Insight risque de soulever lorsqu'il sera plus répandu.

Nous ne sommes qu'à l'aube de l'Outside Insight. Nous avons beaucoup à apprendre avant de pouvoir exploiter pleinement son potentiel. Cet ouvrage contient des success-stories d'entreprises novatrices qui utilisent déjà l'Outside Insight à leur avantage. J'aimerais qu'il encourage le lecteur à exploiter les données externes de manière plus systématique. J'espère également qu'il pourra représenter un premier pas vers la réécriture intégrale du concept de prise de décision de l'entreprise, marquant ainsi le début de son processus d'adaptation à la nouvelle réalité numérique.

PREMIÈRE PARTIE

UNE NOUVELLE RÉALITÉ NUMÉRIQUE

1

Tout le monde sème **des miettes en ligne**

Owen Mundy, professeur d'art à la Florida State University à Tallahassee, est devenu un phénomène Internet d'un jour à l'autre en juillet 2014, quand il a créé un site Web nommé « I know where your cat lives » (je sais où habite votre chat), une expérience identifiant l'emplacement des chats domestiques dans le monde entier à l'aide des métadonnées involontairement fournies par leurs propriétaires.

Mundy calcule qu'il y a plus de 15 millions de photos mentionnant le mot « chat » partagées sur Instagram, Flickr et Twitpic[1]. Mais ce que leurs photographes ignorent, c'est que les appareils numériques et les smartphones intègrent les coordonnées de latitude et de longitude dans chaque photo.

Le professeur Mundy s'est rendu compte que n'importe qui pouvait accéder aux coordonnées géographiques des photos si les utilisateurs ne s'étaient pas protégés en configurant correctement leurs paramètres

---

1. Owen Mundy, « About "I Know Where Your Cat Lives" », iknowwhere yourcatlives.com/about

de confidentialité. « Ce n'était pas uniquement mon problème, c'était celui de millions d'utilisateurs des réseaux sociaux qui n'en savaient rien », a-t-il déclaré. Iknowwhereyourcatlives.com a été lancé avec un million de photos de chats localisés dans un rayon de huit mètres de leur position. Le site est rapidement devenu viral. Il compte désormais 5,3 millions de photos de chats.

Mais les propriétaires de l'animal favori d'Internet ne sont pas les seuls à laisser des traces numériques en ligne. Nous laissons tous une piste substantielle de miettes en ligne lorsque nous évoluons dans notre univers connecté.

Contrairement au Petit Poucet, nous disséminons cependant souvent ces détails sans le vouloir.

L'Internet regorge de photos. Photoworld (faisant partie de l'une des plus grandes entreprises européennes de photos, CEWE) estimait en juin 2015 que l'on partageait chaque seconde 8 796 photos sur Snapchat[1]. Le même rapport indiquait que les utilisateurs d'Instagram et de Facebook chargeaient respectivement chaque jour 58 et 350 millions de photos.

À ces derniers s'ajoutent Weibo, WhatsApp, Tumblr, Twitter et toute une série de sites de partage de photos. En 2016, dans le très attendu rapport annuel Internet Trends Report, Mary Meeker, investisseur de capital-risque auprès de Kleiner Perkins, dans la Silicon Valley, estimait qu'en 2015 une moyenne de 3,25 milliards d'images numériques avaient été chargées chaque jour sur Internet[2]. Avec un nombre estimé de 3 milliards d'utilisateurs par jour, ceci représente 7,6 photos par personne et par semaine.

Mais il n'y a pas que les photos. Nous disséminons bien d'autres traces numériques fournissant des informations sur notre vie. Quand nous tweetons, nous partageons notre position, nous indiquons avec qui

1. Kimberlee Morrison, « How Many Photos Are Uploaded to Snapchat Every Second? », *Adweek*, 9 juin 2015.
2. Mary Meeker, « 2016 Internet Trends », Kleiner Perkins Caufield Byers, 1er juin 2016.

nous sommes et ce que nous faisons. Sur LinkedIn, nous indiquons nos études et notre carrière professionnelle. Sur Facebook, nous fournissons des informations sur notre position géographique, la musique que nous écoutons, les marques que nous aimons, les organisations et les causes que nous soutenons, ce que nous aimons manger et où, et les événements auxquels nous prévoyons de participer. En plus des informations que nous générons activement et que nous publions, nos téléphones regorgent d'applications qui enregistrent notre position, les personnes avec lesquelles nous communiquons, nos dépenses et nos loisirs.

Chaque jour, nous publions 500 millions de tweets[1], chargeons 350 millions de photos et cliquons 5,7 milliards de fois sur «J'aime» sur Facebook[2], nous écrivons 100 millions de posts de blogs et chargeons 432 000 heures de vidéos sur YouTube[3]. Rien que sur Twitter et Facebook, nous partageons douze publications par semaine.

Chacune de ces publications est enregistrée dans un journal public, documentant nos déplacements et nos activités.

Dans ce chapitre, nous nous intéresserons de plus près aux insights que l'on peut trouver en analysant la piste de miettes que nous laissons tous en ligne.

---

1. Algorithme Worldometers RTS, «Twitter Usage Statistics», statistiques d'utilisation de Twitter, Internet Live Stats, n. d., https://www.internetlivestats.com/twitter-statistics/
2. Kit Smith, «47 Incredible Facebook Statistics and Facts for 2016», Brandwatch, 12 mai 2016, https://www.brandwatch.com/blog/47-facebook-statistics-2016/ [article mis à jour le 1er juin 2019].
3. Kyle Brigham, «10 Facts About YouTube That Will Blow Your Mind», LinkedIn Pulse, 26 février 2015, https://www.linkedin.com/pulse/10-facts-youtube-blow-your-mind-kyle-brigham

La police de New York suit une piste sur Facebook

La multitude d'informations en ligne que les personnes laissent derrière elles n'est pas passée inaperçue de la police. Celle-ci utilise en effet de plus en plus les indices en ligne pour assembler des informations manquantes, et utilise activement les traces en ligne pour résoudre des crimes. Il y a dix ans, la police enquêtait sur un incident en interrogeant les témoins et les suspects. Mais les personnes ne disaient pas toujours la vérité, ou avaient du mal à se souvenir des événements de manière suffisamment détaillée. Aujourd'hui, les miettes en ligne peuvent permettre de trouver des preuves fondamentales.

Ce fut le cas notamment en juin 2013, quand une unité spéciale de la police de New York (NYPD) a réussi à faire condamner les assassins de Tayshana Murphy, jeune adolescente victime du feu croisé entre bandes rivales.

Aucun témoin n'avait assisté au drame, mais la police de New York a réussi à rassembler suffisamment de preuves pour faire condamner deux membres de gangs, en suivant les traces qu'ils avaient laissées sur Facebook[1]. Il y a dix ans, sans cette possibilité de suivre et d'analyser ces miettes en ligne, l'issue du dossier aurait été tout autre.

Le jour du meurtre, deux messages ont été postés sur le compte Facebook de Carlos Rodriguez, connu sous le nom de « Loso », qui était associé à un gang rival du gang 3 Staccs, opérant dans le quartier populaire de Grant Houses, où Tayshana Murphy vivait et a été tuée.

La première publication disait : « On s'est fighté cinq fois aujourd'hui, puis on est partis. » Dans un deuxième message, Carlos Rodriguez disait : « Quelqu'un a touché chicken girl à la tête. » « Chicken » était le surnom de Tayshana Murphy.

---

1. Chester Jesus Soria, « NYPD Bust Alleged Gang Rivalry between Harlem Housing Projects », *NY Metro*, 4 juin 2014.

Bien que l'identité du coupable ne soit toujours pas connue (il n'y a pas eu de témoin), deux hommes ont été condamnés pour le meurtre. Tyshawn Brockington, 24 ans, a été condamné pour homicide volontaire en juin 2013. Dix mois plus tard, Robert Cartagena, 23 ans, était condamné pour meurtre.

Après la condamnation de Cartagena, l'importance de la surveillance des réseaux sociaux dans l'enquête de la police de New York est clairement ressortie. En juin 2014, Cyrus Vance Jr, procureur du comté de New York, a annoncé le plus grand cas d'inculpation de gangs dans l'histoire de la ville de New York[1]. Les autorités ont arrêté au total 103 membres de trois gangs du quartier de Morningside Heights.

Ils ont été inculpés de deux homicides, de dix-neuf fusillades non fatales et de cinquante autres incidents comprenant des fusillades. Tous les prévenus ont été accusés d'association de malfaiteurs au premier degré, accusation punie de cinq à vingt-cinq ans de réclusion.

Pour monter leur dossier, les enquêteurs et le ministère public avaient suivi les voies d'enquête habituelles : travail de détective prévoyant l'interrogation des témoins et d'autres sources, épluchage de 40 000 appels passés depuis les établissements pénitentiaires, passage au peigne fin de centaines d'heures de vidéos de surveillance et de relevés téléphoniques. Ils s'étaient également lancés dans une nouvelle forme d'enquête, de plus en plus courante : ils avaient passé en revue plus d'un million de pages sur les réseaux sociaux. Facebook s'est avéré le réseau social favori des gangs. Dans le réquisitoire, le mot « Facebook » est utilisé 171 fois[2].

---

1. Cyrus R. Vance Jr, « District Attorney Vance and Police Commissioner Bratton Announce Largest Indicted Gang Case in N YC History », The New York County District Attorney's Office, 4 juin 2014.
2. Alice Speri, « The Kids Arrested in the Largest Gang Bust in NYC History Got Caught Because of Facebook », *VICE News*, 5 juin 2014.

Les entreprises aussi sèment des miettes

Les particuliers ne sont pas les seuls à laisser des traces en ligne. Les entreprises aussi sèment des miettes numériques. Quand elles investissent dans de nouveaux produits, lancent des campagnes marketing, établissent des partenariats et mettent en place des initiatives pour augmenter leur compétitivité, elles laissent des indices en ligne suggérant leurs intentions, librement accessibles et analysables par n'importe qui.

Chez Meltwater, nous avons mis en place un projet pour étudier quelle intelligence concurrentielle nous pouvions tirer des offres d'emploi.

Nous avons analysé les données de toutes les offres d'emploi publiées sur LinkedIn du 15 septembre au 15 octobre 2013 pour Meltwater et trois entreprises similaires du secteur : Cision, Vocus et LexisNexis.

Nous avons ventilé les données par emplacement, type d'emploi et expérience requise. Nous avons été étonnés de constater le nombre d'informations qu'un aperçu des schémas de recrutement des quatre entreprises révélait en termes de différences de stratégie, d'orientation opérationnelle et d'ADN de l'entreprise.

Le premier élément ressortant des données était la différence du taux de croissance. Meltwater, Cision, et Vocus avaient toutes à peu près la même taille à l'époque, mais Meltwater avait plus du double d'offres d'emploi, indiquant un taux de croissance nettement supérieur. Vocus et LexisNexis avaient un nombre similaire d'offres, indiquant un taux de croissance similaire. LexisNexis, à peu près vingt fois plus grande que Meltwater, avait publié un nombre comparable d'offres d'emploi, ce qui indiquait un taux de croissance nettement inférieur.

L'étude des offres par emplacement géographique a également mis en évidence de grandes différences dans l'approche du marché. Cision embauchait uniquement aux États-Unis, et était clairement axée sur ce pays. Vocus embauchait principalement aux États-Unis, mais également aux Philippines. Nous avons trouvé ce fait surprenant, mais nous avons appris par la suite que Vocus délocalisait certaines tâches de bas niveau aux Philippines pour réduire ses coûts. Deux tiers des offres d'emploi de LexisNexis se situaient aux États-Unis, le reste en Australie, au Canada et à Hong Kong, qui sont tous des marchés anglophones. Meltwater présentait un schéma fortement différent.

Notre plus grande zone d'embauche était les États-Unis, mais le recrutement était très international, avec des postes en Australie, au Canada, en Chine, en France, en Allemagne, à Hong Kong, au Japon, en Malaisie, aux Pays-Bas, à Singapour et au Royaume-Uni. Les données indiquent que Meltwater avait une approche manifestement plus globale que ses pairs.

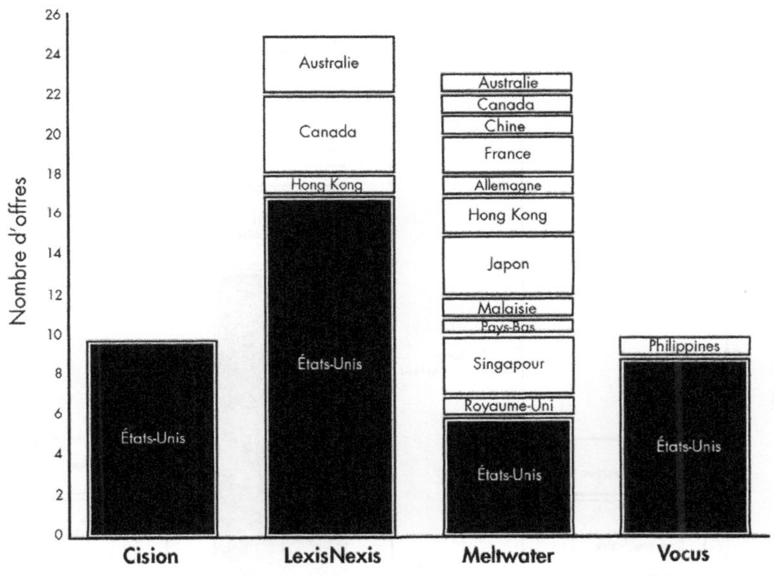

Schémas de recrutement par lieu

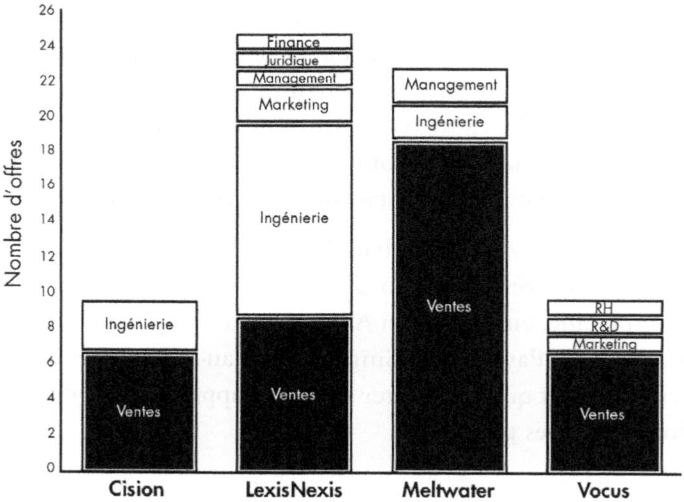

Schémas de recrutement en fonction du type de poste

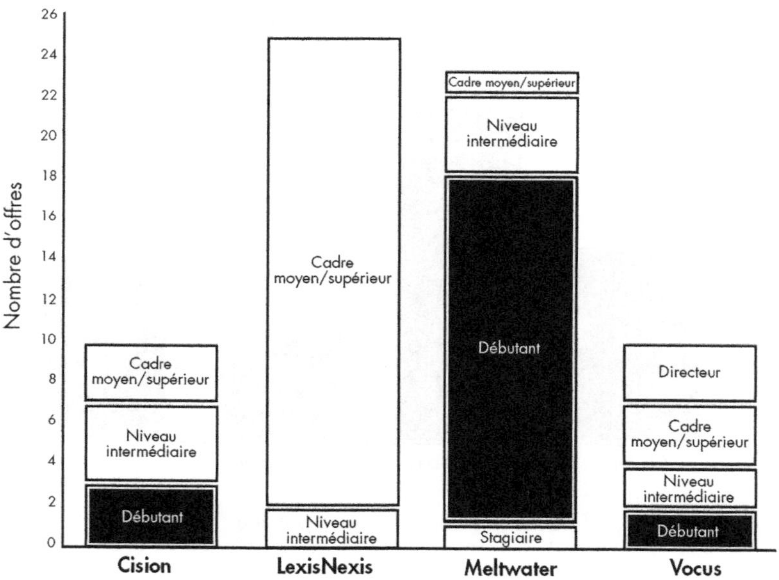

Schémas de recrutement en fonction de l'expérience

L'étude des offres d'emploi par type de poste a permis d'identifier un schéma intéressant. La plupart des offres d'emploi de Meltwater, Vocus et Cision étaient dans les ventes et le marketing (respectivement 80 %, 80 % et 60 %), tandis que LexisNexis était à la traîne, avec 44 %.

L'accent placé par Meltwater sur la croissance ressortait clairement, car nous avions environ le même nombre d'offres dans les ventes et le marketing que l'ensemble des autres entreprises. En revanche, l'ordre était inversé pour l'investissement en ingénierie. LexisNexis avait autant d'offres d'ingénierie que le reste du groupe dans son ensemble, ce qui indiquait des investissements dans de nouveaux produits.

L'étude des offres d'emploi par niveau d'expérience mettait elle aussi d'autres différences en évidence. Vocus et Cision étaient bien équilibrées, et recrutaient uniformément à tous les niveaux d'expérience. Meltwater embauchait principalement des personnes avec peu d'expérience, tandis que LexisNexis recrutait quasi exclusivement au niveau cadre moyen/supérieur. La combinaison des données sur l'intérêt de LexisNexis pour l'embauche de personnes expérimentées et les investissements produits indiquait que l'entreprise préparait des changements. Il a par la suite été confirmé que LexisNexis développait une nouvelle plateforme technologique à l'échelle de l'entreprise, pour promouvoir tous ses futurs produits de contenu.

Cette étude s'appuyait sur des données très limitées et ne représentait qu'un instantané d'un moment précis. Il n'en reste pas moins que cet instantané des données fournit des informations passionnantes sur quatre entreprises très différentes et leurs perspectives.

La valeur des offres d'emploi ne s'arrête pas à la veille concurrentielle. Imaginez que vous analysiez les offres d'emploi de vos gros clients, de vos fournisseurs principaux et d'autres acteurs importants de votre écosystème.

Utilisées de manière systématique et rigoureuse, les données sur les offres d'emploi peuvent vous aider à comprendre vos concurrents, les clients sur lesquels vous devriez investir, les fournisseurs à privilégier et les entreprises susceptibles de devenir partenaires.

L'INDISCRÉTION DES CONNEXIONS LINKEDIN

Les connexions établies sur les réseaux sociaux tels que LinkedIn et, de plus en plus, Facebook sont une source supplémentaire de miettes numériques semées par les entreprises. Si le directeur général de votre entreprise noue soudainement un certain nombre de relations sur LinkedIn avec des entreprises de rachat, il est fort probable que votre entreprise soit à vendre. Si le directeur général crée également des liens avec des conseillers de vente, ses intentions ne peuvent être plus claires. Si les dernières connexions proviennent de Goldman Sachs et JPMorgan, la société prépare très probablement son introduction en Bourse (IPO). Les nouvelles relations sur LinkedIn peuvent indiquer une rencontre fortuite lors d'un dîner, ou signaler les phases initiales d'une relation avec un nouveau client, un nouveau partenaire ou un nouvel employeur. Si plus d'une relation est établie avec une entreprise, ceci indique très probablement plus qu'une rencontre fortuite.

J'essaie d'exercer une grande prudence dans mon utilisation des réseaux sociaux. Par exemple, j'envisageais il y a peu l'achat d'une start-up de la data science en Uruguay pour le compte de Meltwater. Quelques mois plus tôt, j'étais entré en relation sur LinkedIn avec les créateurs de l'entreprise, à contrecœur à l'époque, mais je pensais qu'il aurait été impoli de ne pas accepter l'invitation.

Nous avions à l'origine rencontré cette société pour évaluer un projet potentiel de sous-traitance, qui n'était pas en soi une question très sensible. Cependant, toute personne ayant connaissance de cette relation et étudiant ensuite la start-up pouvait voir qu'elle avait établi une communauté florissante de développeurs autour d'une plateforme de data science. Si ceci était suffisamment important pour que les dirigeants principaux de Meltwater s'y intéressent, il n'était pas difficile de conclure qu'une communauté de développeurs de data science représentait une feuille de route stratégique importante pour Meltwater.

Une fois que nous avons mieux connu cette société, nous avons décidé d'envisager son achat complet. Dans le cadre du processus de due diligence, je me suis rendu à Montevideo, voyage de seize heures depuis San Francisco, pour rencontrer l'équipe de trente personnes. Au cours de mes déplacements, j'ai veillé à ne pas publier ma position sur Twitter ou Facebook. Plusieurs photos de groupe ont été prises lors de mon séjour, mais aucune n'a été postée sur les réseaux sociaux. J'ai parlé prudemment de mon voyage, avant mon départ et à mon retour, et je suis volontairement resté vague sur ma destination et mon programme.

Les histoires que conte le site Web d'une entreprise

Le site Web d'une entreprise est l'endroit le plus évident où chercher des indices sur ce qui s'y passe. Vous pouvez y découvrir les clients récemment acquis, les prix reçus et autres succès importants.

De même, tout changement dans l'équipe dirigeante sera mentionné et détaillé sur la page contenant les biographies du management.

Les entreprises utilisent leur site Web pour partager les dernières nouveautés positives avec leurs clients. Lors de cette opération, elles fournissent involontairement cette information à leurs concurrents et à leurs fournisseurs.

Quand nous avons fondé Meltwater en 2001, l'un des arguments de vente principaux de nos services était notre capacité à vous informer des changements de n'importe quelle page Web. Ce service était très simple, mais il s'est avéré que nos clients l'ont adoré et l'ont utilisé pour suivre leurs concurrents de manière beaucoup plus rigoureuse qu'auparavant. Ils étaient informés immédiatement lorsque leurs concurrents publiaient un communiqué de presse, modifiaient le prix de leurs produits ou lançaient une nouvelle campagne commerciale.

Les messages publiés sur le site Web d'une entreprise sont soigneusement rédigés par des professionnels de la communication. Par conséquent, en étudiant ce qui se dit, et ce qui est tu, il est possible d'en apprendre beaucoup sur le positionnement d'une entreprise et ses intentions stratégiques.

Étudions les pages d'accueil des sites de quatre sociétés tech parmi les plus importantes au monde pour comprendre leur positionnement.

En août 2016, Apple étale une photo de son dernier iPhone sur toute la page. Aucun doute sur le produit poussé à cette période par Apple, qui indiquait clairement qu'elle était avant tout l'entreprise produisant l'iPhone.

HP publie le message suivant sur son site Web : « The 3D printing revolution starts now » (La révolution de l'impression 3D commence aujourd'hui). HP se positionne ainsi comme entreprise innovante axée sur l'avenir, s'appuyant sur sa position de premier fabricant d'imprimantes au monde.

Le message d'IBM est quant à lui plus compliqué : « Rechercher, collaborer et agir sur les renseignements concernant les menaces[1] ». Le groupe semble se positionner autour du renseignement et de l'offre d'algorithmes intelligents pour résoudre les problèmes.

Microsoft présente un ordinateur flambant neuf sur son site Web. Son message est simple : « Introducing Surface Book » (Nous présentons Surface Book). La plus grande entreprise de logiciels au monde est clairement décidée à se détacher de sa source traditionnelle de chiffre d'affaires, à savoir la vente de logiciels. Avec Surface Book, elle indique son intention de lutter au coude-à-coude avec le Mac et l'iPad.

Les entreprises accordent une grande attention à leurs messages et à leur communication sur leur site Web. Une analyse attentive de la modification des contenus des sites de vos concurrents vous donnera de précieux renseignements sur l'état de la concurrence.

LE BUZZ SUR LES RÉSEAUX SOCIAUX

Alors que les réseaux sociaux passaient du statut de livres d'or obscurs au milieu des années 1990 à celui de social hubs en ligne de plus en

1. Sur le site américain : « *IBM X-force, changing the way to act and share on global threat intelligence* ».

plus populaires dix ans plus tard, les entreprises ont soudainement perdu le contrôle de leur communication sur leurs marques et services. Avec l'avènement des services tels que Twitter, Facebook et LinkedIn, nous avons assisté à l'émergence d'une nouvelle réalité, dans laquelle un seul client pouvait faire la pluie et le beau temps, tandis que le monde entier était aux premières loges pour observer la réaction de l'entreprise.

Le site d'une entreprise est révélateur de la manière dont elle souhaite être perçue par le reste du monde. Avec les réseaux sociaux, il est possible d'écouter directement ce que disent les clients d'une entreprise. Ils offrent en effet un aperçu en temps réel de la santé d'une entreprise en termes de produits, d'assistance client et de satisfaction générale des clients. L'exemple ci-dessous indique la satisfaction des clients de Tesla dans le temps, comparée à celle des clients de sociétés similaires (Mercedes, BMW et Audi). La satisfaction des clients est mesurée comme fonction du sentiment exprimé sur les pages Facebook des sociétés. Il est intéressant de noter que, malgré sa couverture médiatique, Tesla est à la traîne. La tendance est cependant très positive, et le score de cette entreprise est comparable à celui des autres dès le deuxième trimestre 2016.

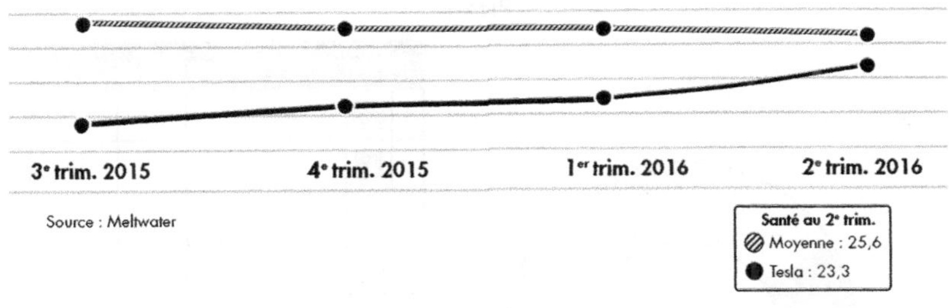

Indice clients : Tesla/moyenne groupe

Les réseaux sociaux sont également l'outil idéal pour mesurer la solidité d'une marque. Les schémas ci-après représentent l'empreinte de marques concurrentes de fast-food sur Twitter et Instagram de mai 2015 à mai 2016.

Le diagramme circulaire montre que McDonald's a une couverture sur les réseaux sociaux quatre fois supérieure à celle de son plus proche rival, Burger King, tout en n'ayant que deux fois plus de points de vente physiques. De même, il ressort que Pizza Hut a deux fois la couverture de son concurrent Domino's, avec seulement 50 % de restaurants en plus.

Burgers

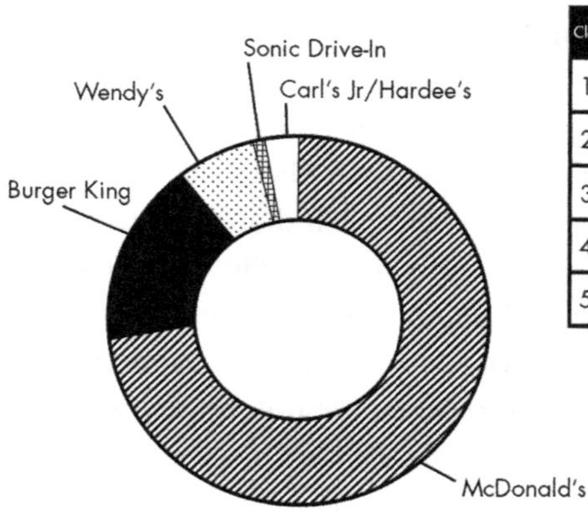

Classement		Marque	Part de voix	Nbre pts de vte États-Unis
1		McDonald's	73,8 %	14 350
2		Burger King	18,1 %	7 142
3		Wendy's	6,2 %	5 780
4		Carl's Jr/ Hardees	1,4 %	2 915
5		Sonic Drive-In	0,5 %	3 517

Source : Meltwater

Pizza

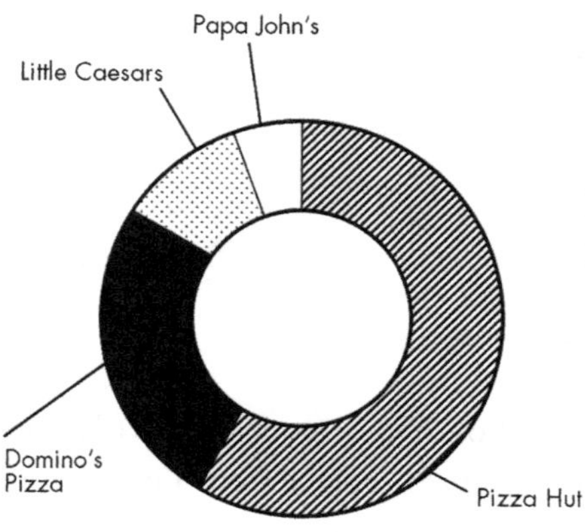

Classement		Marque	Part de voix	Nbr pts de vte États-Unis
1		Pizza Hut	59,2 %	7 863
2		Domino's Pizza	26,2 %	5 067
3		Little Caesars	10,3 %	4 025
4		Papa John's	4,4 %	3 250

Source : Meltwater

Les réseaux sociaux permettent également de comprendre l'objectif principal d'une marque. Étudions les nuages de mots des marques automobiles Aston Martin et Rolls-Royce, créés par les actualités et la couverture dans les réseaux sociaux en 2015. La taille des mots indique leur position dans la conversation. Les priorités des deux marques ressortent immédiatement. Tandis que le nuage de mots d'Aston Martin montre un accent sur la « célébrité » et la reconnaissance, celui de Rolls-Royce concerne principalement les marchés d'exportation et le secteur. Pour comprendre cette différence, il est important de rappeler que Rolls-Royce est bien plus qu'une simple marque automobile et qu'elle se concentre sur la promotion d'une gamme de produits comprenant des moteurs aéronautiques, des systèmes électriques et des centrales nucléaires.

Dépenses publicitaires en ligne

L'une des autres pistes fournies par les traces en ligne sont les dépenses de SEM (Search Engine Marketing), ou les dépenses dites PPC (pay-per-click). Il est possible de les estimer car les termes de recherche en ligne sont mis aux enchères en temps réel, et n'importe qui peut voir le prix de départ et le prix courant. eMarketer estime ainsi que les dépenses de SEM ont représenté environ la moitié (46 %) des dépenses publicitaires numériques totales, ayant atteint 58,12 milliards de dollars en 2015[1], ce qui signifie qu'il est intéressant pour la plupart des entreprises de surveiller cette valeur, même si les dépenses de SEM ne fournissent pas un aperçu complet de la situation.

Suivre les dépenses de SEM de vos rivaux et leur évolution dans le temps, par pays et ligne de produit, peut en effet vous fournir des informations inestimables sur la concurrence. L'illustration ci-contre représente une estimation des dépenses de SEM de Tesla et du groupe de concurrents mentionné plus haut, au deuxième trimestre 2016. On peut remarquer que Tesla n'a que très peu de dépenses de publicité en ligne. BMW en revanche dépense plus que tous ses concurrents sur presque tous les continents.

1. « US Digital Display Ad Spending to Surpass Search Ad Spending in 2016 », eMarketer, 11 janvier 2016, https://www.emarketer.com/Article/US-Digital-Display-Ad-Spending-Surpass-Search-Ad-Spending-2016/1013442

	Tesla	BMW	Audi	Mercedes
Asie	$0	$22K	$41K	$0
Europe	$0	$431K	$364K	$10K
Amérique du Nord	$0	$3M	$2M	$2M
Océanie	$0	$28K	$23K	$2K
Amérique du Sud	$0	$4K	$0	$0

Source : Meltwater

Publicité par région

TRAFIC WEB ET TÉLÉCHARGEMENT D'APPLICATIONS

L'un des autres indicateurs courants de veille concurrentielle est le trafic Web. Ces données ne sont pas faciles à obtenir, mais des entreprises tierces telles que Comscore procèdent à des estimations des visites de site Web. Vous pouvez également utiliser Google AdWords pour voir la fréquence de recherche des marques de votre entreprise. Comparez ces données à celles de vos concurrents. Si les téléchargements d'applications sont importants pour votre société, App Annie peut vous être utile. Le trafic Web, le volume de recherche et les téléchargements d'applications sont tous des indicateurs du niveau de demande de vos produits.

Ci-dessous figure l'historique du classement d'App Annie concernant le téléchargement de quelques applications populaires. Ce classement mesure leur popularité par rapport aux autres applications de sa catégorie. Son évolution indique si une application suit une tendance positive ou négative.

Il ressort clairement qu'Evernote subit une tendance à la baisse, passant de la 500e à la 1 000e position. WhatsApp baisse également, mais de manière moins radicale, et passe de 10 à 25. Dropbox est relativement stable, mais semble suivre une lente tendance à la baisse. La seule application présentant une tendance positive est Snapchat. Elle était 5e un an plus tôt. Au quatrième trimestre 2015, elle a traversé une phase de fluctuation, mais depuis le premier trimestre 2016, elle enregistre une amélioration constante.

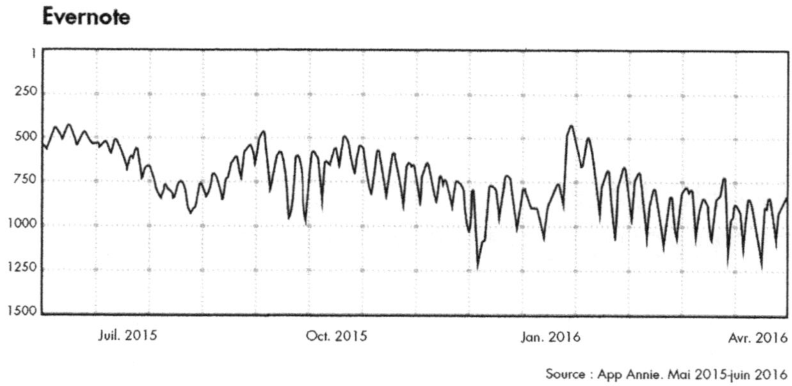

Evernote affiche une tendance à la baisse.

Dropbox

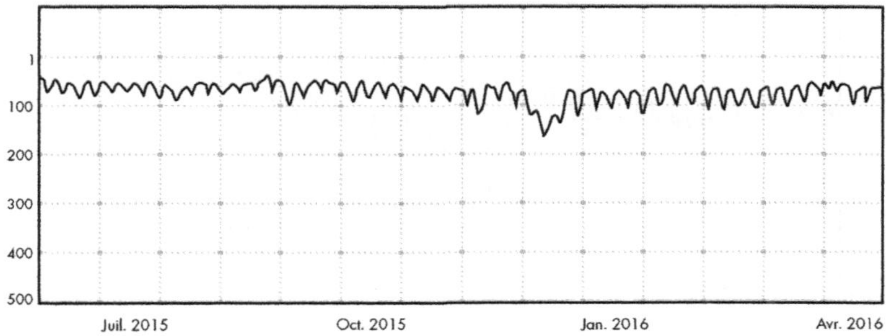

Source : App Annie. Mai 2015-juin 2016

Dropbox est relativement stable, mais on remarque une légère tendance à la baisse depuis début 2016.

WhatsApp

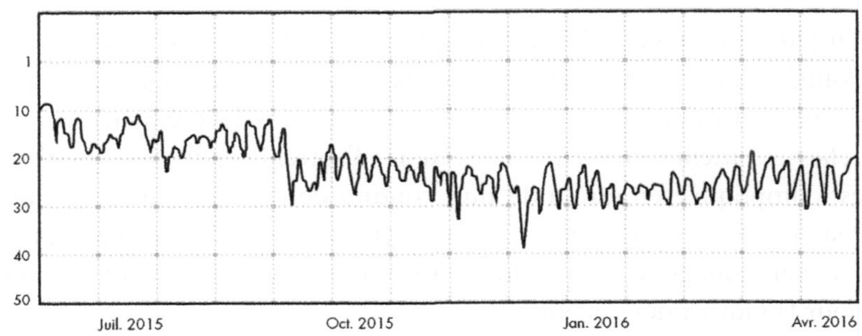

Source : App Annie. Mai 2015-juin 2016

WhatsApp a connu une baisse entre le deuxième et le troisième trimestre 2015 et n'a pas remonté depuis.

Snapchat

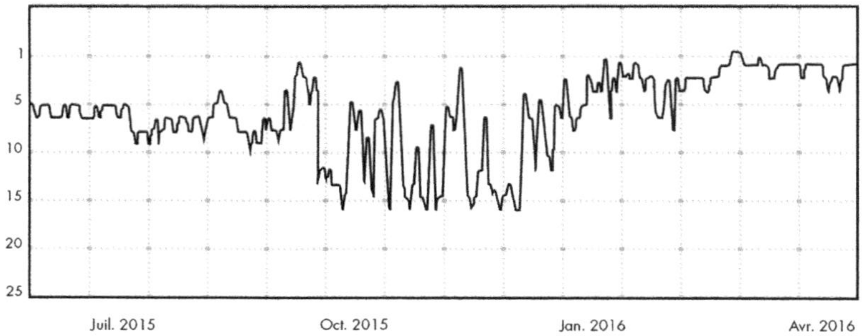

Source : App Annie. Mai 2015-juin 2016

Snapchat enregistre une tendance positive depuis début 2016.

Surveillance des demandes de brevets, des notations de crédit, des contentieux et des déclarations d'importation

En plus des données abordées jusqu'ici, il existe de nombreuses autres données disponibles en ligne et contenant de précieux insights commerciaux. Cet ouvrage ne vise pas à en fournir une liste exhaustive, car celles-ci varient fortement d'un secteur à l'autre. Par ailleurs, cette tâche est compliquée en raison du flux continu de données publiées. Pour cette raison, je me limiterai à indiquer quelques types de données supplémentaires qui pourraient contenir des insights commerciaux intéressants pour la plupart des secteurs.

Les demandes de brevets et de marques par exemple sont des données particulièrement explicites. Il est possible de les rechercher dans la plupart des pays, malgré un retard de quelques mois par rapport à la date effective de la demande. L'intérêt de surveiller les demandes de brevets est relativement évident : celles-ci permettent de comprendre les objectifs stratégiques des concurrents. Les demandes de brevets et de marques sont un processus long, laborieux et par conséquent cher. Une entreprise n'engage en général cette démarche que si elle est importante pour elle.

Les demandes de brevet peuvent indiquer le lancement d'un nouveau produit ou l'arrivée de nouveaux rivaux empiétant sur votre secteur. L'étude des demandes de brevet peut également vous permettre d'identifier les cibles d'acquisition de vos concurrents, voire, dans certains cas, de prévoir leurs acquisitions.

Il est également utile de suivre les notations de crédit et les données financières d'une entreprise.

De nombreuses entreprises suivent régulièrement les notations de crédit et les données financières de leurs clients principaux, ainsi que de leurs nouveaux clients. Les notations de crédit sont également utiles pour surveiller vos fournisseurs, vos partenaires et d'autres entreprises de votre domaine d'activité. L'une de leurs faiblesses est qu'il ne s'agit pas d'une science exacte et que ce sont des indicateurs tardifs.

Les contentieux sont malheureusement devenus monnaie courante lorsqu'on gère une entreprise, en particulier aux États-Unis, et les informations à leur sujet sont souvent accessibles en ligne. Il y a plusieurs avantages à étudier les procédures légales d'une entreprise. D'une part, les parties en conflit sont tenues de fournir des informations qu'elles n'auraient pas publiées autrement. D'autre part, un contentieux peut envoyer un signal fort indiquant qu'il y a quelque chose à gagner ou à protéger. Enfin, le contentieux représente un risque financier pour une partie ou les deux. De même, si votre société dépend d'une entreprise impliquée dans un contentieux, vous avez tout intérêt à suivre le problème de près.

Aux États-Unis et dans d'autres pays, les transporteurs doivent enregistrer le contenu des conteneurs qu'ils déplacent dans un connaissement (*Bill of lading*). Ce document public identifie l'importateur ou l'exportateur, et comprend une brève description des biens et marchandises ou leur valeur commerciale. Les données d'import-export sont utiles dans les domaines complexes tels que l'automobile, qui dépend du transport de grandes quantités de matières premières, souvent sur de longues distances. Ces informations peuvent par exemple être utiles pour prévoir les futurs volumes de vente des voitures Tesla.

Si vous savez ce que l'entreprise importe, vous pouvez comparer cette donnée à l'historique de ses ventes et à ses données sur les matières premières, et en déduire la suite des événements. Par exemple, un pic important de matières premières signifie qu'un certain nombre de voitures Tesla seront mises en vente huit mois plus tard (intervalle courant entre la matière première et le véhicule fini).

Traces en ligne à suivre
Sites Web des entreprises
Actualités
Réseaux sociaux
Offres d'emploi
Connexions sur les réseaux sociaux
Dépenses publicitaires en ligne
Trafic Web
Dépôts de brevets et de marques
Notations de crédit et données financières des entreprises
Documents juridiques et autres documents publics

L'INCROYABLE HISTOIRE D'APPLE PAR SON BOILER PLATE

Dans ce chapitre, nous avons évoqué la piste de miettes que les particuliers comme les entreprises sèment en ligne. Pour conclure ce chapitre, je vous montrerai la valeur de la simple analyse de ces traces dans le temps.

Je me limiterai à une simple petite empreinte digitale introduite par toutes les entreprises au bas de leurs communiqués de presse. Il s'agit d'une brève description de l'entreprise, qui est souvent désignée sous le nom de « boiler plate » ou « pavé institutionnel ».

Ce boiler plate est intéressant, car il fournit une description très condensée de l'activité de l'entreprise ou de ses aspirations et se limite généralement à quelques phrases, soigneusement rédigées pour transmettre le positionnement et l'intention stratégique de l'entreprise.

Le boiler plate des communiqués de presse d'Apple est une lecture fascinante, qui retrace quinze ans d'histoire de la technologie grand public. Apple a une approche très structurée et emploie deux à trois phrases pour décrire son activité. Nous pouvons observer au fil des ans l'évolution de sa stratégie et de son focus produit, des ordinateurs aux dispositifs informatiques personnels. Nous pouvons également observer les difficultés et réussites d'Apple à travers le ton et le langage choisis dans le boiler plate.

En 1997, Apple était dans une mauvaise passe. Son titre avait atteint son cours le plus bas depuis dix ans[1], le Macintosh était obsolète, son assistant numérique personnel (le Newton) avait fait un flop et l'entreprise avait remercié son deuxième directeur général en deux ans. Steve Jobs a été rappelé pour sauver l'entreprise, mais les finances étaient mal en point. Fait surprenant, c'est son concurrent historique, Microsoft, qui a tendu une main bienveillante pour assurer sa viabilité à long terme, en investissant 150 millions de dollars dans l'entreprise et en s'engageant à fournir l'assistance de la suite Office pour la plateforme Macintosh pour les cinq années suivantes[2].

En janvier 2000, les difficultés et le manque de confiance ressortaient clairement du boiler plate d'Apple[3] :

> Apple a révolutionné l'informatique personnelle dans les années 1970 avec la sortie de l'Apple II et a réinventé l'ordinateur personnel dans les années 1980 avec le lancement du Mac. Apple est maintenant revenue à sa mission d'origine : apporter les meilleurs produits d'informatique personnelle et le meilleur soutien Internet aux étudiants, aux éducateurs, aux concepteurs, aux scientifiques, aux ingénieurs, aux gens d'affaires et aux consommateurs partout dans le monde.

1. « AAPL Historical Prices/Apple Inc. Stock: 1987–1998 », Yahoo! Finance.
2. Dawn Kawamoto, « Microsoft to Invest $150 Million in Apple », CNET, 6 janvier 2009.
3. Traduction disponible sur le site d'Apple Canada, https://www.apple.com/ca/fr/press/2000/01/earnings.html

Le boiler plate commence par une référence aux réussites historiques, remontant jusqu'à trente ans en arrière, puis passe au réengagement pour sa « mission d'origine ». Comme si Apple nous disait : « Vous vous souvenez comme nous étions géniaux ? Maintenant, nous travaillons dur pour redevenir aussi géniaux qu'avant. » Au cours des quatre années suivantes, Apple a connu des hauts et des bas. L'entreprise a réussi à renouveler sa gamme de produits, mais ses finances restaient incertaines. En 2004, Apple a mis fin à sept ans de stagnation avec une croissance de 33 % de son chiffre d'affaires, son meilleur résultat depuis 1996. Cette confiance retrouvée pouvait se lire dans le nouveau boiler plate :

> Apple a révolutionné l'informatique personnelle dans les années 1970 avec la sortie de l'Apple II et a réinventé l'ordinateur personnel dans les années 1980 avec le lancement du Mac. Aujourd'hui, Apple reste le leader du marché en matière d'innovation avec ses ordinateurs de bureau et ordinateurs portables, son système d'exploitation Mac OS X, iLife et ses applications professionnelles sans équivalent. Apple mène aussi la révolution musicale numérique avec les lecteurs de musique numérique iPod et le service de musique en ligne iTunes Music Store.

Apple s'accrochait encore à ses lauriers, mais utilisait un langage nettement plus audacieux pour décrire sa situation. Il est également intéressant de noter l'introduction d'une troisième phrase mentionnant l'iPod. La référence à l'iPod n'est arrivée que trois ans après son lancement. Par la suite, Apple présentera son nouveau produit avec toujours plus d'assurance.

Le 29 juin 2007, Apple lance l'iPhone, et reçoit des critiques élogieuses pour son design et sa technologie révolutionnaires. Le chiffre d'affaires d'Apple a été multiplié par trois par rapport à son chiffre record de 2004. La belle époque est de retour. Les ventes et les bénéfices s'envolent, et ceci s'est vu dans le choix des mots du boiler plate. En juillet cette année-là, Apple revendique fièrement l'iPhone dans son boiler plate :

> Apple a révolutionné l'informatique personnelle dans les années 1970 avec la sortie de l'Apple II et a réinventé l'ordinateur personnel dans les années 1980 avec le lancement du

> Mac. Aujourd'hui, Apple reste le leader du marché en matière d'innovation avec ses ordinateurs, son système d'exploitation Mac OS X, iLife et ses applications professionnelles sans équivalent. Apple mène aussi la révolution multimédia numérique avec les lecteurs portables iPod et le service de musique et vidéo en ligne iTunes, et a fait son entrée cette année sur le marché de la téléphonie mobile avec le révolutionnaire iPhone.

Le 26 mai 2010, la valeur de marché d'Apple a dépassé celle de Microsoft. Au troisième trimestre, le chiffre d'affaires d'Apple dépasse pour la première fois celui de son rival de Seattle. En décembre 2010, le boiler plate d'Apple est modifié. Le langage employé subit une grande transformation. Les références aux réussites passées sont abandonnées pour être remplacées par une description enthousiaste des succès actuels. Un langage vantant ses produits « révolutionnaires » et « magiques » se substitue aux hésitations du passé :

> Apple conçoit les Mac, les meilleurs ordinateurs personnels au monde, ainsi que le système d'exploitation OS X, les suites iLife et iWork et ses applications professionnelles. Apple mène la révolution de la musique numérique avec ses iPod et l'iTunes Store en ligne. Apple a réinventé la téléphonie mobile avec son iPhone et son App Store révolutionnaires, et a récemment introduit le magique iPad, qui dessine l'avenir des appareils multimédias et informatiques mobiles.

En avril 2015, Apple est l'entreprise la plus chère au monde, avec une valeur marchande de 770 milliards de dollars[1].

Le prix de ses actions a augmenté de 24 500 % par rapport à son point le plus bas en 1997. Le boiler plate est à nouveau modifié en juin 2015 :

> Apple a révolutionné la technologie personnelle en lançant le Macintosh en 1984. Aujourd'hui, Apple est l'entreprise la plus innovante au monde avec l'iPhone, l'iPad, le Mac et l'Apple

1. Verne Kopytoff, « Apple: The First $700 Billion Company », *Fortune*, 10 février 2015, http://fortune.com/2015/02/10/ apple-the-first-700-billion-company/

> Watch. Les trois plateformes logicielles d'Apple – iOS, OS X et watchOS – offrent des expériences fluides sur tous les appareils Apple et permettent aux utilisateurs de bénéficier de services de pointe, tels que l'App Store, Apple Music, Apple Pay et iCloud. Les 100 000 employés d'Apple ont à cœur de créer les meilleurs produits au monde, et de laisser derrière eux un monde meilleur.

La boucle est bouclée : les succès historiques sont remis au premier plan pour décrire le patrimoine d'Apple. Aujourd'hui, Apple se décrit comme l'entreprise la plus innovante au monde dans un écosystème compact d'appareils, de logiciels, de plateformes et de services grand public. La troisième phrase prospective est désormais remplacée par un engagement (continu) à rendre le monde meilleur, affirmation que les fans d'Apple trouvent rassurante et ses détracteurs vaniteuse.

	1re phrase	2e phrase	3e phrase
Janvier 2000	Apple a révolutionné l'informatique personnelle dans les années 1970 avec la sortie de l'Apple II et a réinventé l'ordinateur personnel dans les années 1980 avec le lancement du Mac.	Apple est maintenant revenue à sa mission d'origine : apporter les meilleurs produits d'informatique personnelle et le meilleur soutien aux étudiants, aux éducateurs, aux concepteurs, aux scientifiques, aux ingénieurs, aux gens d'affaires et aux consommateurs dans plus de 140 pays à travers le monde.	

	1re phrase	2e phrase	3e phrase
Décembre 2000	Apple a révolutionné l'informatique personnelle dans les années 1970 avec la sortie de l'Apple II et a réinventé l'ordinateur personnel dans les années 1980 avec le lancement du Mac.	Apple est revenue à sa mission d'origine : apporter les meilleurs produits d'informatique personnelle et le meilleur soutien Internet aux étudiants, aux éducateurs, aux concepteurs, aux scientifiques, aux ingénieurs, aux gens d'affaires et aux consommateurs à travers le monde.	
Décembre 2004	Apple a révolutionné l'informatique personnelle dans les années 1970 avec la sortie de l'Apple II et a réinventé l'ordinateur personnel dans les années 1980 avec le lancement du Mac.	Aujourd'hui, Apple reste le leader du marché en matière d'innovation avec ses ordinateurs de bureau et ordinateurs portables, son système d'exploitation Mac OS X, iLife et ses applications professionnelles sans équivalent.	Apple mène aussi la révolution musicale numérique avec les lecteurs de musique numérique iPod et le service de musique en ligne iTunes Music Store.
Juillet 2007	Apple a révolutionné l'informatique personnelle dans les années 1970 avec la sortie de l'Apple II et a réinventé l'ordinateur personnel dans les années 1980 avec le lancement du Mac.	Aujourd'hui, Apple reste le leader du marché en matière d'innovation avec ses ordinateurs, son système d'exploitation Mac OS X, iLife et ses applications professionnelles sans équivalent.	Apple mène aussi la révolution multimédia numérique avec les lecteurs portables iPod et le service de musique et vidéo en ligne iTunes, et a fait son entrée cette année sur le marché de la téléphonie mobile avec le révolutionnaire iPhone.

	1re phrase	2e phrase	3e phrase
Décembre 2010	Apple conçoit les Mac, les meilleurs ordinateurs personnels au monde, ainsi que le système d'exploitation OS X, les suites iLife et iWork et ses applications professionnelles.	Apple mène la révolution de la musique numérique avec ses iPod et l'iTunes Store en ligne. Apple a réinventé la téléphonie mobile avec son iPhone et son App Store révolutionnaires, et a récemment introduit le magique iPad, qui dessine l'avenir des appareils multimédias et informatiques mobiles.	
Juin 2015	Apple a révolutionné la technologie personnelle en lançant le Macintosh en 1984.	Aujourd'hui, Apple est l'entreprise la plus innovante au monde avec l'iPhone, l'iPad, le Mac et l'Apple Watch. Les trois plateformes logicielles d'Apple – iOS, OS X et watchOS – offrent des expériences fluides sur tous les appareils Apple et permettent aux utilisateurs de bénéficier de services de pointe, tels que l'App Store, Apple Music, Apple Pay et iCloud.	Les 100 000 employés d'Apple ont à cœur de créer les meilleurs produits au monde, et de laisser derrière eux un monde meilleur.

L'analyse du boiler plate d'Apple montre la quantité d'informations que renferment les traces que les entreprises laissent en ligne. Le monde a changé. Aujourd'hui, nous avons accès à des informations impossibles à obtenir il y a quelques années. L'Internet s'est transformé en une source précieuse d'insights commerciaux prêts à être explorés.

Dans le reste de cet ouvrage, nous étudierons la manière dont l'analyse des miettes semées en ligne transformera la prise de décision et le mode de gestion et de direction des entreprises.

2

Étudier les données internes, **c'est étudier le passé**

En 1977, Larry Ellison laisse tomber l'université pour fonder une start-up nommée Software Development Laboratories. À son poste précédent chez Ampex, compagnie d'électronique, il avait lu l'article écrit en 1970 par un informaticien britannique, Edgar Frank Codd, auteur la même année de l'ouvrage « A Relational Model for Large Shared Data Banks », alors qu'il travaillait chez IBM. Chez Ampex, Larry Ellison a travaillé sur plusieurs projets, dont une base de données pour la CIA, qu'il a baptisée Oracle, nom qu'il a ensuite donné à son entreprise.

Cette société, située à Redwood Shores, en Californie, sera amenée à dominer le marché des bases de données et des logiciels de gestion d'entreprise, généralement désignés sous le nom de progiciels de gestion intégrés (PGI)[1]. Aujourd'hui, Oracle est l'une des entreprises tech les plus puissantes au monde. Sur l'exercice 2015, elle a enregistré

1. Ndt : en anglais, « *Entreprise Resource Planning* » (ERP).

un chiffre d'affaires de 38,2 milliards de dollars et 10 milliards de dollars de bénéfices[1].

Larry Ellison, fondateur d'Oracle, n'est pas aussi célèbre que Steve Jobs pour Apple ou Bill Gates pour Microsoft, mais il a eu autant d'influence qu'eux sur le monde dans lequel nous vivons. Avant Oracle, les données des entreprises étaient stockées dans des silos et difficilement accessibles ; certaines dans des unités centrales ou sur papier dans des classeurs, dactylographiées et manuscrites.

Le format de la plupart d'entre elles n'était pas exploitable, et il était impossible de les analyser pour y trouver un sens et des informations. L'avènement des PGI a entraîné la lente numérisation de ces données internes. En effet, en 2005, 80 % des entreprises Fortune 500 avaient installé, ou étaient en train d'implémenter, un PGI à l'échelle de l'entreprise[2].

Alors que le marché commençait à demander des logiciels adaptés aux besoins spécifiques de chaque entreprise, par exemple la gestion des relations clients (GRC), les ressources humaines (RH), la chaîne d'approvisionnement et l'informatique décisionnelle (BI), Larry Ellison s'est lancé pendant dix ans dans une débauche d'acquisitions sans précédent à hauteur de 35 milliards de dollars. Ces acquisitions lui ont permis d'ajouter à la base de données Oracle une expertise en workflow, commerce, logique métier, visualisation et reporting, et en ont fait la société de logiciels de gestion d'entreprise la plus reconnue au monde. Dans le chapitre 13, nous verrons comment l'histoire se répète et étudierons ces acquisitions plus en détail.

Aujourd'hui, nous sommes tellement habitués aux logiciels de gestion d'entreprise que nous oublions facilement qu'ils n'existent que depuis le milieu des années 1990.

---

1. « ORCL Annual Income Statement », Annual Financials for Oracle Corp., MarketWatch, http://www.marketwatch.com/investing/stock/orcl/financials
2. William Brown et Frank Nasuti, « What ERP Systems Can Tell Us about Sarbanes-Oxley », *Information Management & Computer Security*, 13 (4), p. 311-327.

De nos jours, les dirigeants se reposent entièrement sur leur PGI pour comprendre leurs performances. Quel est notre taux de rétention client en Europe ? Quels sont les derniers chiffres de productivité par vendeur ? Quelle est la part de notre nouvelle division dans nos bénéfices ? Quelle est la source de notre croissance aujourd'hui ? Comment obtenir le plus grand retour sur investissement ? Les PGI peuvent fournir les réponses à toutes ces questions.

Avec Oracle, Larry Ellison s'est placé en tête de ce secteur aux dimensions vertigineuses. Les dépenses informatiques globales des entreprises, comprenant les serveurs, les appareils, les logiciels d'entreprise et les services professionnels, ont atteint 3 520 milliards de dollars en 2015 d'après l'entreprise de recherche technologique Gartner[1]. Ce nombre dépasse l'ensemble du secteur automobile mondial !

Si Steve Jobs a révolutionné l'informatique grand public, Larry Ellison en a fait de même pour les entreprises. En janvier 2016, Oracle employait 133 000 personnes et était utilisé par 98 % des entreprises Fortune 500[2]. Pendant plus de quarante ans, Larry Ellison a été l'une des personnes les plus influentes de la Silicon Valley. En plus d'Oracle, il a joué un rôle important dans un certain nombre de réussites de la Silicon Valley, dont Salesforce et Net-Suite, toutes deux sociétés de logiciels d'entreprise basées sur le cloud.

En janvier 2016, Larry Ellison était la cinquième personne la plus riche du monde selon *Forbes Magazine*, avec une fortune nette de 54 milliards de dollars, éclipsant les fondateurs de Facebook, de Google et d'Amazon, et dépassé uniquement par Bill Gates parmi les entrepreneurs informatiques.

---

1. « Gartner Says Worldwide IT Spending Is Forecast to Grow 0.6 Percent in 2016 », Gartner, 18 janvier 2016, https://www.gartner.com/en/newsroom/press-releases/2016-01-18-gartner-says-worldwide-it-spending-is-forecast-to-grow-1-percent-in-2016
2. « Q4 F Y16 SaaS and PaaS Revenues Were Up 66%, and Up 68% in Constant Currency », Oracle Financial News, 16 juin 2016, https://investor.oracle.com/financial-news/financial-news-details/2016/Q4-FY16-SaaS-and-PaaS-Revenues-Were-Up-66-and-Up-68-in-Constant-Currency/default.aspx

Larry Ellison a fondé sa fortune en révolutionnant la manière dont les entreprises prenaient des décisions. Son logiciel a transformé le monde interne des entreprises, qui était un amas de systèmes inefficients ne communiquant pas entre eux, en un PGI fluide dans lequel les informations provenant de toute l'entreprise pouvaient être combinées et permettre une analyse rigoureuse et des décisions réfléchies fondées sur les données.

Les données internes sont des données réactives

L'introduction des PGI tels qu'Oracle a représenté un saut de qualité important par rapport à l'ancien paradigme, dans lequel les dirigeants ne pouvaient accéder de manière efficace aux données internes.

La principale limitation des PGI est qu'ils contiennent des données tardives reposant sur des événements passés. Les chiffres des rapports financiers sont en effet le résultat final des activités et des investissements réalisés dans le passé. Or il faut des mois, parfois des trimestres, pour lancer un nouveau vendeur. Dans de nombreux secteurs, des années d'investissements sont nécessaires pour développer un produit et le commercialiser. Dans notre PGI, nous pouvons sonder et analyser nos données jusqu'à un niveau très granulaire, mais les seules informations que nous y trouverons seront historiques.

L'une des thèses clés de cet ouvrage repose sur le besoin d'user avec prudence de nos progiciels de gestion intégrés. Il peut être dangereux de trop se reposer sur ces systèmes, qui ne fournissent qu'une vision du monde limitée aux informations disponibles dans nos systèmes internes. Il est facile d'être séduit par des graphiques et analyses captivants, mais il ne faut pas oublier que notre PGI peut uniquement répondre à certaines des questions que nous devons nous poser lorsque nous prenons des décisions importantes.

Les chiffres que contient notre PGI ne reflètent pas la situation actuelle. Les derniers investissements de nos concurrents et les développements récents du secteur n'y figurent pas non plus.

Malgré leur rigueur persuasive, les données internes sont clairement limitées lorsqu'il s'agit de prendre des décisions pour l'avenir. L'exemple suivant en est la parfaite illustration.

En 2012, pour la troisième année consécutive, le bureau canadien de Meltwater a enregistré de mauvais résultats, tranchant fortement avec les performances du reste de l'entreprise. Il a perdu de l'argent, ne s'est pas développé et son taux de rétention était le pire du groupe.

En janvier 2013, nous avons eu une discussion animée lors d'un conseil d'administration de Meltwater. En raison de ces mauvais résultats, les membres extérieurs du conseil poussaient à fermer le bureau canadien et à investir sur d'autres marchés. Après tout, il s'agissait de notre plus petite unité et elle n'avait pas beaucoup de poids. J'ai avancé qu'il n'y avait rien qui n'allait pas sur le marché canadien. Le paysage concurrentiel était intéressant, et sa maturité était bien supérieure à celle des autres marchés où nous prospérions. J'ai affirmé qu'il s'agissait d'un problème interne car nous n'avions pas la bonne équipe dirigeante sur place. J'ai présenté une stratégie alternative avec un nouveau management, en doublant nos investissements.

Le conseil a finalement soutenu mon projet, et le Canada est passé en trois ans de la vingtième et dernière *business unit* de Meltwater en termes de résultats à la cinquième, et a commencé 2016 avec un taux de croissance remarquable de 55 %.

Nous reparlons de temps en temps de cet incident au sein du conseil Meltwater. Nous l'utilisons pour nous rappeler que passer des heures à étudier les données historiques ne mène pas très loin, d'une part parce que le passé ne permet pas nécessairement de prédire le futur, et d'autre part parce que les informations pouvant être tirées d'une feuille de calcul sont par essence limitées.

Diriger une entreprise est une tâche difficile. Les personnes qui travaillent pour vous sont l'élément le plus important. Leur confiance, leur enthousiasme et leur assurance sont toujours les facteurs les plus importants pour vos résultats futurs.

LE BIAIS DE L'ISOLEMENT

L'un des autres problèmes des progiciels de gestion intégrés est qu'ils étudient les données internes de l'entreprise de manière isolée. Ils ne vous fournissent pas d'informations à jour sur les activités de vos concurrents. Ils ne vous fournissent pas non plus d'informations fiables sur les tendances du secteur. Vous créez votre vision de la réalité sur la base de ce que vous voyez, à la lumière de l'efficacité de vos opérations passées.

Des analyses internes isolées peuvent fausser votre compréhension de la situation concurrentielle. Imaginons que le prix que vous obtenez pour votre produit sur le marché français chute sur une période de douze mois. Est-ce dû à une faiblesse de la demande sur le marché, à l'augmentation de la concurrence ou à la baisse de confiance de votre organisation des ventes en France ? Vous aurez du mal à le comprendre si vous vous contentez d'analyser vos données internes. C'est un problème important, car si vous n'arrivez pas à en identifier correctement la cause, il vous sera difficile d'entreprendre les actions nécessaires.

La plupart du temps, les dirigeants ne disposent pas de données tierces pour les aider à interpréter leurs données internes, ou ne font pas l'effort de se les procurer. Ils sont au contraire influencés par des idées préconçues ou des croyances parfois imprécises.

Ce biais de l'isolement se renforce à mesure que l'analyse remonte dans l'organisation. Quand un rapport arrive au conseil d'administration, les faits sous-jacents ont été analysés, structurés et mis en forme par de nombreux niveaux de management. À chaque niveau, les données sont choisies et organisées pour soutenir le récit que le niveau de management en question souhaite communiquer. Certaines données sont amplifiées, d'autres sont ignorées. Tout au long du parcours d'un rapport jusqu'aux niveaux les plus élevés d'une entreprise, on note que les faits concrets tendent à céder la place à la narration.

Il est dangereux de trop se concentrer sur les informations internes, vu la vitesse à laquelle le monde change aujourd'hui. Quarante pour cent des entreprises du classement Fortune 500 de l'an 2000 avaient disparu dix ans plus tard[1]. Cette évolution destructive semble d'ailleurs s'accélérer. En 2014, Dennis Hanno, doyen de la Babson School of Business de Wellesley, Massachusetts, a annoncé que la moitié des entreprises classées dans l'index Fortune 500 disparaîtraient dans les dix ans à venir.

De nombreuses grandes entreprises se sont effondrées en raison de leur incapacité à s'adapter assez rapidement. Ceci n'est pas dû au manque de données indiquant leur déclin progressif. Le problème réside dans leur incapacité à lutter contre les idées préconçues et à briser leur biais interne.

L'ASCENSION ET LA CHUTE DE BLACKBERRY

Quand Mike Lazaridis et Jim Balsillie, directeurs généraux adjoints de BlackBerry, ont découvert l'iPhone en janvier 2007, ils étaient convaincus que ce téléphone ne représentait aucune menace pour leur entreprise de services mobiles, comme le rapportent Jacquie McNish et Sean Silcoff dans leur ouvrage *Losing the Signal: The Untold Story behind the Extraordinary Rise and Spectacular Fall of BlackBerry*[2].

Ils considéraient leurs appareils mobiles comme bien plus utiles aux professionnels : l'iPhone était plus cher, sa batterie durait beaucoup moins longtemps, il fonctionnait en 2G et avait un écran tactile. Combien de professionnels pouvaient être intéressés par ce genre d'appareil ? Ils couraient le risque de voir leur batterie se décharger en plein milieu d'une conversation avec un client.

Sur le court terme, les dirigeants de BlackBerry avaient raison. Le fabricant canadien de téléphones connaissait une croissance régulière car son clavier facile à utiliser, ses normes de sécurité et son système

1. Babson College, « Welcome from the Dean », https://www.cnbc.com/2014/06/04/15-years-to-extinction-sp-500-companies.html
2. Jacquie McNish et Sean Silcoff, *Losing the Signal: The Untold Story behind the Extraordinary Rise and Spectacular Fall of BlackBerry*, New York, Flatiron, 2016.

de messagerie innovant, nommé BBM, enthousiasmaient les professionnels. Au premier trimestre 2009, Blackberry s'était imposé dans le segment professionnel lucratif, avec une part de marché de 55 % aux États-Unis et de 20 % dans le monde[1].

Au cours des trois années suivantes, malgré une croissance exponentielle, le marché a commencé à s'éloigner du fabricant canadien. Les utilisateurs étaient passés à des téléphones de nouvelle génération, équipés d'un écran tactile au lieu d'un clavier.

Au premier trimestre 2012, la croissance a enregistré un arrêt brutal. L'une des raisons invoquées était des retards de sortie des nouveaux produits, mais il ressortait clairement de la stagnation du nombre d'utilisateurs que ces derniers était très intéressés par les produits concurrents. Le CA du premier trimestre 2012 était de 2,8 milliards de dollars, enregistrant une baisse de 33 % par rapport au trimestre précédent et de 43 % par rapport à l'année précédente. Les perspectives étaient si préoccupantes que Thorstein Heins, le nouveau directeur général de RIM (l'entreprise produisant le BlackBerry), a licencié 4 500 personnes, environ 40 % de l'effectif de l'entreprise. Au cours d'une interview à Radio Canada[2], il déclarait : « L'entreprise telle qu'elle existe actuellement n'a aucun problème. Nous pensons que RIM se trouve au début d'une transition qui, nous en sommes convaincus, révolutionnera à nouveau la manière dont les personnes communiquent. […] Avec le lancement de notre nouvelle plateforme mobile, le BlackBerry 10, prévu pour le premier trimestre de l'année prochaine, nous donnerons aux personnes des moyens inédits de s'exprimer. »

1. « RIM (BlackBerry) Market Share 2007-2016, by Quarter », Statista, https://www.statista.com/statistics/263439/ global-market-share-held-by-rim-smartphones/
2. Andrea Hopkins et Alastair Sharp, « RIM CEO Says "Nothing Wrong" with BlackBerry Maker », Reuters, 3 juillet 2012, http://www.reuters.com/article/us-rim-ceo-idUSBR E8620NL20120703

Les prévisions de Thorstein Heins ne se sont pas concrétisées. BlackBerry a au contraire piqué du nez. En septembre 2013, BlackBerry annonçait des pertes nettes de près d'un milliard de dollars au deuxième trimestre, en raison des mauvaises ventes d'un modèle en particulier, le Z10[1]. BlackBerry subissait à ce moment une véritable hémorragie, tant de ses utilisateurs que de sa part de marché. À la fin de l'année, sa part de marché mondiale avait chuté à 0,6 %. Ce leader de l'innovation dans le secteur des smartphones, autrefois admiré, avait été balayé.

L'implosion de cette entreprise canadienne est l'une des disparitions d'entreprise les plus tragiques de ces dernières années. La vitesse à laquelle elle est passée d'une position dominante sur le marché des téléphones mobiles pour utilisateurs professionnels à une lutte pour sa survie a pris par surprise tant les personnes informées que les observateurs du marché.

L'histoire de BlackBerry est un excellent exemple des limites des données internes des entreprises. De la première présentation de l'iPhone en 2007 au rapport fatidique du premier trimestre 2012, les utilisateurs du BlackBerry ont presque été multipliés par dix (!), de 8 à 77 millions. La croissance du chiffre d'affaires trimestriel de l'entreprise était elle aussi impressionnante. BlackBerry a enregistré un chiffre d'affaires d'un milliard de dollars au premier trimestre 2007, et a grimpé en flèche jusqu'à atteindre 5,5 milliards au premier trimestre 2011, avec une croissance d'une année à l'autre comprise entre 40 et 100 % pour la plupart des trimestres.

---

1. Brad Reed, « BlackBerry Announces Major Job Cuts, Quarterly Net Operating Loss of $1 Billion », BGR Media, 20 septembre 2013, http://bgr.com/2013/09/20/blackberry-layoffs-announcement/

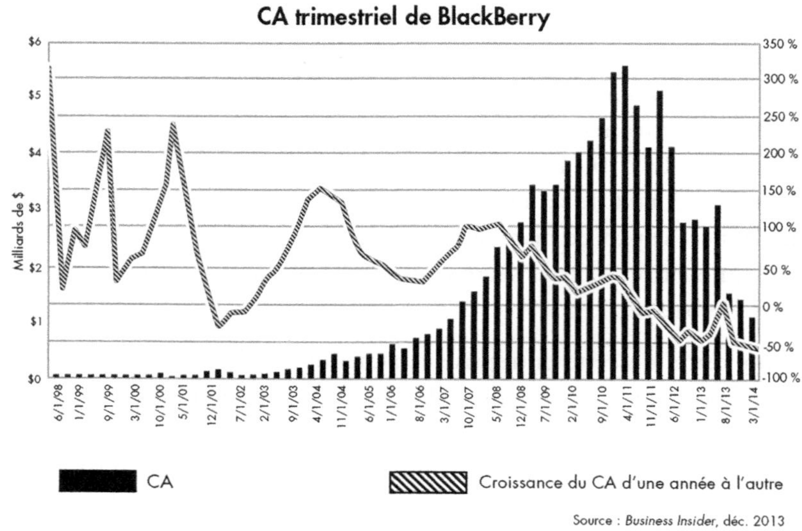

Évolution du chiffre d'affaires de BlackBerry. Le chiffre d'affaires a fortement augmenté jusqu'à son pic au premier trimestre 2011, avec un CA de 5,5 milliards de dollars. Malgré cette forte croissance, l'entreprise perdait des parts de marché et s'est rapidement retrouvée en difficulté.

Si l'on étudiait uniquement les chiffres internes de BlackBerry, on pourrait penser que l'entreprise ne faisait qu'accumuler les succès. Il s'avère que ces données ne reflétaient qu'une partie de la situation. Par définition, les données internes sont biaisées ; elles contiennent certes des données précieuses sur votre entreprise, mais aucune information directe sur le marché et vos concurrents.

Si l'on étudie l'évolution de la part de marché, le tableau change. Il ressort de manière évidente que les problèmes avaient commencé dès le premier trimestre 2009. Jusque-là, BlackBerry connaissait une croissance solide et une augmentation constante de sa part de marché, avec un pic mondial de 20 %, mais son développement a ensuite pris une tournure très inquiétante. Sa part de marché aux États-Unis est passée de 55 % au premier trimestre 2009 à 12 % en moins de deux ans. Au niveau mondial, la perte de part de marché a été moins rapide, mais après trois ans l'entreprise avait également plongé à ce niveau.

Part de marché de BlackBerry par région

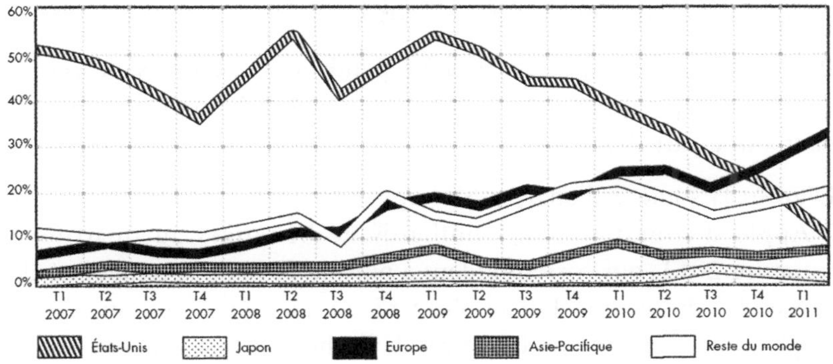

Source : Needham & Co., juin 2011

La part de marché de BlackBerry sur le marché américain a piqué du nez à partir du premier trimestre 2009. Cette évolution négative était un signe précoce de la chute de BlackBerry.

Part d'expéditions de BlackBerry

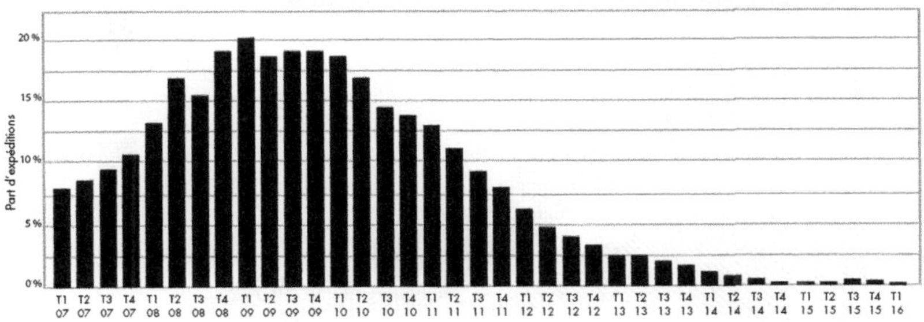

Source : Statista *via* Fortune, juin 2011

La part de BlackBerry sur le marché global a connu une augmentation constante jusqu'au premier trimestre 2009, deux ans après le lancement de l'iPhone d'Apple. À partir du premier trimestre 2010, la part de marché de BlackBerry s'est cependant rapidement émiettée.

Une étude de l'évolution des différentes marques de téléphones mobiles fournit une image encore plus détaillée. Nokia (Symbian) et BlackBerry (RIM) en ressortent grands perdants, tandis qu'Apple et les téléphones Android remportent la bataille. Android a gagné au jeu du volume, avec une croissance d'environ 10 % en 2010, atteignant le chiffre impressionnant de 80 % en 2013.

Pour ce qui concerne la rentabilité cependant, les analystes du secteur considèrent qu'Apple est en position dominante, bien que se cantonnant à une part de marché relativement modeste de 15 à 20 %.

D'après la société d'analyse Strategy Analytics, l'iPhone a permis à Apple d'engranger 11,4 milliards de bénéfices au quatrième trimestre 2013, qui correspondent à plus de 70 % de la rentabilité de l'ensemble du secteur. Un an plus tard, au quatrième trimestre 2014, Apple avait augmenté les bénéfices de l'iPhone à 18,8 milliards, pour atteindre le chiffre incroyable de 89 % des bénéfices totaux.

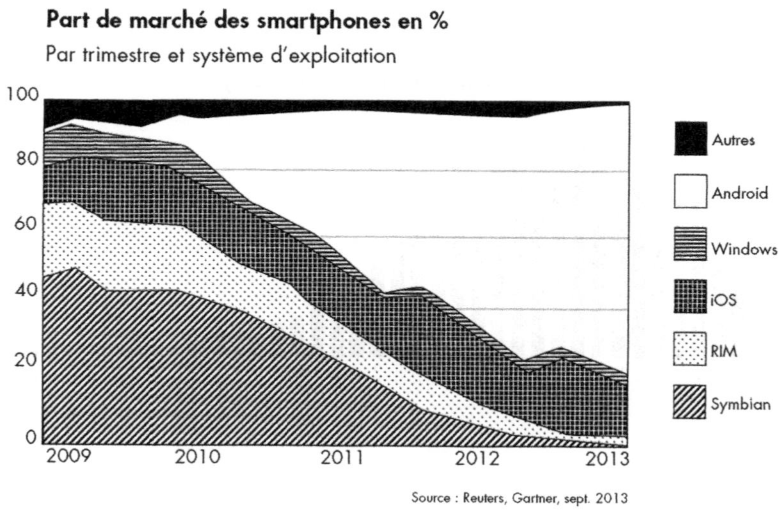

Symbian et RIM sont les grands perdants des changements ayant bouleversé le marché des smartphones entre 2009 et 2013. Les gagnants : Apple et Android.

Bénéfice d'exploitation mondial, smartphones (en milliards de dollars US)	T4 2013	T4 2014
Apple iOs	11,4	18,8
Android	4,8	2,4
Microsoft	0,0	0,0
BlackBerry	0,0	0,0
Autres	0,0	0,0
Total	**16,2**	**21,2**

Part du bénéfice d'exploitation mondial, smartphones	T4 2013	T4 2014
Apple iOs	70,5 %	88,7 %
Android	29,5 %	11,3 %
Microsoft	0,0 %	0 %
BlackBerry	0,0 %	0 %
Autres	0,0 %	0 %
Total	**100 %**	**100 %**
Croissance totale d'une année à l'autre	–	31,4 %

Bien qu'Android domine le marché, avec 80% de part de marché au quatrième trimestre 2013, Apple s'est accaparé la majorité des bénéfices. Au quatrième trimestre, Apple a monopolisé 89% des bénéfices totaux du secteur, malgré une part de marché inférieure à 20%.

La chute de BlackBerry est complexe, mais est principalement due au fait que l'entreprise s'est trop concentrée sur son domaine d'excellence, les claviers mécaniques et la sécurité, et n'a pas été capable de s'adapter assez rapidement à l'évolution du marché. Malgré sa croissance impressionnante, l'entreprise perdait des parts de marché car la croissance de ses concurrents était encore plus rapide. Au bout du compte, BlackBerry deviendra insignifiant.

Ses concurrents ont alimenté leur croissance en répondant mieux aux besoins des nouvelles générations d'utilisateurs de smartphones. BlackBerry n'a pas écouté les nouveaux impératifs des utilisateurs, comme la navigation sur Internet et les applications de médias et services. Le navigateur du BlackBerry offrait une expérience utilisateur exécrable ; l'effort en matière d'applications est arrivé trop tard et n'a pas été suffisant. BlackBerry s'est obstiné à créer un téléphone pour la productivité tandis que ses concurrents, menés par Apple, faisaient appel à l'émotion des utilisateurs avec un design lisse, un écran couleur haute résolution et une interface tactile innovante inédite.

David Yach, directeur de la technologie chez RIM, a reconnu que l'entreprise n'avait pas su prévoir la popularité de l'iPhone. Il a déclaré au *Wall Street Journal*: « Normalement, le produit aurait dû être un échec, mais cela n'a pas été le cas. J'ai appris que la beauté compte. [...] RIM n'a pas cru que les consommateurs auraient eu envie d'acheter cet objet[1]. »

BlackBerry s'est trop reposé sur ses vieilles recettes du succès et a totalement sous-estimé ses concurrents. La croissance vertigineuse de son chiffre d'affaires courant 2011 a donné à l'entreprise un faux sens de sécurité et elle n'a pas reconnu que sa part de marché déclinait depuis son pic au premier trimestre 2009.

À la suite de son chiffre d'affaires record de 2011, BlackBerry a perdu plus de 80 % de chiffre d'affaires au cours des trois années suivantes et ne s'en est jamais remis. Il n'a pas su s'adapter à l'évolution des exigences du marché. Le succès du clavier mécanique du BlackBerry a créé un biais interne qui a poussé l'entreprise au bord du ravin.

On raconte que, lors de la bataille de Copenhague en 1801, Lord Nelson, alors vice-amiral de la flotte britannique, à la tête de l'offensive principale contre les Danois, a mis sa lunette sur son œil aveugle pour ne pas voir les signaux lui intimant la retraite. Nelson était décidé et il a refusé de se laisser dévier de son parcours.

Malgré leurs promesses de convertir le processus de prise de décision de l'entreprise du domaine de l'intuition à une discipline rigoureuse reposant sur les faits, les logiciels de gestion d'entreprise présentent des faiblesses inhérentes. Les données internes collectées ne représentent qu'une petite partie des informations qui influencent l'avenir d'une

---

1. Jacquie McNish et Sean Silcoff, « The Inside Story of How the iPhone Crippled BlackBerry », *Wall Street Journal*, 22 mai 2015, https://www.wsj.com/articles/behind-the-rise-and-fall-of-blackberry-1432311912

entreprise. Les insights tirés de ces chiffres souffriront toujours de biais internes et suivront une narration subjective distillée par plusieurs niveaux de management et d'encadrement.

Dans cet ouvrage, nous aborderons le plus grand angle mort de la prise de décision actuelle et la nécessité d'un nouveau paradigme de décision afin de tenir compte de la nouvelle réalité numérique. Ce processus donnera naissance à une nouvelle catégorie de logiciels qui transformeront autant la prise de décision managériale que l'introduction des logiciels d'entreprise l'a fait en son temps.

3

Étudier les données externes, **c'est étudier l'avenir**

RaceTrac, l'une des plus grandes sociétés privées des États-Unis, avec 7,5 milliards de dollars de ventes en 2016, dispose de supérettes et de stations-service dans douze États des États-Unis[1]. La société, qui a son siège à Atlanta, en Géorgie, a été fondée en 1934, et elle est dirigée par la famille Bolch depuis trois générations : Carl Bolch, Carl Bolch Jr et Allison Moran, directrice générale depuis 2012.

RaceTrac fonctionnait très bien, mais Allison Moran savait qu'il existait une opportunité à saisir : comprendre les besoins des consommateurs de manière plus holistique en exploitant les données externes, afin d'identifier les facteurs déterminant les produits susceptibles de bien marcher, et les autres. Dans le secteur des supérettes, les marges sont faibles, par conséquent l'impact des produits peu demandés dans les rayons est important ; le linéaire est précieux, d'autant plus que

1. « RaceTrac Petroleum on the Forbes America's Largest Private Companies List », *Forbes*, 30 avril 2016.

la plupart des magasins de RaceTrac ont une surface de moins de 465 mètres carrés.

Les prévisions et programmations classiques pour les plus de 650 magasins de RaceTrac et de ses sous-traitants avaient été réalisés par le directeur général, le directeur financier et plusieurs équipes opérationnelles de l'entreprise. Quand Allison Moran a pris la direction, elle a décidé d'étendre certaines compétences de base de l'entreprise, dont les prévisions et la modélisation prédictive.

Comme l'explique Brad Galland, directeur de la programmation financière et de l'analyse chez RaceTrac : « Nous disposions d'une quantité importante d'informations financières, sur les performances, les métriques des ressources humaines, et autres informations du même type, mais nous analysions principalement des données internes. Nous avons alors décidé que nous devions mieux comprendre notre univers et ses liens avec notre part de marché. Une année, nous avons enregistré une croissance à deux chiffres. Alors que nous analysions notre rentabilité à l'intérieur de nos magasins, nous nous sommes demandé : "Sommes-nous juste en train de grandir avec le marché ou le devançons-nous ? Si nous ne faisons rien, maintiendrons-nous notre croissance à deux chiffres ?" »

Fin 2012, RaceTrac s'est adressé à la société d'analyse prédictive Prevedere. Ensemble, ils ont analysé un grand nombre de signaux ressortant des données externes et ils ont découvert que les données météo, les statistiques de construction, le prix des denrées et les tendances au niveau de la production avaient tous influencé les ventes à venir de RaceTrac.

Brad Galland précise : « Ceci a eu un impact réel sur notre activité, notamment pour ce qui concerne la planification. Avant, quand nous préparions les prévisions financières, nous nous limitions à ajouter environ 5 % aux chiffres des ventes de l'année précédente pour prévoir approximativement les ventes de l'année suivante. Ces prévisions reposaient sur le regroupement des projections de nos différentes équipes produits, et sur des raisonnements du genre : "Cette année, nous pensons augmenter les ventes de boissons de 10 %. Nous augmenterons les ventes de ce type de bonbons de 12%." Tout ceci est très bien, mais contenait un grand nombre de "Je pense que" et de "Nous devrions pouvoir faire ceci ou cela" et de "Ceci me semble un objectif raisonnable".

Aujourd'hui, nous avons des données reposant sur des faits. Nous pouvons désormais dire, avec un certain degré de certitude, que nous prévoyons une augmentation de nos ventes de 9,7% par rapport à l'année précédente. En fonction des ventes, nous pouvons prévoir les marges de bénéfices, et même en tirer un taux de rentabilité nette. Ce n'est pas négligeable. »

L'étude de points de données externes a permis à RaceTrac d'identifier des indicateurs de performance précurseurs dans chaque catégorie de produits et zone d'activité, d'éliminer les données parasites et de se concentrer sur les indices qui permettaient de vraies prévisions. RaceTrac disposait d'informations détaillées sur la fréquentation des clients, et, en les associant aux données des produits fortement corrélés aux indicateurs externes, a été en mesure d'établir un modèle de régression puissant qui a permis de réduire l'erreur de prévision de 15%.

RaceTrac est un exemple parfait d'entreprise ayant compris la valeur de l'analyse des données externes. L'entreprise a tiré de ces données des informations prospectives, qui sont venues compléter son analyse PGI. La modélisation de régression lui a permis d'identifier des facteurs extérieurs clés qui ont tiré ses ventes vers le haut. En les incluant dans ses processus de prévision, elle a réussi à remplacer le jeu de devinettes interne et à augmenter considérablement la précision de ses prévisions de chiffre d'affaires.

Aujourd'hui, les données externes en ligne représentent le plus grand angle mort de la prise de décision en entreprise

La rigueur avec laquelle RaceTrac exploite les données externes est encore peu habituelle. La difficile vérité est que la plupart des entreprises continuent encore aujourd'hui à improviser quand il s'agit d'exploiter la masse immense d'insights commerciaux disponibles en ligne.

Au cours des vingt dernières années, le World Wide Web est devenu l'une des sources les plus précieuses d'informations prospectives. Largement sous-utilisées, ces informations représentent également le plus grand angle mort de la prise de décision en entreprise.

Les logiciels de gestion d'entreprise ont remplacé le travail de conjecture du passé et donné naissance à un nouveau secteur aidant les entreprises à mesurer leur productivité et à prendre des décisions sur la base de leurs données internes. Il faut désormais analyser les données externes avec la même rigueur.

Le big data et l'analyse prédictive font aujourd'hui partie du jargon des cadres et dirigeants du monde entier. Malgré le battage médiatique, de nombreuses entreprises peinent encore à comprendre comment appliquer ces nouvelles technologies de manière à générer de la valeur. L'étape suivante naturelle pour une plus grande rigueur des entreprises est de chercher à l'extérieur. Chaque entreprise est exposée à des facteurs extérieurs ayant un impact, tant négatif que positif, sur ses résultats futurs. Réussir à exploiter les données externes pour comprendre ces facteurs revient à écouter les cinq forces de Porter en temps réel au moyen d'un stéthoscope.

Les entreprises qui saisissent cette opportunité bénéficieront d'un énorme avantage. Celles qui ne le feront pas resteront aveugles.

EXEMPLE D'ENTREPRISE AYANT IGNORÉ LES DONNÉES EXTERNES : ASCENSION ET CHUTE DE L'ENTREPRISE AYANT INVENTÉ L'APPAREIL PHOTO NUMÉRIQUE

En décembre 1975, Steven Sasson, ingénieur en électricité de 25 ans, a inventé un produit révolutionnaire, qui finira malheureusement par mettre à genoux son employeur, entreprise comptant 120 000 employés et dominant le secteur depuis presque un siècle. « Les meilleures innovations viennent des personnes qui ne connaissent rien au sujet », déclarait Steven Sasson. Un an après avoir obtenu son diplôme du Rensselaer Polytechnic Institute, il a été chargé par son responsable de tester de nouvelles puces récemment créées par Fairchild Semiconductors. Cette expérience sera ensuite connue comme le brevet US n° 4 131 919, et plus couramment nommée appareil photo numérique.

Les responsables de Steven Sasson étaient impressionnés par son invention, mais ont décidé de ne pas développer cette technologie car elle aurait eu des répercussions sur la source primaire de revenus de l'entreprise, les pellicules. L'employeur de Steven Sasson n'était autre qu'Eastman Kodak. Cette entreprise a été fondée en 1888 par George Eastman, pour commercialiser ses innovations en matière de rouleaux de pellicule pour photos.

En proposant des appareils photos à un prix abordable, « aussi faciles à utiliser qu'un crayon », Kodak a libéré la photographie des studios professionnels et l'a portée dans le quotidien des Américains moyens, puis dans le monde entier. George Eastman était un fin homme d'affaires. Quand la concurrence dans le secteur des appareils photo a commencé à se faire plus rude, il s'est concentré sur la fabrication de pellicules de grande qualité à prix abordable, et a ainsi transformé ses concurrents potentiels en partenaires commerciaux *de facto*. Ce faisant, il a mis sur pied un empire mondial, qui allait durer plus d'un siècle. À ses sommets, en 1996, Kodak détenait plus des deux tiers des parts de marché, et avait un chiffre d'affaires record de 16 milliards de dollars et une valeur marchande de 31 milliards de dollars. Kodak était à l'époque la cinquième marque la plus importante au monde[1].

À peine quinze ans plus tard, tout était fini. Le 29 janvier 2012, Kodak déposait son bilan. Cette entreprise autrefois légendaire s'est effondrée parce qu'elle n'a pas su comprendre les changements du monde extérieur. Kodak, l'inventeur de l'appareil photo numérique, disposait de la technologie et du savoir-faire pour s'adapter au monde numérique. Cependant, son management s'est accroché à ses vieilles convictions. Il a ignoré les données externes et a refusé de cesser de croire à la supériorité des films analogiques et des impressions papier. Ceci s'est avéré fatal.

La vision d'Antonio Pérez, nommé président-directeur général de Kodak en 2005, qui était de redonner vie à ce géant en difficulté, reflète bien la manière dont les cadres dirigeants de l'entreprise étaient éloignés des défis qui attendaient leur modèle commercial existant. Sa vision était que « Kodak fasse pour les photos ce qu'Apple fait pour la musique : aider les utilisateurs à organiser et à gérer leur bibliothèque personnelle d'images. Dans un monde idéal, les futurs consommateurs prendront des photos avec leur appareil Kodak, les enregistreront sur une carte mémoire Kodak, les imprimeront au moyen d'une imprimante Kodak et les modifieront dans des kiosques numériques en magasin[2] ».

Antonio Pérez, ingénieur en électricité, familier de la technologie, n'a pas été capable de comprendre que la technologie transformait le comportement des consommateurs et les vieux modèles économiques. Les utilisateurs ont tout de suite adopté les appareils numériques. Avec un appareil numérique, il est possible de voir immédiatement la photo que l'on vient de prendre, sans attendre le développement de la pellicule. Toute personne assez âgée pour avoir utilisé un appareil

---

1. « The History of Kodak », *Wall Street Journal*, 3 octobre 2011, https://www.wsj.com/articles/SB10001424052970204138204576605042362770666
2. Steve Hamm et William C. Symonds, « Mistakes Made on the Road to Innovation », Bloomberg.com, 26 novembre 2006, https://www.bloomberg.com/news/articles/2006-11-26/mistakes-made-on-the-road-to-innovation

à pellicule argentique se souviendra sans doute du sentiment libérateur qu'elle a ressenti lorsqu'elle a pris ses premières photos avec un appareil numérique. À mesure du développement de l'Internet, les photos numériques se sont animées d'une vie que les vieux négatifs argentiques n'avaient jamais eue. Il était désormais possible d'enregistrer, de partager et de modifier les photos en ligne, et les utilisateurs étaient tout à fait satisfaits de ne plus devoir les imprimer sur papier.

L'ascension et la chute de Kodak ont fait couler beaucoup d'encre, et il est évidemment plus facile d'avoir une vision complète *a posteriori*. Cependant, si l'on étudie les données en ligne facilement accessibles durant le mandat de M. Pérez, il ressort immédiatement qu'un grand nombre de macro-tendances étaient en conflit avec sa vision de la résurrection de ce colosse vieux d'un siècle.

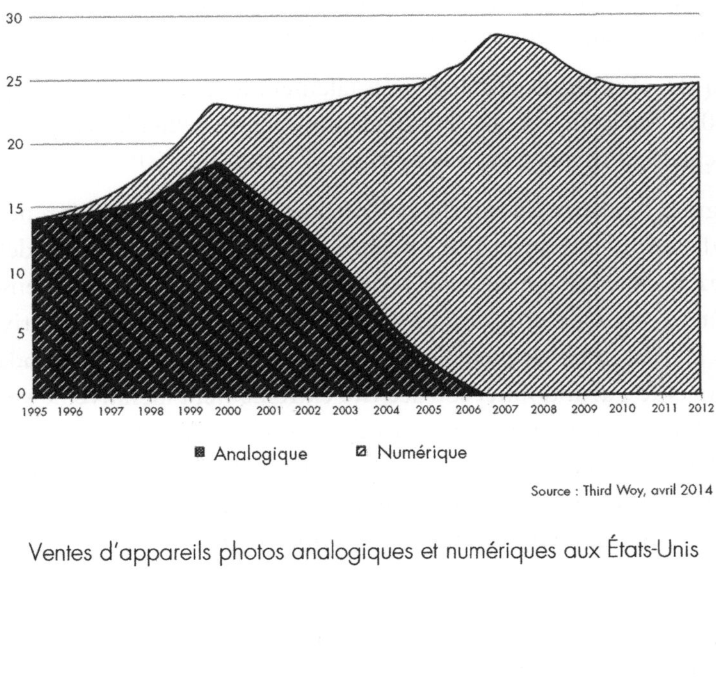

Ventes d'appareils photos analogiques et numériques aux États-Unis

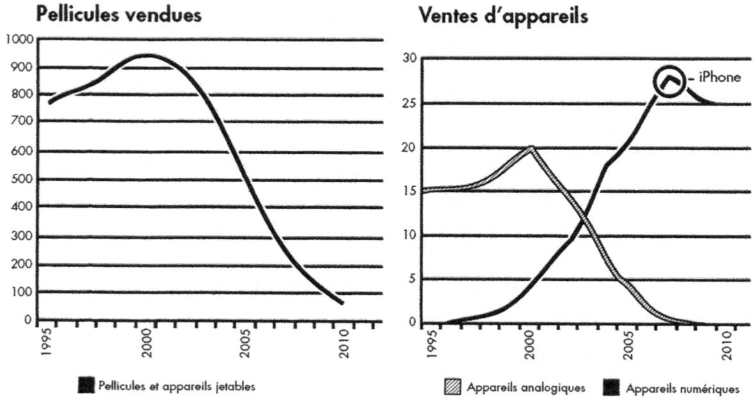

Source : *Technology Review*, 2012

Le déclin de la pellicule

En 2005, quand Antonio Pérez a été nommé président-directeur général, sept ans avant que Kodak ne dépose le bilan, la part de marché des appareils analogiques aux États-Unis avait chuté à 20 %.

Cinq ans plus tôt, ils dominaient totalement le marché, avec une part de 80 %. Sur cette même période, le nombre de pellicules vendues (la principale source de revenus de Kodak) a chuté de 50 %.

Malgré la tendance du marché parfaitement claire, Kodak était réticent à s'adapter. L'entreprise s'est obstinée sur son vieux business model et n'a pas écouté les demandes des consommateurs. Kamal Munir, enseignant en stratégie et politique à l'université de Cambridge, écrivait dans le *Wall Street Journal Europe* après le dépôt de bilan de Kodak : « Réticente à abandonner son activité extrêmement lucrative de vente de pellicules, avec une marge brute de presque 70 %, Kodak a essayé pendant des années de prolonger la vie des pellicules en proposant des appareils plus compacts et des pellicules à codage numérique, ainsi que des technologies hybrides telles que Photo CD[1]. »

1. Kamal Munir, « The Demise of Kodak: Five Reasons », *Wall Street Journal*, 26 février 2012, https://blogs.wsj.com/source/2012/02/26/the-demise-of-kodak-five-reasons/

L'histoire de Kodak montre que les données externes fournissaient des indications fiables d'une conversion de la photo analogique à la photo numérique. Kodak était à la base une entreprise de chimie produisant des pellicules et a refusé d'écouter les informations fournies par les données externes. La division image numérique de Kodak, retranchée dans le siège de l'entreprise à Rochester, a été chargée de créer une synergie avec l'activité de production de pellicules au lieu de redoubler d'efforts sur les business models numériques autonomes.

Malgré la position dominante de Kodak sur le marché de la photographie, souvenez-vous du slogan « *a Kodak moment* – un moment Kodak », l'entreprise n'a jamais été en mesure de participer à l'immense création de valeur du marché de la photo numérique. L'ironie veut que Kodak ait possédé l'un des plus grands services de développement de photos en ligne, Kodak Gallery. À son apogée en 2008, il comptait plus de 60 millions de membres et gérait des « milliards » de photos, d'après sa directrice de la communication, Liz Scanlon. Après le dépôt de bilan de Kodak en 2012, Kodak Gallery a été vendu à Shutterfly, son principal rival, pour 23,8 millions de dollars[1].

Exemple d'entreprise ayant écouté les données externes : la naissance du grand gagnant de la photo numérique

En mars 2010, une start-up nommée Burbn décroche un financement de 500 000 dollars auprès de Baseline Ventures et d'Andreessen Horowitz[2]. Burbn était une application de check-in selon la position, sur le modèle de Foursquare. Les utilisateurs pouvaient indiquer leur

1. Sue Zeidler, « Kodak Sells Online Business to Shutterfly », Reuters, 2 mars 2012, http://www.reuters.com/article/us-kodak-shutterfly-idUST R E8202AY20120302
2. M. G. Siegler, « Burbn's Funding Goes Down Smooth. Baseline, Andreessen Back Stealthy Location Startup », TechCrunch, 5 mars 2010.

présence dans des lieux particuliers, organiser des sorties, gagner des points lorsqu'ils sortaient avec leurs amis et publier des photos. Mais l'application n'a jamais décollé.

Ses créateurs, Kevin Systrom et Mike Krieger, n'ont pas abandonné et ont continué à peaufiner l'application. Ils ont découvert que les utilisateurs n'utilisaient pas du tout les fonctions de Burbn. Ils utilisaient uniquement ses fonctions de partage de photos. Kevin et Mike se sont aperçus qu'ils avaient fait une découverte intéressante.

Ils se sont concentrés sur le partage de photos, et en étudiant les acteurs du domaine, ils ont constaté qu'il existait un vide entre Hipstamatic, très tendance, avec ses filtres conviviaux, et Facebook, dont l'application photo disposait encore de possibilités de partage limitées.

Le 12 octobre 2010, ils ont lancé une application de partage de photos très simple qui permettait de publier une photo en trois clics. Les images étaient uniquement carrées, similaires au format Kodak Instamatic et Polaroid, et un jeu de filtres performants applicables en un clic permettait d'améliorer et d'embellir l'original. L'application fut nommée Instagram, et comptait plus d'un million d'utilisateurs deux mois après son lancement.

Le 2 février 2011, Instagram a levé 7 millions de dollars de fonds de série A (nom donné par les investisseurs de la Silicon Valley au premier tour de levée de fonds externe) auprès de différents investisseurs, dont Benchmark Capital, Jack Dorsey, cofondateur de Twitter, Chris Sacca, ancien responsable des initiatives spéciales chez Google, et Adam D'Angelo, ancien directeur technique de Facebook[1]. La valeur d'Instagram était estimée à environ 25 millions de dollars.

Instagram a connu une croissance rapide, et comptait 10 millions d'utilisateurs en septembre 2011[2]. L'application a également été nommée

1. M. G. Siegler, « Instagram Filters through Suitors to Capture $7 Million in Funding Led by Benchmark », TechCrunch, 2 février 2011.
2. Emil Protalinski, « Instagram passes 50 million users », ZDNet, 1er mai 2012, https://www.zdnet.com/article/instagram-passes-50-million-users/

application iPhone de l'année 2011 par Apple[1]. Le 3 avril 2012, lors de son lancement sur Google Play, sa version Android a été téléchargée plus d'un million de fois en moins de vingt-quatre heures. La même semaine, Instagram levait 50 millions de dollars auprès des sociétés de capital-risque Sequoia Capital, Thrive Capital et Greylock Partners, ce qui porta la valeur de l'entreprise à 500 millions de dollars[2].

Une personne a suivi de très près le succès d'Instagram : Mark Zuckerberg, fondateur de Facebook alors âgé de 26 ans. Facebook était le plus grand réseau social au monde, avec 850 millions d'utilisateurs, et préparait son introduction en Bourse pour lever 5 milliards de dollars, pour une valeur estimée de l'entreprise de 100 milliards de dollars, ce qui en faisait l'une des plus grandes entreprises tech jamais introduites en Bourse. Malgré son succès, Facebook était à la traîne sur la plateforme mobile, et c'était Instagram qui capturait la majeure partie de l'attention pour le partage de photos. Instagram était une toute petite entreprise comptant une douzaine d'employés, sans revenus, mais Mark Zuckerberg se sentait menacé. L'été précédent, il avait déjà évoqué l'idée d'une acquisition avec Kevin Systrom, mais ce dernier avait refusé car il souhaitait construire une entreprise indépendante.

Le 9 avril 2012, trois mois après le dépôt de bilan d'Eastman Kodak, Facebook achetait Instagram pour 1 milliard de dollars en fonds et en actions[3]. Il n'existe pas d'informations publiques sur les recherches menées par le fondateur de Facebook pour motiver sa décision, mais le fait que l'accord ait eu lieu six jours après le lancement spectaculaire d'Instagram sur Google Play n'est pas anodin. Au cours de ces six jours, 5 millions d'utilisateurs ont téléchargé la version Android d'Instagram.

1. Bonnie Cha, « Apple Names Instagram iPhone App of the Year », CNET, 8 décembre 2011, https://www.cnet.com/news/apple-names-instagram-iphone-app-of-the-year/
2. Alexia Tsotsis, « Right before Acquisition, Instagram Closed $50M at a $500M Valuation From Sequoia, Thrive, Greylock And Benchmark », TechCrunch, 9 avril 2012.
3. Dan Primack, « Breaking: Facebook Buying Instagram for $1 Billion », Fortune, 9 avril 2012, https://fortune.com/2012/04/09/breaking-facebook-buying-instagram-for-1-billion/

À l'époque de ce rachat pour une valeur d'un milliard de dollars, Instagram comptait seulement 27 millions d'utilisateurs[1], moins de la moitié du nombre d'utilisateurs de Kodak Gallery quatre ans plus tôt.

Contrairement à Kodak Gallery, Instagram connaissait une croissance formidable et s'avérait très intéressante. Au lendemain de sa levée de 50 millions de dollars de capital, Mark Zuckerberg s'est enfermé avec M. Systrom pendant trois jours de négociations, de directeur à directeur, dans sa maison de Palo Alto, en Californie.

Pour s'assurer l'acquisition de la sensation du moment en matière de partage de photos, Mark Zuckerberg a offert à Kevin Systrom un prix que ce dernier ne pouvait pas refuser.

Après l'annonce du rachat, Mark Zuckerberg a reçu de nombreuses critiques. Instagram n'avait que dix-huit mois d'existence, comptait treize employés et n'avait aucun revenu. L'application avait certes 30 millions d'utilisateurs, mais tous l'utilisaient gratuitement, et il n'existait aucun plan concernant leur monétisation. Cet achat n'avait apparemment pas fait que des heureux auprès des actionnaires de Facebook et des membres de son conseil d'administration, qui pensaient que Mark Zuckerberg était « immature » et « n'en faisait qu'à sa tête[2] ».

À peine trois ans plus tard, en septembre 2015, Instagram a atteint 400 millions d'utilisateurs. Lors de son analyse de l'année 2015, Mark Mahaney, analyste chez RBC Capital Markets, avait prédit qu'Instagram deviendrait « l'histoire de 2016 » pour Facebook, et estimait que les revenus du partage de photos atteindraient 2 milliards de dollars

1. Kim-Mai Cutler, « Instagram Reaches 27 Million Registered Users and Says Its Android App Is Nearly Here », TechCrunch, 11 mars 2012, https://techcrunch.com/2012/03/11/instagram-reaches-27-million-registered-users-shows-off-upcoming-android-app/
2. Dan Farber, « Zuckerberg Takes Heat for Hoodie on IPO Road Show », CNET, 8 mai 2012, https://www.cnet.com/uk/news/zuckerberg-takes-heat-for-hoodie-on-ipo-road-show/

pour l'année[1]. Justin Post et Joyce Tran, analystes de Bank of America Merrill Lynch, étaient eux aussi enthousiastes au sujet d'Instagram. Dans un brief d'analyse à l'intention de leurs clients fin 2015, ils estimaient la valeur d'Instagram seul entre 30 et 37 milliards de dollars[2]. D'après leurs recherches, Instagram était le plus grand réseau social hors de Chine (mis à part Facebook). Ils écrivaient dans leur rapport : « Si Instagram arrive à suivre et continue à grandir, son rachat en 2012 pour 1 milliard de dollars par Mark Zuckerberg sera la plus grande affaire de tous les temps. »

L'histoire d'Instagram, et de ces deux entrepreneurs d'une vingtaine d'années qui ont transformé un échec initial en succès éclatant, cédé pour 1 milliard de dollars après dix-huit mois sans un seul dollar de recette, fait désormais partie du folklore.

C'est également l'histoire d'un géant mondial qui a été attentif aux changements du monde autour de lui. Instagram était un fétu de paille par rapport au colosse Facebook, mais des services tels qu'App Annie avaient déjà signalé son pouvoir de traction de la croissance utilisateur. Et Mark Zuckerberg, fondateur et directeur général de Facebook, n'a pas manqué de lire ces signaux. Alors qu'une période frénétique pour l'entreprise battait son plein, avec la préparation de son entrée en Bourse pour 100 milliards de dollars, il a su identifier la menace potentielle que représentait Instagram et la neutraliser immédiatement. Les photos étaient l'un des types de données créant le plus d'engagement en ligne, et si Instagram concrétisait l'augmentation de ses utilisateurs, elle était susceptible de menacer même un géant tel que Facebook. Sa prime d'assurance d'un milliard de dollars s'est révélée une excellente affaire. Facebook en est sorti vainqueur mondial dans

1. Jillian D'Onfro, « Mark Mahaney: How Facebook Is Taking Over the World », Business Insider, 9 décembre 2015, http://uk.businessinsider.com/mark-mahaney-rbc-capital-markets-presentation-on-facebook-2015-12?r=US&IR=T%2F#here-are-the-four-biggest-opportunities-ahead-9
2. Maya Kosoff, « Here's How Two Analysts Think Instagram Could Be Worth up to $37 Billion », Business Insider, 16 mars 2015, http://uk.businessinsider.com/instagram-valuation-2015-3?r=US&IR=T

le domaine des photos numériques, et a renforcé sa position de roi incontesté des réseaux sociaux.

Si Facebook n'avait tenu compte que de ses données financières internes, il n'aurait pas remarqué l'ascension d'un nouveau concurrent dans le segment des photos. Seule une étude approfondie des données externes a permis à Mark Zuckerberg d'identifier la menace émergente que représentait Instagram.

En 1609, Galilée se fit un nom et une fortune en présentant à la haute société vénitienne une lunette permettant de voir les navires en mer deux heures avant qu'ils puissent être vus à l'œil nu.

Les avantages militaires de cette technologie étaient manifestes, et furent déployés avec un succès considérable. De même, une entreprise a tout avantage à analyser les données externes pour y trouver des insights prospectifs. Dans la deuxième partie de cet ouvrage, nous présenterons un paradigme de prise de décision pour effectuer cette analyse de manière systématique.

DEUXIÈME PARTIE

UN NOUVEAU PARADIGME DE PRISE DE DÉCISION

4

Pour une **nouvelle réalité numérique**

La Volvo Ocean Race (VOR) est l'un des événements sportifs les plus difficiles au monde. Pendant neuf mois, sept équipages, partant d'Alicante en Espagne, s'affrontent autour du monde et arrivent à Gothenburg, en Suède, en faisant escale dans des ports des cinq continents.

Lancée pour la première fois en 1973 sous le nom de Whitbread Round the World Race, elle a désormais lieu tous les trois ans. Jusqu'à il y a peu, les caractéristiques de conception de chaque voilier (longueur, poids, voilure) avaient un impact considérable sur sa vitesse. Mais les règles ont été modifiées lors de l'édition 2014-2015, pour faire en sorte que la course mesure l'adresse et non les bateaux. Aucun équipage n'était dès lors avantagé ou désavantagé, car le plan de chaque bateau était le même pour tous. Ils étaient construits par l'un des quatre plus grands constructeurs de bateaux au monde. Ceci signifie qu'une seule variable déterminait désormais le succès d'un équipage : l'habileté des skippers tout au long des 44 580 milles de régate à travers les océans Atlantique, Pacifique, Indien et Austral.

« C'est l'événement sportif le plus long du monde, neuf mois, ce qui signifie que nous devons en permanence prendre des décisions sur la base de données», a déclaré Iñigo Aznar, responsable des partenariats commerciaux, qui est entre autres chargé de l'informatique décisionnelle.

«Cet événement est imprévisible, nous savons quand nous commençons et quand nous finissons, mais nous n'avons aucune idée de ce qui se passera entre les deux.»

Pendant la course, le centre de contrôle reçoit par satellite les données des bateaux, toutes les trois secondes, et l'équipe utilise l'analytique, dont la biométrique, pour surveiller la condition physique des skippers, qui brûlent 6000 calories par jour, soit trois à quatre fois la moyenne du commun des mortels[1]. Les données météo, par exemple la détection du vent et des dangers comme la glace, sont suivies par un centre opérationnel hautement sophistiqué à Alicante, dans une grande pièce sombre remplie d'ordinateurs et aux murs tapissés d'écrans, qui fait office de centre de contrôle et de centre médias.

La VOR génère une quantité non négligeable de données: 4874 minutes de vidéos ont été échangées en direct depuis les bateaux lors de l'édition 2014-2015, et 265267 mégaoctets d'e-mails ou de communications satellite ont été utilisés pendant la course[2]. Tous les contenus de la VOR, qui sont diffusés par les médias traditionnels et par les réseaux sociaux tels que YouTube, Twitter et Facebook, ainsi que le site Web de la course, sont produits, édités et distribués à Alicante. «Nous pouvons envoyer une vidéo à un bateau, ou la recevoir d'un bateau, et envoyer une version éditée aux médias du monde entier en une demi-heure», explique M. Aznar.

Autrefois, les caméras étaient montées sur les bateaux une fois qu'ils avaient été conçus et construits. Les bateaux de nouvelle génération, en revanche, ressemblent davantage à des studios de télévision mobiles et sont équipés de cinq caméras fixes et de deux points de transmission

1. «Life Onboard», Volvo Ocean Race Press Zone, 29 août 2014, http://www.volvooceanrace.com/en/presszone/en/29_Life-onboard.html
2. Eugene Platon, «Volvo Ocean Race 2014–15 Media Report», Issuu, 2 décembre 2015, https://issuu.com/eugene_platon/docs/volvo_ocean_race_2014-15_race_repor

sans fil des vidéos en temps réel. Les caméras peuvent être commandées et orientées à distance et les micros sont positionnés de manière à optimiser les enregistrements quelles que soient les conditions : il est fondamental que l'équipement phono et les caméras soient protégés du vent et de l'eau. Par ailleurs, chaque bateau embarque désormais un journaliste multimédia qui filme et interviewe les skippers jour et nuit.

« Aujourd'hui, il n'est plus possible de parler de ce qui s'est passé la veille », explique M. Aznar. « Avec les réseaux sociaux, tout doit être instantané, c'est pourquoi nous avons mis au point un système de grande qualité pour couvrir la course rapidement. C'est un peu comme si un journaliste était embarqué dans la Formule 1 de Lewis Hamilton et lui demandait comment il se sent. »

Pour certaines étapes de la course, les équipages régatent jour et nuit pendant des périodes pouvant durer jusqu'à trois semaines, et vivent des moments de grande tension physique et psychologique, souvent dans des conditions extrêmes. Le 29 novembre 2014, l'équipage Vestas Wind s'est échoué sur les récifs de Cargados Carajos, à environ 240 milles au nord-est de l'île Maurice, dans l'océan Indien. Les neuf membres de l'équipage ont été sauvés, certains souffraient de légères blessures. Les caméras embarquées ont saisi le naufrage dans les moindres détails, difficiles mais captivants.

La VOR a une vision ambitieuse. Son objectif déclaré, selon M. Aznar, est de devenir « la compétition sportive planétaire la plus performante au niveau digital ».

Le management doit générer de la valeur pour les sponsors et offre pour ce faire une communication captivante, faisant appel aux émotions du public de millions de passionnés suivant la course dans le monde.

M. Aznar explique : « Nous devons savoir en temps réel si les contenus marchent. Si nous diffusons une vidéo sur Facebook, publions un communiqué de presse ou une interview, nous devons savoir quelles sont les réactions dans le monde. Nous pouvons ensuite prendre des décisions, quand nous savons quelles histoires fonctionnent le mieux. Nous mesurons les performances, comme la plupart des événements sportifs, mais notre besoin de temps réel est plus important. »

Le suivi des performances des contenus, par exemple savoir quels tweets fonctionnent le mieux, quelles photos suscitent le plus d'engagement sur Instagram, implique de nombreuses métriques. L'équipe a par exemple découvert une augmentation de 20 % de l'engagement sur Facebook quand les contenus étaient publiés entre 12 et 14 heures. De même, les publications du lundi au vendredi rencontraient plus de succès que celles du week-end. Pourquoi ? Parce que la majorité des personnes suivant la VOR appartiennent aux classes moyennes intermédiaires à supérieures, et sont par conséquent susceptibles d'occuper des postes de manager. Les données semblent indiquer qu'elles suivent la course depuis leur bureau pendant la pause déjeuner.

Cette constatation a permis de prendre des décisions stratégiques concernant la programmation. Par exemple, l'équipe de la VOR a observé une baisse importante du trafic quand les bateaux arrivent au port.

« Nous avons retardé certaines déclarations les plus intéressantes pour maintenir le niveau de portée sur les différents marchés », précise M. Aznar.

« Ce type d'insight sur la base de données nous aide à prendre des décisions concrètes sur la manière dont nous voulons mener la communication pour obtenir de meilleurs résultats ; et au bout du compte, offrir plus de valeur à nos sponsors. »

La plupart des entreprises auraient beaucoup à apprendre de la Volvo Ocean Race. Cette régate de neuf mois est une opération conçue avec une rigueur impressionnante. En pleine mer, dans des conditions extrêmes, elle utilise une technologie de pointe pour collecter des informations internes et externes et repousse les limites de la technologie et de la prise de décision en temps réel pour créer le meilleur événement sportif et la meilleure expérience possible pour les spectateurs.

Le paradigme de l'Outside Insight

Le concept de prise de décision en entreprise doit être entièrement revu. Il est actuellement dominé par les données internes et les événements passés. Ceci revient à ignorer l'immense quantité d'informations disponibles en ligne, tout en se limitant à un calendrier trimestriel désormais inadapté aux rythmes rapides d'évolution du monde.

Les entreprises de toutes tailles apprennent désormais à prendre des décisions de la même manière que l'équipe de la Volvo Ocean Race. Elles investissent pour une meilleure compréhension du monde qui les entoure et pour se développer grâce aux insights en temps réel fournis par les données externes.

Cette nouvelle approche de la prise de décision s'éloigne de l'ancien paradigme axé sur les KPI, les données financières, les plans annuels et les rapports trimestriels internes.

Elle s'attache au contraire à analyser les données externes pour comprendre en temps réel les changements du paysage concurrentiel. Elle s'écarte de l'analyse de ce que fait l'entreprise pour s'intéresser à ce que fait son secteur. C'est une approche qui s'occupe moins de l'étude du passé pour se consacrer à la prévision de l'avenir. Ce nouveau paradigme de prise de décision est rendu possible par l'immense diffusion de l'Internet. C'est un nouveau paradigme de prise de décision pour une nouvelle réalité numérique. Chez Meltwater, nous l'avons baptisé modèle Outside Insight.

	Ancien paradigme	Nouveau paradigme
Accent sur	Mon entreprise	Mon secteur
Sources d'information	Internes	Externes
Analytique	Indicateurs tardifs	Indicateurs précurseurs
Fréquence	Trimestrielle	En temps réel
Mode d'action	Réactif	Proactif

Dans le paradigme de l'Outside Insight, l'axe se déplace vers la détection des changements des facteurs extérieurs qui ont une influence sur l'activité, la rectification de course en temps réel et la mesure de l'efficacité des dernières actions par le benchmark concurrentiel.

Diriger une entreprise signifiera se libérer de l'obsession pour les données opérationnelles historiques et les plans cadres quinquennaux pour la domination globale. Ce sera au contraire amorcer une transition pour saisir à bras-le-corps un avenir imprévisible et s'assurer que chacune de vos actions vous rapproche de votre objectif.

C'est une approche agile qui accorde une grande attention à votre environnement, vous permet d'éviter les obstacles et de saisir les opportunités qui se présentent.

Elle pourrait laisser penser que l'on se lance à l'aveuglette sans plan solide. Au contraire. Le besoin d'une stratégie solide est plus important que jamais. Mais la rigueur se déplace du «plan» vers l'effort investi dans la détection en temps réel des changements du panorama concurrentiel et de l'efficacité des ajustements en cours de route.

Diriger une compagnie selon le paradigme de l'Outside Insight ressemblera de plus en plus à réaliser une série de tests A/B. Vous alternerez différentes initiatives et mesurerez soigneusement les performances de chacune d'entre elles. Vous investirez plus dans les initiatives qui fonctionnent et abandonnerez celles qui sont inefficaces. Les décisions reposeront donc sur les faits, et votre étalon de mesure du succès ou de la réussite sera très simple : gagnez-vous du terrain sur vos concurrents ?

La prise de décision subira trois changements importants

Le paradigme de l'Outside Insight apporte trois grands changements dans la prise de décision. Tout d'abord, il ajoute des insights prospectifs tirés des données externes, qui deviennent des composants essentiels du processus de décision. Deuxièmement, les décisions se prennent en temps réel, pour répondre aux changements critiques des facteurs extérieurs. Enfin, les entreprises mesurent leur progression et programment l'avenir grâce au benchmark concurrentiel.

1. Données externes

Selon Statista, portail en ligne de statistiques et de données sur le marché, les dépenses mondiales en logiciels de gestion d'entreprise, à l'exception du matériel et des services professionnels, se montaient à 314 milliards de dollars en 2015[1]. Cette information contraste fortement avec l'estimation réalisée par le cabinet d'étude Burton-Taylor, selon laquelle le marché mondial de la veille média valait à peine 2,6 milliards de dollars en 2014[2]. Certes, les données externes ne concernent pas uniquement la veille média, mais la comparaison reste pertinente. Si l'on compare ces deux rapports d'études, le contraste est frappant. Un pour cent de chaque dollar dépensé aujourd'hui par les entreprises pour comprendre leurs données internes est destiné à la compréhension des données externes.

Au cours des vingt dernières années, les logiciels de gestion d'entreprise ont aidé les entreprises à tirer profit de l'immense quantité de données opérationnelles qu'elles génèrent en interne. Il est temps d'appliquer

1. « Worldwide IT Software Spending 2009-2020 », Statista, https://www.statista.com/statistics/203428/total-enterprise-software-revenue-forecast/
2. « Media Intelligence and Public Relations Information & Software Spend Topped USD2.6 Billion in 2014, Up 7.12% », Burton-Taylor International Consulting, 28 avril 2015, https://burton-taylor.com/media-intelligence-and-public-relations-information-software-spend-topped-usd2-6-billion-in-2014-up-7-12-3/

le même raisonnement à l'analyse des données externes en ligne pour permettre aux entreprises de comprendre la dynamique du monde dans lequel elles opèrent. En prenant au sérieux les données externes, une entreprise comprendra bien mieux certains facteurs extérieurs cruciaux, et pourra les utiliser pour guider sa prise de décisions stratégiques, qui seraient impossibles à prendre sur la base des données internes uniquement.

Tine, la plus grande entreprise laitière de Norvège, en a fait les frais quand un nouveau concurrent a commencé à empiéter sur le marché d'un de ses produits les plus lucratifs.

Pendant de nombreuses années, Tine a détenu plus de 90% du marché norvégien d'une boisson à base de café glacé nommée IsKaffe. Tine jouissait d'une position enviable, et avait créé une nouvelle catégorie de produits sur le marché alimentaire norvégien, enregistrant une forte croissance annuelle. Cependant, en 2010, la position dominante de Tine a été remise en question quand Friele, distributeur de café filtre et de grains de café, est entré sur le marché avec une campagne marketing à grande échelle présentant une marque concurrente de café glacé.

Tine a été prise par surprise. Le management s'est adressé à Meltwater pour l'aider à comprendre la situation. Tine voulait savoir comment réagir à cette nouvelle menace. Lorsque l'entreprise nous a consultés, elle envisageait une offensive marketing qui aurait absorbé de nombreuses ressources. En analysant les discussions en cours sur les réseaux sociaux, nous avons fait deux découvertes fondamentales.

Tout d'abord, le sujet du café glacé était très discuté en ligne en raison du lancement produit très réussi de Friele. Il ressortait notamment que le nouvel emballage aluminium de Friele était très apprécié, notamment par les jeunes consommateurs. Mais les personnes n'étaient pas particulièrement enthousiasmées par le goût de la nouvelle boisson et préféraient le café glacé de Tine. De l'avis général, celui de Friele était trop sucré.

Sur la base de ces informations, les managers de Tine ont renoncé à leur idée initiale de lancer une campagne publicitaire coûteuse et ont au contraire opté pour une approche attentiste. Ce fut une excellente décision. Les observations initiales des réseaux sociaux se sont confirmées. Malgré l'emballage moderne de Friele, le produit lui-même n'a pas réussi à menacer la position de Tine sur le segment du café glacé. Friele a réussi à pénétrer le marché, mais n'a pas réussi à réduire la part de marché de Tine à moins de 90 %. Friele est cependant parvenu à booster le marché global du café glacé, pour le plus grand bénéfice de Tine, acteur dominant le secteur.

L'exemple de Tine montre la valeur des données externes, dans ce cas des réseaux sociaux, pour la prise de décision. Au lieu d'attendre de voir quelles conséquences le nouveau produit concurrent de Friele aurait sur les ventes de Tine, une analyse rapide a permis de mettre en évidence des indices précieux sur les goûts des consommateurs en matière de présentation du produit (qui auraient été difficiles à saisir sans les réseaux sociaux) et a permis à Tine de fournir une réponse mesurée à la menace de Friele.

2. Temps réel

Les données externes nous offrent un aperçu en temps réel de notre écosystème et du paysage concurrentiel. L'analyse en temps réel nous permet d'identifier les opportunités et les menaces bien plus tôt qu'auparavant, et d'agir en conséquence.

L'habitude d'utiliser les résultats du trimestre précédent pour définir le trimestre suivant ne suffit plus. Les données externes, en revanche, sont un outil permettant aux entreprises de s'adapter aux événements à mesure qu'ils se déroulent.

En 2008, les analyses en temps réel de Meltwater ont permis à l'une des plus grandes marques d'habillement sportif de détecter un problème troublant. Au Royaume-Uni, ses sweatshirts à capuche étaient associés à des activités criminelles, la police indiquait souvent dans ses rapports que les suspects portaient un sweatshirt à capuche de cette marque pour masquer leur identité lorsqu'ils commettaient des crimes.

L'entreprise a pris conscience de la situation : sa marque avait été détournée. Cette constatation a été transmise dans les différents services de l'entreprise, qui ont engagé une réflexion sur la manière de répondre au problème. L'équipe de R&D a étudié précisément la façon dont les vêtements étaient utilisés par certains pour masquer leur visage afin de ne pas être vus par leurs victimes et les caméras de surveillance. Le sweatshirt avait été conçu à l'origine avec une grande capuche qui dépassait du front de plusieurs centimètres, permettant à la personne qui le portait de cacher son visage. L'équipe de R&D a étudié plusieurs options de modification du modèle, pour parvenir à une solution qui protégeait la marque et réglait le problème central. Le nouveau pull a été modifié de façon que sa capuche ne puisse plus être tirée au point de masquer le visage. Une fois les nouveaux modèles en magasin, les références à la marque ont décru progressivement dans les rapports de la police britannique.

Grâce à une analyse en temps réel, ce géant de l'habillement sportif a pu se rendre compte que sa marque était entachée par des activités criminelles et a rapidement trouvé un moyen de revoir son produit pour résoudre le problème. Sa réaction rapide lui a permis de s'attaquer à la question avant qu'elle ne s'aggrave et de sortir indemne de cet incident.

3. Benchmarking

L'un des aspects les plus fascinants des données externes est qu'elles permettent d'apprendre autant de choses sur les concurrents que sur l'entreprise. Cette possibilité sans précédent est l'exclusivité de l'Outside Insight. Celui-ci peut vous aider à analyser vos concurrents en temps réel et à obtenir des insights précieux sur vos forces et faiblesses par rapport à vos concurrents au moyen de benchmarks. Il vous permet également de répondre à des questions importantes, notamment : quel est l'effectif de votre personnel commercial par rapport à celui de vos concurrents ? À quelle fréquence votre marque est-elle présentée sous un angle positif dans les médias les plus importants par rapport à vos concurrents ? Investissez-vous moins ou plus que la moyenne du secteur dans la publicité en ligne ?

Pour cette raison, je pense souvent à l'opportunité de l'Outside Insight comme à une « science du benchmark ». À l'aide des données externes, vous pouvez établir des comparaisons entre des données tierces comparables, pour mesurer votre positionnement par rapport à la concurrence. Ce benchmarking fournit des données objectives qui éliminent les biais et les *a priori* internes et, s'il est utilisé correctement, peut être un facteur décisif pour faire pencher la balance en votre faveur.

Hike Messenger est une application indienne de messagerie instantanée qui rivalise avec des géants tels que WhatsApp et Facebook Messenger. Lancée en Inde en 2012, elle a rapidement rencontré le succès, et a annoncé en janvier 2016 qu'elle avait atteint plus de 100 millions d'utilisateurs[1] et, selon son directeur général, Vidur Vyas, qu'elle était désormais la deuxième entreprise en Inde en termes de temps passé par les utilisateurs, talonnant WhatsApp, le leader du marché, et distançant largement Facebook Messenger. L'un des facteurs principaux du succès de Hike Messenger dans ce combat de David contre Goliath est une utilisation sophistiquée de l'Outside Insight et un benchmarking intelligent.

La messagerie est un espace très attrayant, qui s'est transformé en champ de bataille féroce pour sa domination. Les applications de messagerie les plus élaborées ont été développées en Asie, on trouve notamment en tête du peloton WeChat (Chine), Line (Japon) et Kakao (Corée du Sud), qui ont toutes évolué en intégrant dans la même application des solutions d'e-commerce complètes, applications de taxis et des portefeuilles électroniques mobiles. Elles ont montré que les applications de messagerie seront une porte d'entrée importante pour le commerce électronique, les contenus et autres services en ligne, perspective qui a commencé à inquiéter les géants occidentaux tels que Facebook, Google et Amazon. Leur inquiétude est devenue manifeste quand, en 2014, Facebook a offert 19 milliards de dollars et un siège au conseil d'administration pour racheter WhatsApp, entreprise qui ne dégageait

1. « Number of Registered Hike Messenger Users from February 2014 to January 2016 », Statista, https://www.statista.com/statistics/348738/hike-messenger-registered-users/

presque aucun bénéfice, mais qui avait réussi à se hisser au premier rang des applications de messagerie dans le monde, hors Asie[1].

L'Inde est un marché très convoité, et bien qu'il soit l'un des derniers à être entré dans la course, Hike a réussi à dérober progressivement des parts de marché aux applications dominantes WhatsApp et Facebook Messenger en offrant des fonctions exclusives et localisées très appréciées de ses utilisateurs. L'une de ces fonctions est la « private chat » (conversation privée), qui permet de masquer l'interlocuteur, fonction particulièrement plébiscitée par les adolescents. Vidur Vyas explique que « tout commence lorsqu'on écoute attentivement les désirs des consommateurs. Les outils tels que Meltwater sont en train de transformer le domaine du marketing et du développement produit. Nous les utilisons pour comprendre les besoins de consommateurs, décider sur quelles fonctions produit investir en priorité, et concevoir des campagnes marketing efficaces. Nous utilisons des tableaux de bord avec un benchmark concurrentiel en temps réel pour comprendre ce qui fonctionne et ce qui ne marche pas ».

La recette simple du succès appliquée par Hike s'est avérée très efficace. En août 2016, trois ans et demi après son lancement, l'entreprise a annoncé une augmentation de capital de 175 millions de dollars américains et était évaluée à 1,4 milliard de dollars[2]. Le tour de table a été mené par Tencent, propriétaire de WeChat, application leader en Chine. D'un jour à l'autre, l'outsider local a nagé dans l'opulence, et, s'appuyant sur l'expérience de WeChat en matière de déploiement de services en ligne sophistiqués, Hike est soudain un adversaire sérieux de Mark Zuckerberg pour la domination du marché digital indien.

1. Parmy Olson, « Facebook Closes $19 Billion WhatsApp Deal », *Forbes Magazine*, 6 octobre 2014, http://www.forbes.com/sites/parmyolson/2014/10/06/facebook-closes-19-billion-whatsapp-deal/#7a3e843c179e
2. Jon Russell, « India's WhatsApp Rival Hike Raises $175M Led by Tencent at a $1.4B valuation », TechCrunch, 16 août 2016, https://techcrunch.com/2016/08/16/indias-whatsapp-rival-hike-raises-175m-led-by-tencent-at-a-1-4b-valuation/

	Lancement	Utilisateurs par mois	Marchés	Services	Valeur de marché en $
WeChat	Janvier 2011	700 millions (mars 2016)	Chine	E-commerce, réseaux sociaux, TV, jeux, livraison de denrées alimentaires, appel de taxi, paiement	83,6 milliards (août 2015)
Line	Juin 2011	400 millions (juin 2014)	Japon	E-commerce, réseaux sociaux, TV, jeux, livraison de denrées alimentaires, appel de taxi, paiement	9 milliards (juillet 2016)
Kakao Talk	Mars 2010	170 millions (février 2015)	Corée du Sud	E-commerce, réseaux sociaux, TV, jeux, livraison de denrées alimentaires, appel de taxi, paiement	3 milliards (mars 2015)
WhatsApp	Janvier 2010	1 milliard (janvier 2016)	Reste du monde	Messagerie instantanée, appels vocaux	19 milliards (janvier 2014)
Hike	Décembre 2012	100 millions (janvier 2016)	Inde	Messagerie instantanée, appels vocaux, partage de fichiers, coupons, jeux, talking bot, contenus	1,4 milliard (août 2016)

Source : Statista

5

La valeur des **données externes**

Il existe des biais internes et des *a priori* de toutes sortes. Nous en avons tous. Les rouages internes de toutes les entreprises en sont truffés. Certains *a priori* sont sans conséquences. D'autres sont très graves. Dans ce chapitre, nous nous intéresserons à une fausse idée qui a coûté des centaines de milliards de dollars aux entreprises, et leur maison à des millions d'Américains. C'est une piqûre de rappel sur le danger des biais internes et des *a priori*, et sur l'importance de toujours consulter les données externes.

En 2016, le film *The Big Short*: *Le casse du siècle*, récompensé par un Oscar, avec Christian Bale, Brad Pitt, Steve Carell et Ryan Gosling, relate l'histoire de quatre hommes qui ont, grâce à leur analyse de données publiques concernant le marché du financement dans les années 2003-2004, découvert ce que personne d'autre n'avait vu.

Christian Bale incarne Michael Burry, gestionnaire de fonds spéculatifs chez Scion Capital, qui avait prédit la crise financière dès 2005. Pour comprendre le fonctionnement des subprimes, Michael Burry a scanné des centaines de pages et lu des dizaines de prospectus d'obligations hypothécaires. Chacune de ces obligations était accompagnée d'un guide de 130 pages, et, selon Michael Lewis, l'auteur du livre,

Michael Burry fut le seul, à part les avocats qui les avaient rédigés, à les lire en détail. Michael Burry s'est servi de ces informations pour parier contre le marché de l'immobilier, gagnant d'immenses sommes pour son fonds et ses clients.

À la mi-2005, alors que l'indice boursier avait chuté de 6,84 %, le fonds de Michael Burry enregistrait une croissance de 242 % et refusait des investisseurs[1]. Au 30 juin 2008, tout investisseur resté fidèle à Scion Capital depuis ses débuts le 1er novembre 2000 dégageait un bénéfice net de 489,34 %. (Le gain brut du fonds était de 726 %.) Sur la même période, l'indice S&P 500 rapportait à peine plus de 2 %.

La valeur des données externes pour corriger le biais de l'isolement

Michael Burry a fait fortune en pariant contre le marché de l'immobilier. Il a vu ce que personne d'autre n'avait vu. Son superpouvoir secret était élémentaire : il a simplement pris le temps de lire les prospectus des hypothèques. Ces informations étaient à la disposition de tous, mais personne n'a pris la peine de s'y intéresser.

Les instruments financiers contre lesquels Michael Burry a parié étaient les titres adossés à des créances hypothécaires (MBS) et les obligations adossées à des actifs. Selon l'opinion dominante, ces instruments avaient été conçus par les meilleurs experts en gestion des risques du secteur, et étaient donc réputés infaillibles. Selon les agences de notation financière, qui les avaient notés triple A, ils étaient « à l'abri du risque de défaut », et étaient très recherchés en raison de leur rendement élevé. De 2004 à 2006, le marché des subprimes américain est

1. Michael Lewis et Jonas Karlsson, « Betting on the Blind Side », *Vanity Fair*, 24 septembre 2015, http://www.vanityfair.com/news/2010/04/wall-street-excerpt-201004

passé de 8 à 20 % du marché hypothécaire, avec un pic vertigineux à 1 300 milliards de dollars en mars 2007[1].

Leurs excellentes notations de crédit reposaient sur l'hypothèse que le prix de l'immobilier augmenterait, et que le taux de défaillance hypothécaire resterait à son niveau historique. À la lecture des prospectus d'hypothèques, Michael Burry s'est rendu compte que cette supposition était fausse. La demande d'instruments subprimes avait baissé les exigences posées envers les emprunteurs. Il découvrit des données alarmantes sur les retards de paiement, et s'est rendu compte que le défaut de paiement ne pouvait qu'augmenter par rapport au passé et qu'il exercerait une pression dangereuse sur le prix de l'immobilier.

Il s'est rendu compte que le monde entier comptait sur des *a priori* qui se révéleraient par la suite incorrects. Tout le monde se trompait, et l'économie était sur le point de s'effondrer. Il vérifia deux fois, trois fois, mais parvint à chaque fois à la même conclusion.

Michael Burry insista tant à l'époque que Goldman Sachs dut créer un nouvel instrument pour lui permettre de shorter le marché. L'idée de vendre à découvert des obligations hypothécaires notées triple A était absurde et n'avait jamais été mise en application auparavant. Dans une scène mémorable du film, lors de ses négociations avec Goldman Sachs, Michael Burry exige un collatéral en cas d'insolvabilité de la banque. Il s'inquiétait sincèrement du risque de faillite des banques allant jusqu'à douter de la solvabilité d'une banque telle que Goldman Sachs.

Avant que les prédictions de Michael Burry ne se réalisent, il a également dû affronter la fronde groupée de ses investisseurs, qui voulaient récupérer leur argent pensant qu'il avait perdu la raison.

Comme nous le savons, les prédictions de Michael Burry se sont avérées. En octobre 2007, environ 16 % des crédits hypothécaires à taux variable étaient en défaut de 90 jours ou les biens de l'emprunteur

---

1. « The State of the Nation's Housing », Joint Center for Housing Studies of Harvard University, p. 4 (Figure 4), http://www.jchs.harvard.edu/sites/jchs.harvard.edu/files/son2008.pdf

étaient saisis : presque le triple par rapport à 2005. En janvier 2008, le taux de défaut atteignait 21 %, puis 25 % en mai de la même année. Entre août 2007 et octobre 2008, presque un million d'habitations étaient saisies aux États-Unis, ce qui causa une chute d'environ 30 % du marché immobilier.

La crise des subprimes en 2007 et 2008 a eu des conséquences graves et durables sur les économies américaine et européenne. Les États-Unis sont entrés dans une phase de profonde récession, environ 9 millions d'emplois ont été supprimés en 2008 et 2009, soit presque 6 % de la population active.

Début novembre 2008, la Bourse américaine dégringolait de 45 % par rapport à son maximum de 2007. Cette crise allait affecter le pays entier. Dans un article pour *Foreign Affairs*, Roger C. Altman, banquier d'investissement et ancien sous-secrétaire au Trésor du gouvernement Clinton, estimait qu'entre juin 2007 et novembre 2008, les Américains avaient perdu plus d'un quart de leur valeur nette[1].

Des États-Unis, la crise s'est étendue à l'Europe. Plusieurs pays, dont la Grèce, le Portugal, l'Irlande, l'Espagne et Chypre, n'ont plus été en mesure de rembourser ou de refinancer la dette du gouvernement ou de renflouer les banques surendettées et durent demander de l'aide à d'autres pays de la zone Euro, à la Banque centrale européenne (BCE) et au Fonds monétaire international (FMI).

De 2008 à 2012, l'Europe a également dû faire face à un taux de chômage élevé et à de graves pertes des banques, estimées à 940 milliards de dollars[2].

Michael Burry, désormais célèbre dans le monde entier, écrivait le 4 avril 2010, dans un article pour le *New York Times*, que quiconque

1. Roger C. Altman, « The Great Crash, 2008 », *Foreign Affairs*, 3 février 2009, https://www.foreignaffairs.com/articles/united-states/2009-01-01/great-crash-2008
2. Steve Blumenthal, « On My Radar: Global Recession a High Probability », CMG, 20 novembre 2015, https://www.cmgwealth.com/ri/on-my-radar-glgh-probability/

se serait donné la peine d'étudier attentivement le marché financier en 2003, 2004 et 2005 aurait pu observer le risque croissant des marchés des subprimes[1]. Michael Burry a depuis déclaré : « Je ne suis pas à la recherche de bons shorts. Je passe mon temps à chercher des bons longs. J'ai shorté les hypothèques parce que j'y étais obligé. Toute la logique que je possédais me poussait à le faire, je n'avais pas d'autre choix[2]. »

Ainsi, en analysant les informations accessibles à tous, Michael Burry avait mis au jour une idée erronée largement diffusée, qui allait causer l'une des crises financières les plus graves de l'histoire moderne.

RÉPARER LES DÉGÂTS

Dans le monde entier, la crise des subprimes a mis les géants de la banque à genoux. Il existait une crainte, justifiée, que le système bancaire international ne s'effondre, que les clients perdent tout leur argent, et que le monde ne sombre dans l'apocalypse financière.

Je n'avais pas moi-même les idées très claires sur les événements, mais je connais des banquiers d'investissement et des diplômés d'Harvard qui ont paniqué et converti leurs économies en or et en terrains agricoles éloignés de tout : l'or parce qu'ils craignaient que l'argent ne perde sa valeur, et les terrains agricoles pour pouvoir fuir l'agitation sociale et cultiver leurs légumes.

Les personnes qui se trouvaient au cœur de l'action avaient réellement peur.

Dans le monde entier, les gouvernements durent sauver les banques en difficulté afin d'empêcher l'effondrement de leur économie. Ceci

1. Michael J. Burry, « I Saw the Crisis Coming. Why Didn't the Fed? » *The New York Times*, 4 avril 2010, http://www.nytimes.com/2010/04/04/opinion/04burry.html
2. Tyler Durden, « Profiling "The Big Short's" Michael Burry », Zero Hedge, 20 juillet 2011, https://www.zerohedge.com/article/profiling-big-shorts-michael-burry

s'est passé aux États-Unis, au Royaume-Uni, en Belgique, en France, en Allemagne, en Islande, en Irlande, au Luxembourg et aux Pays-Bas. La confiance dans les banques s'est effritée dans le monde entier, les personnes étaient inquiètes pour leurs économies. Dès qu'une banque montrait des signes de faiblesse, ses clients se précipitaient pour retirer leur argent.

Quand Northern Rock, cinquième organisme prêteur du Royaume-Uni, a annoncé avoir besoin du soutien financier du gouvernement le 14 septembre 2007, la panique s'installa et 2 milliards de livres sterling furent retirés en quarante-huit heures, représentant environ 10 % des dépôts de la banque[1]. La police a dû intervenir dans une filiale de Cheltenham, quand deux clients titulaires d'un compte joint ont enfermé la directrice de la banque dans son bureau après qu'elle eut refusé de les laisser prélever 1 million de livres sterling de leur compte[2]. Leur argent était déposé sur un compte en ligne, auquel ils n'avaient plus accès après le crash du site Web de Northern Rock en raison du grand nombre de clients qui essayaient de se connecter. Le 22 février, Northern Rock a été nationalisée afin de la sauver de la faillite.

Lors de ce processus, tous les actionnaires de Northern Rock ont été balayés, mais les dépôts des clients ont été sauvés.

Au plus fort de la crise, j'ai moi-même commencé à m'inquiéter de la santé des banques américaines.

Pour protéger Meltwater, j'ai fait transférer tous nos fonds américains hors des États-Unis et en dehors du système bancaire américain. J'ai envoyé nos liquidités en excès sur un compte que nous possédions aux Pays-Bas. Ce geste n'était pas motivé par la panique, mais je

1. Robert Peston, « Northern Rock Gets Bank Bail Out », BBC News, 13 septembre 2007, http://news.bbc.co.uk/1/hi/business/6994099.stm
2. Paul Sims et Sean Poulter, « Northern Rock: Businessman Barricades in Branch Manager for Refusing to Give Him £1 Million Savings », *Daily Mail*, 15 septembre 2007, http://www.mailonsunday.co.uk/news/article-481852/Northern-Rock-Businessman-barricades-branch-manager-refusing-1-million-savings.html

ne voulais pas prendre de risques. Quelques jours plus tard, notre banque aux Pays-Bas a elle aussi annoncé une très grande exposition aux subprimes, et nous avons donc déplacé notre argent en Norvège. Mon petit pays natal retranché dans les faubourgs froids de l'Europe s'est avéré l'un des lieux les plus sûrs où placer son argent durant cette période trouble.

La crise des subprimes est née aux États-Unis et c'est là qu'elle a été le plus ressentie. Le 3 octobre 2008, le Congrès américain adoptait une loi dégageant une enveloppe de 700 milliards de dollars pour sauver les banques américaines de la faillite[1].

Les bénéficiaires en étaient les plus grandes banques américaines, dont Fannie Mae, Freddie Mac, Goldman Sachs, Bank of America, JPMorgan Chase, Wells Fargo, Citigroup, Morgan Stanley, Bear Stearns et American Express. Le site de journalisme en ligne Propublica.org a mis au point une excellente fonction nommée «Bailout Tracker», pour suivre chaque dollar et chaque bénéficiaire. Quarante-trois banques et compagnies d'assurance ont été renflouées par ce plan. Deux entreprises renommées, Bear Stearns et AIG, ont été sauvées à la dernière heure.

Bear Stearns, banque d'investissement fondée quatre-vingt-cinq ans auparavant, célèbre pour n'avoir licencié aucun employé au cours de la Grande Dépression des années 1930, a été ruinée par la crise des subprimes. Fin 2007, elle était financée à un rapport de 35,6 contre 1.

Le 16 mars 2008, la Federal Reserve Bank de New York a forcé Alan Schwartz, directeur général de Bear, à capituler et à vendre la banque à JPMorgan Chase pour 10 dollars par action, une baisse de 92,5 % par rapport à son record d'avant la crise, ayant tenu cinquante-deux semaines[2].

---

1. David Lawder, «U.S. Backs Away from Plan to Buy Bad Assets», Reuters, 12 novembre 2008, http://www.reuters.com/article/us-financial-paulson-idUSTRE4AB7P820081112
2. «JPMorgan Chase and Bear Stearns Announce Amended Merger Agreement and Agreement for JPMorgan Chase to Purchase 39.5% of Bear Stearns», SEC, 24 mars 2008.

Quatorze mille employés, qui possédaient environ 30 % des actions, ont perdu 20 milliards de dollars dans la transaction. Mais la banque a été sauvée, et ils ont gardé leur emploi.

AIG, la plus grande compagnie d'assurance du monde, était fortement impliquée dans la crise des subprimes, étant donné qu'elle était l'assureur d'une grande partie des instruments subprimes vendus aux États-Unis et dans le monde.

Le 16 septembre 2008, l'impensable se produisit. La compagnie fondée quatre-vingt-huit ans auparavant, connue dans le monde entier pour assurer les particuliers et les entreprises, luttait pour sa survie et devait être protégée contre la faillite. L'État américain l'a renflouée à hauteur de 85 milliards de dollars des contribuables et il est devenu, au passage, propriétaire de 79 % de la compagnie[1]. Ce fut une perte importante pour tous les actionnaires d'AIG, mais l'alternative était bien pire.

Nom	Institution	Montant octroyé (en $)
Fannie Mae	Entreprise semi-publique	116,1 milliards
Freddie Mac	Entreprise semi-publique	71,3 milliards
AIG	Compagnie d'assurance	67,8 milliards
Bank of America	Banque	45 milliards
Citigroup	Banque	45 milliards
JPMorgan Chase	Banque	25 milliards
Wells Fargo	Banque	25 milliards
GMAC (aujourd'hui Ally Financial)	Société de services financiers	16,2 milliards
Goldman Sachs	Banque	10 milliards
Morgan Stanley	Banque	10 milliards

Fonds reçus par les principales institutions financières américaines après la crise de 2008

1. « A.I.G.'s $85 Billion Government Bailout », *The New York Times*, 17 septembre 2008, https://dealbook.nytimes.com/2008/09/17/aigs-85-billion-government-bailout/

La chute de Lehman Brothers

L'une des victimes les plus célèbres de la crise des subprimes fut l'honorable Lehman Brothers. Fondée en 1850 en Alabama par trois frères d'origine allemande, cette banque était au début active dans le négoce, mais est rapidement devenue la quatrième banque d'investissement des États-Unis, précédée uniquement par Goldman Sachs, Morgan Stanley et Merrill Lynch.

Lehman Brothers a enregistré en 2007 des bénéfices records de 4,2 milliards sur un chiffre d'affaires de 19,3 milliards de dollars[1]. Quelques mois plus tard, en septembre 2008, tout était fini pour cette entreprise âgée de 158 ans, qui avait survécu à deux guerres mondiales et à d'innombrables crises financières, dont la faillite des compagnies ferroviaires des années 1800, la Grande Dépression des années 1930, le défaut sur la dette russe en 1998 et l'éclatement de la bulle Internet en l'an 2000. Quand la crise des subprimes a entraîné la chute de Lehman Brothers, la banque employait 26 200 personnes.

Cet effondrement fut un événement majeur qui a fortement intensifié la crise de 2008. En octobre 2008, 10 000 milliards de dollars de capitalisation boursière étaient effacés des marchés boursiers mondiaux, la chute mensuelle la plus importante à l'époque.

Dans un excellent article pour le *New York Magazine*, publié alors que la débâcle financière mondiale battait son plein, l'écrivain Steve Fishman analysait en novembre 2008 la chute alors récente de Lehman Brothers[2].

Il y étudiait le rôle de son directeur général, Dick Fuld, homme connu à Wall Street pour sa capacité à intimider collègues et concurrents. Alors que l'écroulement de Lehman Brothers était relativement

---

1. « Case Study: The Collapse of Lehman Brothers », Investopedia, 16 février 2017, https://www.investopedia.com/articles/economics/09/lehman-brothers-collapse.asp
2. Steve Fishman, « Burning Down His House », *New York*, 30 novembre 2008, http://nymag.com/news/business/52603/

complexe, Steve Fishman identifiait le fait que Dick Fuld et d'autres cadres supérieurs aient été totalement déconnectés du monde extérieur comme l'un des éléments ayant mené à l'effondrement de la banque.

Le 9 juin, trois mois après l'effondrement de Bear Stearns, Lehman a publié ses résultats du deuxième trimestre, indiquant 2,8 milliards de pertes[1]. La banque pensait qu'une annonce supplémentaire, synchronisée pour coïncider avec l'état des résultats, calmerait les esprits. Ce ne fut pas le cas. Malgré l'annonce du dégagement de nouveaux investissements à hauteur de 6 milliards de dollars, l'action Lehman Brothers a chuté de 54 % cette année-là.

Steve Fishman cite un cadre de Lehman Brothers, qui a gardé l'anonymat, décrivant l'erreur comme le résultat direct de l'approche étriquée de l'encadrement supérieur. « Le problème était que peu de personnes étaient en contact avec le monde extérieur. Dick [Fuld] ne parlait [à personne] à l'extérieur, Joe [Gregory, président de Lehman] non plus, les chefs des *business units* non plus », aurait déclaré ce cadre. « Personne ne se rendait compte de la manière dont la nouvelle serait accueillie. »

Un autre ancien cadre de la banque déclarait quant à lui : « L'environnement était devenu très isolé. Les décisions étaient toutes approuvées, mais Gregory enrobait les informations de manière que le choix soit évident. Et le comité exécutif ne faisait pas contrepoids. »

Les *a priori* à l'origine de la crise des subprimes se sont avérés catastrophiques. Cette confiance placée dans les instruments subprimes toxiques a dévasté le secteur bancaire au niveau planétaire et mis en danger l'existence de presque toutes les banques connues. Que se serait-il passé si les gouvernements du monde entier n'étaient pas accourus au chevet des banques ? Que se serait-il passé si les banques avaient déposé le bilan et perdu les dépôts de millions de personnes et d'entreprises ? Les conséquences auraient été désastreuses : insolvabilité,

1. David Ellis, « Lehman Posts $2.8 Billion Loss », Cable News Network, 9 juin 2008, http://money.cnn.com/2008/06/09/news/companies/lehman_results/

faillite et chômage. La situation est si absurde qu'il est difficile de la saisir.

La cause profonde de la crise des subprimes résultait de l'idée erronée que les instruments subprimes sophistiqués conçus pour protéger contre les risques étaient infaillibles. Quand les agences de notation telles que Standard and Poor accordaient un triple A, personne ne s'embêtait à lire les petits caractères des contrats.

L'aspect le plus déplorable de la crise financière est qu'elle aurait pu être évitée si les personnes concernées avaient lu les informations accessibles à tous. Michael Burry fut le seul à le faire. Nous pouvons tirer de nombreux enseignements de la crise des subprimes. L'un des points principaux est que les biais établis et les idées erronées peuvent être corrigés en consultant les chiffres et faits réels et les données externes.

6

La valeur du **temps réel**

Le 12 janvier 2010, un tremblement de terre a dévasté Haïti, pays déjà fortement touché par la pauvreté. En une demi-heure, une cellule de crise virtuelle a été mise en place par des bénévoles du monde entier pour cartographier les informations reçues des réseaux sociaux, par e-mail, SMS... Les bénévoles ont utilisé une plateforme open source nommée Ushahidi, créée à Nairobi, au Kenya, par une ONG utilisant le crowdsourcing des informations durant les crises et les périodes de troubles politiques. La situation était très confuse en Haïti en raison de l'effondrement des habitations et des infrastructures, mais une fois que les données ont été ajoutées à la plateforme Ushahidi, il a été possible d'avoir une vue d'ensemble plus précise des lieux où des ressources étaient nécessaires en priorité. Par exemple, les premiers secours avaient su qu'un orphelinat manquait d'eau, mais n'arrivaient pas à le localiser. Les chercheurs d'Ushahidi ont pu cartographier la longitude et la latitude de l'orphelinat et indiquer aux secouristes le meilleur trajet pour l'atteindre.

Tout ceci a été possible grâce à un élément fondamental : les données en temps réel. Si les premiers secours avaient essayé de localiser l'orphelinat autrement, par une recherche Internet, ils n'auraient trouvé que des informations historiques statiques. Google Maps, par exemple, n'aurait pas pu montrer que le tremblement de terre avait rendu une route impraticable ou qu'un pont s'était effondré. La cartographie et les informations en crowdsourcing d'Ushahidi, en revanche, ont fourni des données dynamiques en temps réel qui évoluaient constamment et offraient des insights pratiques très utiles.

Ushahidi, à qui l'on doit d'avoir sauvé des milliers de vies, est un mot kenyan signifiant « témoin » ou « témoignage ». Ce logiciel a été créé par une développeuse de Nairobi, Juliana Rotich, qui a dû assister impuissante à la mise à feu et à sang de sa ville lors de l'annonce du résultat des élections de décembre 2007. Les résultats fortement contestés de ces élections ont en effet donné lieu à des troubles dans la population, causant la fuite de milliers de personnes et la mort de centaines d'autres. La télévision ne diffusait cependant que des feuilletons et des films des années 1950, car le gouvernement avait censuré toutes les sources d'informations. Juliana Rotich et les cocréateurs de l'application ont décidé de créer une plateforme logicielle permettant de cartographier ce qui se passait et dans quel lieu, afin d'aider les personnes à éviter les zones dangereuses et d'aider les secours à planifier les opérations et à prioriser leurs missions. Le logiciel a rapidement été adopté dans les zones de crise du monde entier. Si à l'origine il était utilisé dans les pays d'Afrique tels que le Kenya, le Malawi, l'Ouganda et la Zambie, il a désormais atteint des pays du Moyen-Orient, d'Europe et d'Amérique du Nord.

Le tremblement de terre le plus violent enregistré par un sismographe a eu lieu au large des côtes du Chili en février 2010 et a touché 80 % de la population[1]. Il fut si puissant qu'il a déclenché une alerte au tsunami dans 53 pays.

Il a causé des dégâts importants sur toute la côte du sud et du centre du Chili, et jusqu'à San Diego en Californie et la région de Tōhoku au Japon.

Bien qu'il soit resté indemne, Sebastián Alegría, lycéen de Santiago du Chili, a fait l'expérience de la dévastation, source de chaos, de troubles

1. Richard Pallardy et John P. Rafferty, « Chile Earthquake of 2010 », *Encyclopædia Britannica*, 4 mai 2016, https://www.britannica.com/event/Chile-earthquake-of-2010

et de pénuries dans tout le pays. En mars 2011, le Japon connut le plus grand tremblement de terre de son histoire, qui a déclenché un tsunami dont les vagues dépassaient 40 mètres de hauteur. En regardant la télévision, Sebastián a découvert que les Japonais disposaient d'un système d'alerte précoce sophistiqué en cas de séisme, répandu dans tout le pays. Le Chili ne disposait d'aucun système de ce genre, et Sebastián se demandait s'il serait capable d'en créer un. Les obstacles n'étaient pas négligeables, il n'était ni sismologue ni technicien, mais un simple lycéen sans ressources. Comment aurait-il pu réaliser quelque chose que son gouvernement n'avait pas réussi à faire ?

La solution de Sebastián s'avéra ingénieuse. Il a acheté un détecteur de séismes domestique pour 75 dollars environ et a remplacé son circuit interne par une carte Arduino, petit microcontrôleur open source très semblable au Raspberry Pi. Ces deux ordinateurs, de la taille d'une carte bancaire, sont les favoris des amateurs d'électronique, qui les utilisent dans des milliers de projets. La carte Arduino interprète le signal du détecteur de séisme et le transmet au serveur de Sebastián, qui est connecté à Twitter. Ainsi, quand les détecteurs relèvent un signal, au lieu d'émettre une alarme, le système tweete depuis un compte nommé @AlarmaSismos, qui rassemble 442 000 followers en 2017.

Voici le type de message qu'il transmet, 5 à 30 secondes avant un séisme perceptible, en fonction de l'épicentre :

> Alarma Sismos @AlarmaSismos 27 Apr 2012
> Posible sismo durante los próximos segundos en la
> Región Metropolitana. (Santiago – 14:59:22)[1]

Ceci signifie que 442 000 Chiliens ont désormais accès à un système de détection des séismes imminents en temps réel, sur tous leurs appareils. Sebastián a eu une idée originale, et la technologie lui a permis de l'appliquer à grande échelle et d'augmenter la sécurité de centaines de

1. https://twitter.com/AlarmaSismos

milliers de personnes. Depuis son lancement, Alarma Sismos a détecté avec précision cinquante tremblements de terre.

La sécurité publique était elle aussi le principal souci de la police de l'agglomération de Manchester quand elle a utilisé la surveillance des réseaux sociaux en temps réel pour suivre et contenir les émeutes d'août 2011. Après la mort de Mark Duggan sous le feu de la Metropolitan Police, des milliers de personnes sont descendues dans les rues de Grande-Bretagne pour protester. À cette occasion, la police a attentivement surveillé les réseaux sociaux pour localiser les pilleurs, les lieux touchés et intercepter les activités des groupes organisés, ce qui lui a permis de coordonner les interpellations. C'était la première fois que la police britannique utilisait les réseaux sociaux de cette manière, en temps réel.

Elle a surveillé Facebook, Twitter, Flickr et YouTube, à la recherche d'indices et de renseignements. Pendant ce temps, le fil Twitter @gmpolice s'est établi comme canal de communication des autorités et comme source d'informations en temps réel pour les personnes souhaitant savoir ce qui se passait réellement. Six heures après le début des émeutes, la police de Manchester avait mis sur pied un site Flickr spécial, « Most Wanted », présentant des photos des personnes recherchées.

À son apogée, @gmpolice comptait 101 000 followers sur Twitter et plus de 7 000 amis sur Facebook, contre 1 000 auparavant. Les vidéos ont été visionnées par plus de 10 000 personnes et le site Flickr « Most Wanted » a eu plus d'un million de visites. Le plus important était que l'ordre public avait été rétabli et que des centaines de pilleurs avaient été arrêtés. Après les troubles, Amanda Coleman, porte-parole de la police de Manchester, a évoqué l'importance des enseignements que la police avait pu tirer des données externes pendant les émeutes[1]. « Les événements du 9 août ont représenté un virage pour les professionnels de la communication. Les plans d'urgence, qui n'avaient presque pas changé depuis des années, ont été entièrement revus », a-t-elle déclaré.

---

1. Amanda Coleman, « A New Type of Emergency Plan », CorpComms, 10 janvier 2011, http://www.corpcommsmagazine.co.uk/features/1694-a-new-type-of-emergency-plan

La police de Manchester, Sebastián Alegría et Juliana Rotich ont utilisé la technologie de manière ingénieuse, et ont créé des solutions fournissant des insights en temps réel, utiles à des millions de personnes. Les entreprises peuvent elles aussi bénéficier des mêmes opportunités si elles savent collecter les Outside Insights en temps réel.

Dans un monde où tout va vite, des pipelines de l'innovation extrêmement courts à la vitesse de lancement des campagnes de publicité digitale, l'étude tardive des rapports mensuels et trimestriels est de moins en moins indiquée. Au lieu d'attendre que les effets de l'évolution de votre environnement concurrentiel n'influencent vos chiffres des semaines ou des mois après leur survenue, vous êtes en mesure de détecter les changements du marché avant qu'ils n'aient un impact sur vos résultats internes. BHP Billiton a su saisir cette opportunité à bras-le-corps.

Cette société, enregistrée en Australie et au Royaume-Uni et ayant son siège à Melbourne, en Australie, est la plus grande entreprise minière au monde. Elle est l'un des premiers producteurs mondiaux de minerai de fer, de charbon à coke, de cuivre et d'uranium, et possède des intérêts substantiels dans le pétrole, le gaz et le charbon conventionnels et non.

Toute entreprise d'envergure mondiale doit s'assurer que les informations qui parviennent aux décideurs ultimes sont complètes, pertinentes et utiles. Il est également fondamental qu'elles arrivent rapidement aux dirigeants, et ce de manière coordonnée, afin que tous reçoivent les mêmes informations.

Pour une entreprise telle que BHP Billiton, dont le secteur est soumis à la fluctuation des marchés mondiaux, et aux politiques gouvernementales, disposer de renseignements synthétiques, rapides et pertinents est une nécessité stratégique. En raison de la nature du secteur de l'exploitation minière, les Outside Insights présents dans les actualités peuvent autant provenir des publications financières globales que des journaux gratuits des petites bourgades rurales où se trouvent les sites d'exploitation et les employés de l'entreprise.

Les managers de BHP Billiton du monde entier reçoivent un rapport quotidien de Meltwater contenant les informations les plus importantes pour leur activité, les tenant au courant des changements dans leur propre entreprise et dans celles de leurs concurrents, ainsi que des changements en matière de politique énergétique et d'actualité du secteur.

Nous surveillons et analysons les traces digitales de nombreuses sources d'informations. Il peut s'agir d'avis sur la législation d'un pays, les mouvements et les investissements d'un concurrent, ainsi que d'importantes actualités financières et sur l'exploitation minière.

Cette source mondiale et continue d'Outside Insight en temps réel a permis à l'entreprise d'agir plus rapidement et efficacement, notamment dans sa réponse aux crises. Ceci s'est vérifié le 5 novembre 2015, au Brésil, quand un barrage a cédé dans la mine de Samarco, joint-venture à 50 % entre BHP et son partenaire brésilien, Vale. Cette tragédie ayant touché l'État brésilien du Minas Gerais, dans le sud du Brésil, a causé la mort d'au moins quinze personnes, et 750 autres ont perdu leur domicile. C'est l'une des plus grandes catastrophes minières de l'histoire du Brésil[1].

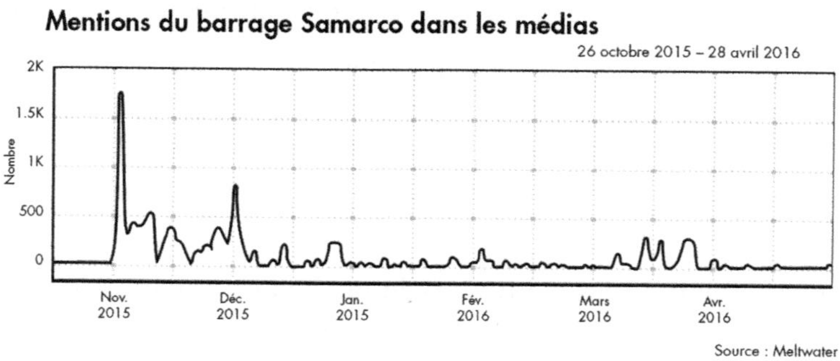

Ce graphique décrit avec précision la manière dont les références au barrage de Samarco dans les médias sont passées de zéro en octobre 2015 à un pic de 2 000 le 5 novembre 2015.

1. Dom Phillips, « Brazil's Mining Tragedy: Was It a Preventable Disaster? », *The Guardian*, 25 novembre 2015, https://www.theguardian.com/sustainable-business/2015/nov/25/brazils-mining-tragedy-dam-preventable-disaster-samarco-vale-bhp-billiton

Source : Meltwater

Ce nuage de mots présente les articles d'actualités en 2015 relatifs à trois mots-clés : barrage (*dam*)+ Samarco + Brésil. BHP a une présence notable dans ces récits.

Pendant la crise, BHP a eu recours aux services de Meltwater pour surveiller, analyser, mettre à jour et alerter l'équipe de management exécutif à mesure que le drame se déroulait. Ceci lui a permis de réagir rapidement et de manière appropriée à la crise, au milieu de l'indignation générale. Le *Guardian* a par exemple comparé la réponse de BHP aux événements à celle de Vale, et rapportait le 10 novembre 2015 que la réponse publique de BHP avait été rapide, mais que Vale, qui représentait plus de 10% des exportations totales du Brésil en 2013, semblait très distant jusqu'ici.

Andrew Mackenzie, directeur général de BHP, a tenu une conférence de presse dans les heures suivant la catastrophe, et l'entreprise a annoncé qu'il irait au Brésil pour se rendre compte des dommages. L'entreprise a par ailleurs diffusé des mises à jour sur le drame en anglais et en portugais dans l'en-tête de son site Web.

Vale, quant à elle, a publié une déclaration de cinq phrases 24 heures après la rupture du barrage et a renvoyé les questions à Samarco. Murilo Ferreira, directeur général de Vale, s'est rendu à l'improviste à Mariana le samedi, ce que l'entreprise n'a révélé que deux jours plus tard[1].

Minute Maid a résolu ses problèmes commerciaux grâce aux insights en temps réel

Minute Maid, qui appartient à Coca-Cola, a elle aussi saisi le pouvoir du temps réel pour résoudre des problèmes commerciaux. Dans un article en ligne de Bloomberg datant de 2013, le management de Coca-Cola décrit la manière dont les données externes en temps réel aident l'entreprise à concevoir ses produits et à standardiser « Dame nature »[2].

La marque opère sur le marché américain des jus pasteurisés et jus véritables à base de concentré, d'une valeur de 4,6 milliards de dollars. La production de ces jus est complexe, bien plus que celle des boissons habituelles, mais les consommateurs sont prêts à payer jusqu'à 25 % de plus. Il n'est pas simple de maintenir une qualité, une saveur et une texture du jus d'orange uniformes, alors que les oranges peuvent provenir de Floride, de Californie, du Brésil ou d'Israël. Si l'on y ajoute les variables des fruits, de la main-d'œuvre, du transport, de l'approvisionnement en eau et les maladies, il est aisé de se rendre compte de la complexité du problème auquel Minute Maid est confrontée. Par exemple, en 2014-2015, la production d'oranges américaines a

1. « Deadly Dam Burst in Brazil Prompts Calls for Stricter Mining Regulations », *The Guardian*, 10 novembre 2015, https://www.theguardian.com/world/2015/nov/10/brazil-dam-burst-mining-rules
2. Duane Stanford, « Coke Engineers Its Orange Juice – With an Algorithm », Bloomberg, 31 janvier 2013, https://www.bloomberg.com/news/articles/2013-01-31/coke-engineers-its-orange-juice-with-an-algorithm

baissé de 350000 tonnes pour un total de 5,8 millions de tonnes en raison de la maladie dite « du dragon jaune ». Ce virus est propagé par le *psylle asiatique*, insecte qui a infesté environ 70 % des arbres d'agrumes en Floride.

La situation est venue au jour quand l'un des plus gros clients de Minute Maid, une entreprise de fast-food, a annoncé qu'elle envisageait de passer à une boisson à l'orange contenant une très faible quantité de fruits qui, par sa nature (ou son manque de nature) présentait des caractéristiques prévisibles et fiables.

Minute Maid s'est penchée sur ses données et a analysé les 600 saveurs composant le goût d'une orange, dont l'acidité, la suavité et d'autres propriétés. L'entreprise a mis au point un modèle complexe comprenant une multitude de variables pour obtenir des produits stables, prévisibles et fiables, y compris le rendement des cultures prévu à l'aide d'images satellites détaillées, la pression des coûts et les préférences régionales.

Armée de ces données, Minute Maid a travaillé avec une société de prévisions et d'optimisation nommée Revenue Analytics pour créer un modèle de production standardisant la production du jus d'orange. Aujourd'hui, l'entreprise a une formule précise lui permettant de mélanger les jus d'orange et d'obtenir une saveur et une texture constantes (la pulpe est un facteur déterminant dans la production de jus d'orange) qui prennent en compte les préférences régionales. En effet, les Argentins et les habitants du Massachusetts, par exemple, n'ont pas les mêmes goûts en matière de jus d'orange. L'approche de Minute Maid est dynamique et ajustée en fonction des données externes : en cas d'ouragan ou de gel imprévu, de problèmes de main-d'œuvre ou de tout autre type d'interruption de la chaîne d'approvisionnement, l'ensemble du processus de production peut être réaligné et optimisé en cinq à dix minutes.

Ceci n'est pas une formule magique, mais un algorithme nommé « The Black Book ». Il détermine tous les aspects du processus, de la période optimale de récolte des oranges, définie grâce aux données satellites, à la saveur exacte de la boisson qui se retrouvera dans les réfrigérateurs des supermarchés du monde entier. Tous les aspects de la production sont maîtrisés, ce qui signifie que le jus d'orange n'est plus tributaire des caprices de la nature, mais est au contraire contrôlé par des algorithmes, des processus précis et une analyse rigoureuse en temps réel.

Walmart exploite le temps réel pour prévoir le comportement des clients

L'influence de l'Outside Insight est importante dans tous les secteurs, mais elle est particulièrement notable dans le commerce. Aujourd'hui, ce secteur est soumis à une concurrence exacerbée, les géants du Web venant dérober des parts de marché pour des marges infimes, leur objectif étant d'attirer les clients vers leur activité et de développer la fidélité. La plupart des grandes surfaces disposent désormais d'applications permettant une comparaison directe des prix : si je visite un magasin de puériculture Kiddicare dans une petite ville anglaise, je peux consulter l'application de la marque sur mon smartphone pour recevoir en temps réel une comparaison avec les prix d'Amazon. Kiddicare s'alignera sur le prix offert à ce moment-là par le géant de Seattle, quel qu'il soit.

Walmart, le plus grand supermarché du monde, a enregistré un chiffre d'affaires de 485 milliards pour l'exercice 2015, et emploie 2,2 millions de personnes[1]. Il réalise plus d'un million de transactions de clients par heure, qui viennent alimenter ses bases de données d'une taille estimée de 2,5 pétaoctets, c'est-à-dire 167 fois le volume de données de la bibliothèque du Congrès américain[2].

1. « Walmart Announces Q4 Underlying EPS of $1.61 and Additional Strategic Investments in People & e-Commerce; Walmart U.S. Comp Sales Increased 1.5 Percent », *Walmart Corporate*, https://corporate.walmart.com/newsroom/2015/02/19/walmart-announces-q4-underlying-eps-of-1-61-and-additional-strategic-investments-in-people-e-commerce-walmart-u-s-comp-sales-increased-1-5-percent
2. « Data, Data Everywhere », *The Economist*, 27 février 2010, http://www.economist.com/node/15557443

L'enseigne a récemment demandé à Hewlett-Packard de lui construire un entrepôt de données en mesure de stocker 4 pétaoctets (400 000 milliards d'octets), représentant chaque achat enregistré par les terminaux de ses points de vente (environ 267 millions de transactions par jour) dans ses 6 000 magasins du monde entier. En appliquant le machine learning à ces données, elle peut détecter des patterns indiquant l'efficacité de sa stratégie tarifaire et de ses campagnes publicitaires, et mieux gérer ses stocks et ses chaînes d'approvisionnement.

Mais Walmart ne se limite pas à analyser ses données internes en temps réel, il étudie également les informations externes en temps réel. Par exemple, il analyse chaque jour presque 100 millions de mots-clés pour optimiser ses offres sur Google AdWords. Ceci lui permet de mesurer la variation de la demande d'un grand nombre de produits, de définir sa stratégie tarifaire et de décider des articles à avoir en stock.

Ces différentes sources de données lui permettent de comprendre ses clients et lui confèrent un insight pratique.

D'immenses jeux de données sont analysés, pour des résultats parfois surprenants. On pourrait par exemple s'attendre, en cas d'ouragan annoncé dans un lieu particulier, que les produits tels que lampes de poche, bougies, eau en bouteille y soient très recherchés. Mais l'entreprise a fait des découvertes encore plus surprenantes en combinant les données météo et ses données internes. Par exemple, les ventes de bière augmentent elles aussi considérablement. Ce qui n'est pas si étonnant en fin de compte. Mais le produit dont les ventes augmentent le plus est emballé, bon marché, non périssable et facile à conserver : les Pop-Tarts à la fraise. Depuis que Walmart a découvert que les ventes de ces pâtisseries précuites augmentaient sept fois dans les régions touchées par des ouragans, il demande aux responsables des magasins de placer les Pop-Tarts près des caisses dès qu'une de ses analyses en temps réel l'informe qu'une alerte ouragan est lancée.

En 2011, Walmart va plus loin et achète Kosmix, spécialiste californien des réseaux sociaux, pour 300 millions de dollars[1]. La start-up,

1. Pascal-Emmanuel Gobry, « Why Walmart Spent $300 Million on a Social Media Startup », Business Insider, 19 avril 2011.

renommée WalmartLab, est spécialisée dans l'agrégation des informations des réseaux sociaux par sujet en temps réel. L'analyse des réseaux sociaux permet à Walmart d'anticiper les demandes des consommateurs en temps réel, et de mieux gérer son vaste réseau de stocks. L'analyse des flux de données en temps réel à travers les réseaux sociaux permet au géant de la distribution, suivi par 32,7 millions de fans sur Facebook et mentionné près de 300 000 fois par semaine sur ces réseaux, d'obtenir des informations hautement personnalisées sur les consommateurs. Si l'historique des données (internes) de transactions montre ce que les consommateurs ont acheté dans le passé, les données des réseaux sociaux peuvent montrer ce qu'ils pourraient acheter à l'avenir.

En 2011, l'équipe avait prévu correctement l'intérêt croissant pour les machines à cake pops en suivant les conversations sur Facebook et Twitter. Quelques mois plus tard, elle a noté un intérêt pour les centrifugeuses électriques, lié en partie à la popularité du documentaire *Fat, Sick and Nearly Dead*.

Les conseils d'administration se réunissent en général chaque trimestre, mais la vente au détail peut changer radicalement en trois mois. Walmart a montré qu'il était possible d'utiliser des analyses complexes pour comprendre les demandes des consommateurs en temps réel. Grâce à l'analyse sophistiquée des données externes et internes, Walmart est en mesure de tirer les ventes, d'optimiser ses tarifs et de prendre de meilleures décisions concernant ses stocks.

LES DONNÉES EXTERNES EN TEMPS RÉEL, SOURCE DE VALEUR POUR LES TRANSPORTS AÉRIENS

En novembre 2012, Kaggle, Alaska Airlines et General Electric ont lancé la première phase de l'événement baptisé le « Flight Quest Challenge », qui comprenait une récompense de 250 000 dollars.

Kaggle est la plus grande communauté de spécialistes de la data science au monde. Elle organise des concours pour résoudre des problèmes de data science complexes. L'un de ses projets visait à résoudre la plaie des voyageurs modernes, phénomène causant des pertes de productivité atteignant des milliards de dollars, sans parler du stress des personnes concernées : les retards des vols.

L'objectif du concours était d'utiliser les données externes pour augmenter l'efficacité des vols et permettre aux pilotes de prévoir avec une grande précision l'heure d'atterrissage d'un avion. Chaque équipe a reçu deux mois de données de vols (arrivées, départs, météo et longitude et latitude du vol).

Dans le cadre du concours, les équipes devaient concevoir un algorithme fournissant aux pilotes des données en temps réel sur les « profils » du vol, schémas commençant avant le décollage et se terminant après l'atterrissage. Le profil des vols commerciaux comprend sept phases : roulage, décollage, montée, vol, descente, approche et atterrissage. Chaque phase est unique en raison de l'influence des facteurs tels que la vitesse du vent et la taille et la puissance de l'avion.

Les profils de vol sont fondamentaux pour le secteur aérien. Les avions ne peuvent par exemple pas s'éloigner de la porte d'embarquement tant qu'ils n'ont pas reçu la « clairance » de la tour de contrôle, signifiant que leur plan de vol ou « strip », qui prend en compte des variables telles que les autres avions et la météo, a été approuvé.

Cependant, de nombreux facteurs peuvent empêcher un vol de respecter son horaire. Par exemple, un fort vent de face ralentit l'avion. Les pilotes doivent alors demander à la tour de contrôle la permission de consommer plus de carburant pour atterrir à temps, et ceci se répercute sur l'indice des coûts du vol et doit être soumis à un processus d'autorisations. L'automatisation de ces processus comporte d'immenses avantages pour les passagers et la compagnie aérienne. Rien qu'en 2014, les vacanciers britanniques ont perdu plus de 285 000 heures, soit trente-deux ans et huit mois, en raison des retards de vols[1].

Le concours demandait la création d'un algorithme qui augmenterait l'efficacité de tout ce qui se passait dans le ciel, c'est-à-dire la manière dont les profils sont menés, afin que l'arrivée des vols soit plus précise.

1. Flightcompensation.com

Le vainqueur, Gxav &*, a été déclaré en mars 2013. Aucun de ses cinq membres n'avait d'expérience en matière de transports aériens. Ils ont utilisé des logiciels de prévision et de modélisation prédictive sur les données de General Electric pour estimer les heures d'arrivée à la porte et sur la piste, avec une amélioration de 40 à 45 % par rapport aux estimations de référence du secteur. La solution était de permettre une prise de décision optimale et sans délai, ce qui a permis de réduire la congestion des compagnies aux portes des aéroports et de gérer plus efficacement les équipages. Les voyageurs ont ainsi gagné environ 5 minutes à l'embarquement, ce qui se traduit par 1,2 million d'économies annuelles en coûts d'équipage et 5 millions en carburant pour une compagnie de taille moyenne[1].

Les cas étudiés dans ce chapitre sont très variés en termes d'objectifs et d'avantages générés. Ushahidi et le détecteur de séismes de Sebastián Alegría servent à sauver des vies. Minute Maid a standardisé le processus de production d'un jus d'orange pour obtenir une saveur constante. Walmart est en mesure de prédire les demandes de ses clients, et l'industrie du transport aérien a trouvé un moyen d'économiser des millions de dollars en réduisant les retards des vols.

Tous ces cas ont cependant un élément important en commun, celui d'avoir su saisir la valeur de l'analyse en temps réel. Alors que les entreprises perçoivent de plus en plus l'importance de l'Outside Insight et du besoin de devancer les changements permanents de leur environnement concurrentiel, l'analyse en temps réel devient un élément fondamental de la boîte à outils du manager.

1. Lily Newman, « Algorithm Improves Airline Arrival Predictions, Erodes Favourite Work Excuse », Gizmodo UK, 7 avril 2013, http://www.gizmodo.co.uk/2013/04/algorithm-improves-airline-arrival-predictions-erodes-favorite-work-excuse/

7

La valeur du **benchmarking**

Au printemps 2006, quand nous avons lancé Meltwater aux États-Unis, à Mountainview, l'un de nos premiers clients fut une petite start-up locale, peu connue, opérant dans le domaine de la vidéo en ligne et employant vingt personnes. Nous ne comprenions pas vraiment ce qu'elle faisait, et encore moins son business model. Cependant, nous étions intrigués par la manière dont l'entreprise utilisait nos services. Cette entreprise se nommait YouTube.

Elle nous a demandé de mesurer sa part de voix dans les médias en ligne, en temps réel, afin de benchmarker sa marque par rapport aux concurrents. En 2006, il n'y avait que peu d'acteurs dans le secteur de la vidéo et personne ne savait qui se distinguerait. Au début, tous les acteurs recevaient à peu près le même nombre de mentions, Vimeo, Dailymotion, Stupidvideos, Break, Google Video, MSN, mais la situation a ensuite changé.

Au début de l'été 2006, YouTube a commencé à se démarquer de ses concurrents. La dynamique s'est accélérée, YouTube a obtenu une plus grande couverture médiatique, ce qui a renforcé la marque, et a attiré plus de consommateurs. Ceci était un indicateur précoce de la réussite de YouTube. Le 9 octobre 2006, Google a acheté YouTube pour 1,65 milliard de dollars[1].

Aujourd'hui, ce site de partage de vidéos est le site d'archives vidéo par défaut pour les vidéos en tous genres, du chat jouant du piano, (« Keyboard Cat ») et de l'écureuil en mode moment dramatique (« Dramatic Squirrel »), au célèbre discours de Martin Luther King, « I have a dream ». Tout est sur YouTube.

Dans ce secteur particulier, c'est la taille qui compte, et le vainqueur rafle tout. En suivant sa part de voix, YouTube a réussi à se benchmarker intelligemment par rapport à ses concurrents. YouTube aurait en effet eu beaucoup de mal à accéder aux données de croissance des utilisateurs et autres métriques de traction de ses concurrents. En analysant les données externes et en mesurant sa part de voix dans les actualités en ligne, YouTube a réussi à obtenir une mesure extérieure et objective de son succès par rapport à ses pairs.

Le benchmarking est la mesure la plus sincère de la réussite. Peu importent les bons résultats chacun dans son coin. Il est plus important de comprendre comment va votre activité par rapport à celle de vos concurrents. Par exemple, vous souhaitez augmenter la satisfaction de vos clients de 10 %. Vous définissez de nouveaux processus, vous formez votre personnel, et après un an de dur labeur, vous mesurez une amélioration de 15 %. Excellent résultat, non ? Mais arrêtez-vous un moment. Comment pouvez-vous savoir si vous avez réellement amélioré votre position ? Qu'en est-il de vos concurrents ? Ont-ils eux aussi tout fait pour augmenter la satisfaction de leurs clients ? S'ils ont obtenu de meilleurs résultats que vous, votre situation est en réalité moins favorable qu'un an auparavant. Si en revanche ils n'ont pas bougé, vous avez amélioré votre position. Sans benchmark de la concurrence, vous ne pouvez pas connaître la situation réelle.

---

1. Matt Marshall, « They Did It! YouTube Bought by Google for $1.65B in Less than Two Years », VentureBeat, 9 octobre 2006, http://venturebeat.com/2006/10/09/they-did-it-youtube-gets-bought-by-gooogle-for-165b-in-less-than-two-years/

MÉTHODOLOGIE DE BENCHMARKING

La méthodologie de benchmarking a été mise au point par Robert C. Camp, ancien cadre chez DuPont, Mobil Oil et, plus récemment, Xerox, où il était chargé des bonnes pratiques relatives aux produits, services, et processus opérationnels. Robert C. Camp a défini le benchmarking comme « la recherche des méthodes les plus performantes pour une activité donnée, permettant de s'assurer une supériorité[1] ».

Au début des années 1980, quand Robert C. Camp travaillait chez Xerox, une entreprise concurrente japonaise proposant des produits haut de gamme gagnait rapidement des parts de marché, et vendait ses produits au coût de production des produits Xerox. Robert C. Camp a lancé un projet baptisé « Product quality and feature comparisons » (comparaison de la qualité et des caractéristiques des produits), qui prévoyait d'acheter les produits concurrents et de les disséquer pour les analyser. Xerox a ainsi découvert que la clé du succès de l'entreprise japonaise était un processus de production très efficace, ce qui a poussé l'équipe à déplacer l'axe de son analyse au niveau de l'organisation de ses concurrents.

Selon Jan-Patrick Cap, du Global Benchmarking Network (GBN), auprès du Fraunhofer Institute for Production Systems and Design Technology de Berlin, le benchmarking, en plus de la comparaison basique d'entreprises, « permet une surveillance objective de l'environnement concurrentiel afin d'identifier les méthodes les plus performantes de développement durable d'avantages concurrentiels exceptionnels ».

La pratique du benchmarking n'est pas récente : Jan-Patrick Cap cite l'introduction par Henry Ford de la chaîne de montage dans ses usines automobiles après avoir étudié les processus d'un abattoir. Il existe des exemples récents de contagion entre des secteurs : nous pouvons citer l'introduction des principes de management Lean (tirés de l'ouvrage

1. Robert C. Camp, *Benchmarking: The Search for Industry Best Practices That Lead to Superior Performance*. University Park, IL: Productivity, 2007. Traduction française par Marie Waquet, Robert C. Camp, *Le benchmarking : pour atteindre l'excellence et dépasser vos concurrents*, Paris, 1992, 224 p.

The Innovator's Dilemma de Clayton M. Christensen) pour réduire les erreurs pendant les opérations chirurgicales, et la création de McLaren Applied Technologies par l'équipe de Formule Un McLaren, qui applique ses recherches dans le domaine du sport automobile à l'industrie, en travaillant par exemple à l'optimisation des performances d'une usine de fabrication de dentifrice GlaxoSmithKline à proximité de Maidenhead, en Angleterre.

Jan-Patrick Cap indique que le benchmarking est réussi quand les données sont collectées de manière facilement compréhensible, permettant d'identifier les causes profondes et de prendre des mesures. Les logiciels de benchmarking actuels permettent une analyse de ces informations qui aurait été impossible auparavant. J'y reviendrai au chapitre 13, consacré à l'avènement d'une nouvelle catégorie de logiciels. Mais il est manifeste que tout outil permettant à une entreprise de s'autodiagnostiquer, d'analyser le marché et la concurrence de manière objective doit être placé au cœur de toute pensée stratégique. Selon Bain & Company, conseil en management, le benchmarking est depuis quinze ans l'un des outils de gestion favoris des managers.

« Si une entreprise n'a pas recours au benchmarking, elle évolue à l'aveuglette en ignorant une quantité considérable d'informations précieuses », explique Jan-Patrick Cap. « Sans benchmarking, vous étudiez un simple point de données dans un monde dans lequel cet élément n'a aucune valeur. Le point de données n'a de valeur que s'il peut être comparé et corrélé à d'autres points de données. Je ne pense pas qu'une organisation puisse survivre sans benchmarking. »

Prévoir la force d'une marque

Une étude de 2015 analysait la manière dont les avis en ligne pouvaient permettre de prévoir la force future d'une marque[1]. Les données de

1. Felipe Thomaz, Andrew T. Stephen et Vanitha Swaminathan, « Using Social Media Monitoring Data to Forecast Online Word-of-Mouth Valence: A Network Autoregressive Approach », Said Business School Research Papers, septembre 2015, http://eureka.sbs.ox.ac.uk/5842/1/2015-15.pdf

77 marques d'électronique et de technologie grand public, telles qu'Apple, Sony et Motorola, ont été collectées entre novembre 2009 et février 2011. Chaque mois, les auteurs suivaient 7 376 sources uniques, au moyen du service d'analyse média Nielsen, des forums de discussion aux blogs, en passant par les réseaux sociaux et les plateformes de médias. Le volume important de contenus créés est un des défis de la surveillance des marques sur les réseaux sociaux. Les auteurs de la recherche en ont pris conscience, en observant que les produits Apple étaient mentionnés plus de 601 millions de fois dans les réseaux sociaux en 2013. « Malheureusement, les données disponibles sont souvent bruyantes, et compliquent l'extraction d'insights marketing pertinents », ont-ils déclaré.

Ils ont été surpris d'observer que le sentiment relevé sur les réseaux sociaux était très faiblement corrélé à la force future d'une marque. Seule l'analyse d'une marque par rapport à ses concurrents permettait d'établir une forte corrélation entre le sentiment en ligne et sa force future.

L'étude concluait que les marques ne sont pas entourées de vide : le sentiment des consommateurs concernant un produit ne peut pas être établi de manière isolée, il est nécessaire de tenir compte des opinions sur d'autres marques, la force d'une marque étant établie de manière relative. Un consommateur sera certes susceptible de préférer un pick-up Dodge à un pick-up GM, mais pourrait ne jamais acheter ni l'un ni l'autre s'il entretient une relation de longue date avec des véhicules Toyota.

En tant que consommateurs, nous comparons en permanence et prenons des décisions sur la base de nos préférences. Nous préférons telle marque de liquide vaisselle parce qu'elle dure plus longtemps, ou est plus écologique, ou encore parce qu'elle est moins chère qu'une autre marque. Ce n'est peut-être pas notre produit idéal, mais nous le choisissons après avoir comparé et opposé les options disponibles : nous réalisons un benchmarking.

La publication d'un environnement concurrentiel différent

La puissance du benchmarking réside dans sa transparence. Il est d'une honnêteté brutale. Il permet de visualiser la place de votre entreprise dans le monde, vous donne la vérité nue, avec tous ses défauts. Impossible de se cacher.

Par exemple, les études annuelles de J. D. Power sont désormais utilisées par l'industrie automobile pour se mesurer à ses concurrents, au moyen de l'Initial Quality Study (IGS) recensant les problèmes survenant au cours des 90 jours après la vente, et de la Vehicle Dependability Study (VDS), mesurant les problèmes survenant après trois ans de possession du véhicule.

De même, les statistiques d'arrivées ponctuelles et de bagages perdus du ministère américain des Transports sont désormais utilisées comme indicateur externe de benchmarking par les compagnies aériennes.

De nombreuses entreprises ont introduit le benchmarking « best of breed » : étudier un secteur pour se comparer au meilleur système de distribution, par exemple, et étudier un autre secteur pour se comparer aux pipelines de l'innovation afin d'établir leur propre performance. Une étude de cas publiée dans la *Harvard Business Review* relate l'histoire de Commerce Bank, banque commerciale d'une valeur sur le marché de 800 millions de dollars fin 1996, vendue il y a dix ans à la Toronto-Dominion Bank pour 8,5 milliards de dollars[1]. L'équipe dirigeante de la banque a refusé de se benchmarker par rapport à d'autres banques, Citigroup par exemple, mais s'est penchée sur d'autres enseignes telles que Starbucks, Target et Best Buy, ce qui lui a permis de mettre en place des innovations telles que l'ouverture de la banque durant le week-end.

1. Frances X. Frei et Corey B. Hajim, « Commerce Bank », Harvard Business School, Case 603-080, décembre 2002 (révisé en octobre 2006), http://www.hbs.edu/faculty/Pages/item.aspx?num=29457

Par comparaison, les données internes sont plus compliquées à interpréter. Il est difficile d'établir des parallèles entre les différentes structures rédigeant des rapports et les différents indicateurs de mesure que les chefs de service et les responsables produit utilisent pour démontrer que leur service est le meilleur de l'entreprise. C'est parce que les données benchmarkées reflètent uniquement la vérité qu'elles sont si significatives pour les dirigeants.

Benchmarking chez USPS

Le service postal américain (USPS) est une organisation gouvernementale indépendante ayant la caractéristique rare d'être autorisée par la Constitution. Elle possède le plus grand réseau de vente des États-Unis, devançant les réseaux américains regroupés de McDonald's, Starbucks et Walmart. En 2014, le service a traité 155,4 milliards de lettres et de colis[1], soit 40 % du courrier échangé dans le monde. C'est l'un des plus grands employeurs américains, avec 486 822 employés à temps plein répartis sur 31 622 sites, et générant 68,9 milliards de dollars de chiffre d'affaires pour l'année fiscale 2015. Cette année-là, l'organisation a également perdu 5,1 milliards de dollars, moins que l'année précédente (5,5 milliards de dollars), bien qu'elle ait été confrontée à la baisse du nombre de personnes utilisant ses services principaux en raison de l'avènement de la communication électronique. Ses concurrents sont les deux géants américains des services de messagerie, UPS et FedEx, ainsi que l'entreprise allemande DHL. En raison de la solidité et de l'étendue du réseau d'USPS, UPS et FedEx paient le service postal national pour la livraison de plus de 470 millions de colis à domicile[2].

1. United States Postal Service, « Postal Facts 2015 », USPS, 2015, https://about.usps.com/who-we-are/postal-facts/postalfacts2015.pdf
2. Phil Rosenthal, « A Love Letter: The U.S. Postal Service Delivers under Tough Conditions », *Chicago Tribune*, 18 janvier 2015, http://www.chicagotribune.com/business/columnists/ct-rosenthal-us-mail-post-office-0118-biz-20150117-column.html [lien accessible hors UE uniquement à parution de cet ouvrage].

D'après une étude de Stamps.com, USPS devance UPS et FedEx en termes de délais et de coûts de livraison, avec un délai de livraison moyen de 1,79 jour, contre 2,75 jours pour UPS et 2,21 pour FedEx, pour un coût moyen d'expédition d'un colis de 1 kg de 7,34 dollars contre 10,45 dollars pour UPS et 10,40 dollars pour Fedex. Ce benchmarking sur les délais de livraison et les prix laisse à penser qu'USPS est relativement performante en termes de fourniture d'un service concurrentiel à ses clients.

USPS a décidé de comparer ses performances à celles de ses concurrents en termes de perception et de part de voix. En tant qu'organisation gouvernementale et que l'un des plus grands employeurs des États-Unis, il est important qu'elle garde une image positive. Elle est également confrontée à d'importants défis commerciaux, qui comprennent non seulement la baisse du courrier postal en raison du développement de la communication numérique, mais également des concurrents dotés de moyens importants, qui investissent fortement dans la publicité.

En raison de l'immense étendue de son activité, la surveillance de la couverture médiatique de cette organisation tentaculaire est une tâche revêtant une grande importance. De plus, un benchmarking concurrentiel pour étudier la part de voix et le sentiment positif et négatif aide USPS à se faire une idée concrète de l'impact du comportement de ses employés sur l'organisation dans son ensemble.

Meltwater travaille avec USPS et suit ses mentions dans les médias, compare sa couverture à celle de ses concurrents afin de comprendre la manière dont la marque est perçue par le marché. Une analyse a révélé qu'USPS détenait en 2015 13 % de part de voix aux États-Unis. L'aspect intéressant est que, bien que la couverture d'USPS ait été inférieure à celle de ses concurrents, l'organisation s'est classée au premier rang pour la présence dans les médias, mesure calculée sur la taille de l'audience potentielle et sur la manière dont elle est présentée quand elle est mentionnée. Ceci montre que, bien qu'USPS ait enregistré la couverture la plus faible, celle-ci était de la meilleure qualité.

Part de voix en fonction de la PV (audience potentielle)

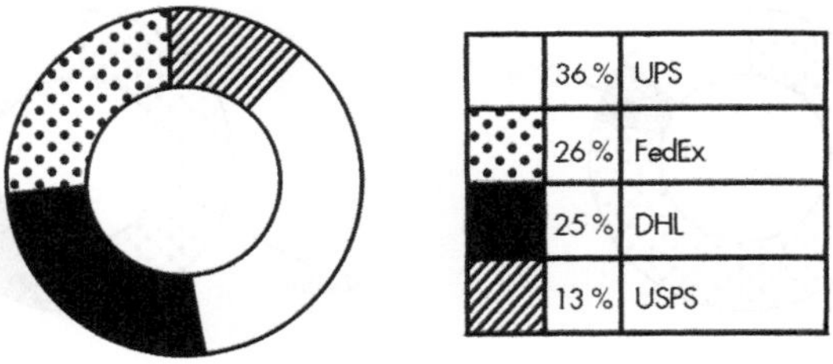

Présence dans les médias

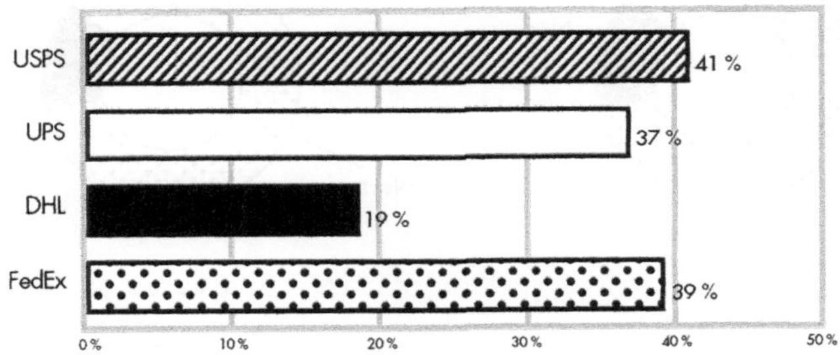

Source : Meltwater

Analyses représentant le benchmarking d'USPS par rapport à ses concurrents. PV = Potential Viewership (audience potentielle), chiffre indiquant le nombre de personnes suivant les histoires dans lesquelles USPS est mentionnée.

L'un des autres aspects intéressants de l'histoire d'USPS est que l'organisation reçoit un sentiment bien plus positif que ses concurrents. Ceci ressort nettement de la comparaison directe des quatre pairs dans les médias en ligne, pour l'année 2014. Chaque entreprise a reçu 12 à 13 % de mentions positives par rapport au nombre total de mentions. Pour ce qui concerne les mentions négatives, USPS comptait un quart des mentions négatives reçues par FedEx, et la moitié de celles d'UPS et de DHL. Pour tous les acteurs, les sentiments négatifs résultaient d'une insatisfaction concernant la rapidité et la qualité des livraisons, indiquant qu'USPS se maintenait dans un espace compétitif.

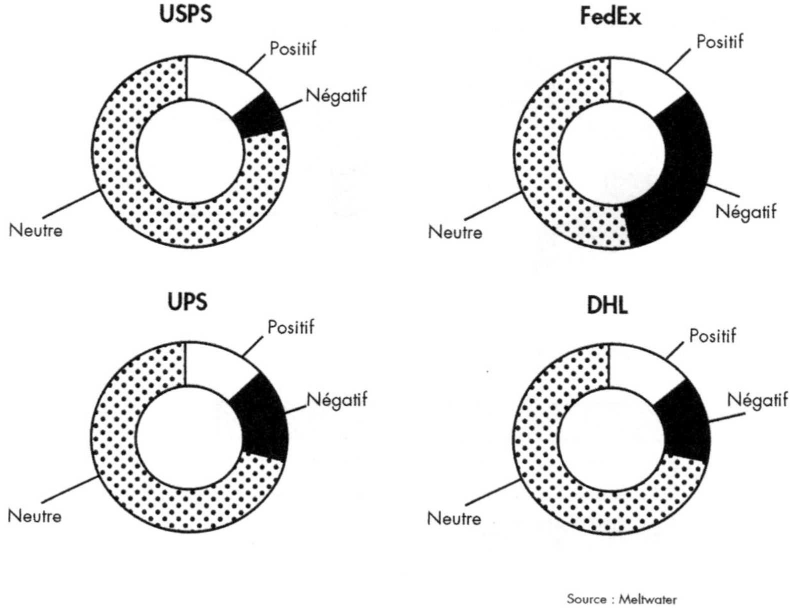

Sentiment en 2014

Les entreprises ont en général une histoire expliquant leurs performances, qui peut être vraie, ou pas. Le benchmark de données tierces comparables est quant à lui une mesure objective et parfaitement honnête des performances d'une entreprise. Pour USPS, l'image de marque et la satisfaction des consommateurs sont très importantes, car il importe peu à la plupart des clients de savoir qui leur livre leurs colis, tant que le service est compétitif en termes de prix et de délais. Les analyses d'USPS montrent qu'en matière de visibilité, les acteurs privés s'améliorent pour ce qui concerne le positionnement de leur marque, mais qu'USPS résiste bien à la concurrence en termes de couverture médiatique de qualité et de satisfaction des clients.

Benchmarking : comment gagner en perspective

Au début du xve siècle, Filippo Brunelleschi, orfèvre de tempérament sans formation formelle en architecture, a redécouvert la perspective linéaire. Elle permet aux artistes de créer l'illusion d'un espace en trois dimensions sur une toile en deux dimensions, à l'aide d'un seul point de fuite.

En raison de son réalisme supérieur, la perspective linéaire de Brunelleschi s'est rapidement propagée dans toute l'Italie, puis dans l'ouest de l'Europe. Comme la perspective linéaire de Brunelleschi a transformé la vue 2D en univers 3D, avec profondeur et réalisme, une perspective benchmarkée offre un aperçu plus riche et plus réaliste des atouts et des faiblesses d'une entreprise. Le benchmarking d'une entreprise par rapport à ses concurrents au moyen de données externes offre une perspective objective et réaliste de son positionnement dans son environnement concurrentiel.

TROISIÈME PARTIE

L'OUTSIDE INSIGHT DANS LA PRATIQUE

8

L'Outside Insight pour les **conseils d'administration** et les **cadres**

Le 22 octobre 2015, Doug Oberhelman, président-directeur général de Caterpillar Inc., le plus grand producteur d'engins pour chantiers et mines, est porteur de mauvaises nouvelles pour Wall Street dans son rapport de résultats du troisième trimestre. Il annonce en effet un bénéfice par action ajusté de 75 cents et un chiffre d'affaires de 10,96 milliards de dollars, qui ne sont pas à la hauteur des prévisions des analystes, qui attendaient 78 cents par action et 11,25 milliards de dollars de chiffre d'affaires[1]. Il reconnaît que l'entreprise traverse un moment difficile et a dû ajuster ses prévisions pour l'année et augmenter fortement ses coûts de restructuration estimés pour 2015. « Notre jour viendra, mais pas aujourd'hui », a-t-il déclaré aux journalistes de *Squawk Box*, sur CNBC.

---

1. Matthew J. Belvedere, « Caterpillar CEO: Big Misses Reflect "rough Patch" », CNBC, 22 octobre 2015, https://www.cnbc.com/2015/10/22/caterpillar-earnings-revenue-miss-expectation.html

Richard Wagner, fondateur et directeur général de Prevedere, start-up spécialisée dans l'analyse financière, est l'un des rares à ne pas avoir été surpris par le rapport de résultats de Caterpillar. « Début 2015, nous avions analysé des données de Caterpillar, et il était déjà visible que le troisième trimestre serait difficile », m'a-t-il expliqué. En analysant les résultats précédents, Wagner et son équipe se sont aperçus que le chiffre d'affaires de Caterpillar était fortement corrélé à des facteurs macroéconomiques externes tels que le prix de l'énergie, l'activité minière et la demande chinoise. À l'aide de ces informations, ils ont créé un modèle de prévision qui leur a permis d'entrevoir un déclin du chiffre d'affaires de Caterpillar par rapport à l'année précédente tant au deuxième qu'au troisième trimestre 2015, en raison d'une évolution défavorable des facteurs macroéconomiques.

Rapport de risque économique Prevedere© –
CA trimestriel de Caterpillar par rapport à l'année précédente

Toutes les valeurs sont en $

Indicateurs précurseurs							
Indice du prix de l'énergie	↓	⇧	⇧	↓	↓	↓	↓
Expéditions de charbon	↓	↓	↓	↓	↓	↓	⇧
Prix du pétrole	↓	⇧	⇧	↓	↓	↓	↓
Dépenses en capital de la Chine	⇧	⇧	⇧	⇧	⇧	↓	↓
	T1 2014	T2 2014	T3 2014	T4 2014	T1 2015	T2 2015	T3 2015
Entreprise – année précédente	13,21 milliards	14,62 milliards	13,42 milliards	14,4 milliards	13,24 milliards	14,15 milliards	13,54 milliards
Risque économique	596 668 060	↓ 56 318 383	⇧ 457 830 611	↓ 212 215 224	↓ 390 422 770	↓ 1 152 917 590	↓ 3 350 219 372

Source : Prevedere, 2015

L'analyse de Prevedere a mis en évidence une pression future importante sur le chiffre d'affaires, à partir du quatrième trimestre 2014, pression qui a atteint son maximum au troisième trimestre 2015. L'effet net de tous les facteurs figure dans la ligne nommée « risque économique ».

Il ressort du modèle de Prevedere que Caterpillar subissait déjà la pression négative due au climat macroéconomique au quatrième trimestre 2014, qui s'est accentuée au fil des mois. Pour le troisième trimestre 2015, le modèle de Prevedere identifiait une pression négative de l'ordre de 3 milliards de dollars, qui plaçait Caterpillar en dessous des attentes de Wall Street.

Malheureusement, Caterpillar n'a jamais pu tirer profit de l'analyse de Richard Wagner, car il ne l'a pas diffusée à l'époque. La start-up était à ses débuts et le cas de Caterpillar lui a seulement permis de valider son modèle. Depuis, cependant, Wagner a pu mettre en pratique son modèle prévisionnel auprès d'un grand nombre d'entreprises classées au top 1 000 des plus grandes entreprises, dont Nationwide Insurance, BMW Financial Services, Hershey, Hamilton Capital Management, Wendy's, Masonite et Yum! Brands. La start-up de Richard Wagner a aidé ces entreprises à intégrer des facteurs extérieurs dans leur modèle de prévisions financières et dit avoir obtenu une réduction moyenne des erreurs de prévisions de 50 %.

Richard Wagner fait référence à une étude de KPMG indiquant que 60 % des entreprises n'incorporent pas les facteurs extérieurs de résultats dans leurs modèles de prévisions financières[1]. Ce rapport indique également que les prévisions trimestrielles des entreprises enregistrées aux États-Unis sont en général imprécises de 13 %, ce qui représente une perte de chiffre d'affaires de presque 200 milliards de dollars. Selon Richard Wagner, ceci est dû au fait que la plupart des entreprises se reposent exclusivement sur les données de résultats internes. Elles font totalement abstraction de tous les facteurs extérieurs ayant un impact sur leur activité. En effet, les facteurs extérieurs inconnus, de la volatilité des marchés asiatiques aux fluctuations des devises en passant par le coût de l'énergie, la confiance des consommateurs et les changements climatiques, compliquent la tâche des entreprises dans la prévision de leurs résultats. Selon Richard Wagner, « elles jouent un peu aux devinettes, et tant qu'elles n'intégreront pas activement les données externes à leurs modèles prévisionnels, leurs chiffres continueront à être erronés ».

---

1. Kylie Dumble, « The KPMG Survey of Environmental Reporting: 1997 », KPMG, 2014, https://assets.kpmg.com/content/dam/kpmg/pdf/2014/06/kpmg-survey-business-reporting.pdf

Richard Wagner n'est pas le seul de cet avis. Doug Laney, vice-président et analyste renommé pour Gartner Research, l'un des créateurs de la définition de « big data », explique : « Je rappelle régulièrement aux entreprises d'arrêter d'observer uniquement leurs propres données. Elles doivent réaliser qu'il existe des données externes pouvant leur apporter des avantages prédictifs, prescriptifs, voire opérationnels, considérables. »

En 2015, Doug Laney a mené une étude examinant les indicateurs financiers d'entreprises choisies pour leur approche des données externes centrée sur les informations. Ces entreprises disposaient par exemple d'un directeur des données, d'un programme robuste de data science ou de toute autre initiative indiquant qu'elles avaient la ferme intention de collecter, de gérer, de déployer et d'analyser les informations externes, en leur accordant une importance parallèle à celle des données internes tirées des bilans traditionnels. En effet, selon Doug Laney : « Toutes les entreprises parlent des informations comme d'une ressource, mais elles ne sont pas nombreuses à en tirer réellement profit. Nous avons recherché des entreprises présentant ce type d'indicateurs et avons étudié leurs données financières. » L'étude prévoyait ensuite l'application du Q de Tobin, valeur élaborée en 1969 par James Tobin, rapport simple de la valeur de marché des actifs par rapport à la valeur de remplacement des actifs. Doug Laney a mis en évidence une différence importante entre les entreprises ayant une stratégie robuste et cohérente concernant les données externes, et les autres. Les organisations qui intégraient les données externes avaient un indicateur de valeur de marché 200 à 300 fois plus élevé que les entreprises investissant moins sur les données externes, tant du point de vue culturel que financier.

L'Outside Insight dans la pratique

Comme le montre le cas de Caterpillar, les facteurs économiques externes peuvent avoir une importance considérable sur les résultats d'une entreprise. C'est pourquoi il est étonnant de constater dans l'étude de KPMG qu'une majorité d'entreprises n'étudie pas les données externes, mais se fie uniquement aux indicateurs internes pour élaborer ses prévisions. L'étude de Doug Laney montre également que les entreprises qui intègrent les données externes ont des évaluations supérieures aux autres.

Je suis de l'avis que les meilleurs endroits pour commencer à exploiter l'Outside Insight sont les conseils d'administration et parmi les cadres. Les décisions prises à ce niveau sont en effet les plus importantes pour l'entreprise, et en déterminent les succès et les échecs. Pour prendre des décisions si capitales, il est fondamental d'avoir une compréhension à 360° de l'évolution de l'environnement concurrentiel, ainsi qu'une compréhension profonde des facteurs extérieurs moteurs des résultats de demain.

Dans ce chapitre, je propose un cadre simple d'intégration systématique de l'Outside Insight dans les processus de décision au niveau du conseil d'administration et de l'encadrement. L'Outside Insight en est à ses premiers pas, cette technologie étant en effet en pleine évolution, et son utilisation par les conseils d'administration et le management se perfectionnera progressivement. J'ai essayé de définir un cadre suffisamment spécifique pour être utile dès aujourd'hui, et suffisamment générique pour pouvoir être appliqué à long terme. Ce cadre est composé de trois phases, de complexité graduelle, chaque phase étant elle-même constituée d'un processus simple en trois étapes.

La phase A est axée sur la compréhension de l'impact de l'évolution de votre environnement concurrentiel sur votre entreprise. Il faut en premier lieu comprendre à quels facteurs extérieurs votre activité est le plus exposée. L'Outside Insight permet de les suivre en temps réel, et de créer un système d'alerte précoce signalant les menaces, mais aussi les opportunités.

La phase B intègre l'Outside Insight dans les processus fondamentaux tels que l'élaboration de la stratégie et la création de modèles prévisionnels, et sous forme de boucle de feedback critique pour mesurer l'efficacité des actions.

La phase C est la conversion totale au paradigme de l'Outside Insight. Au cours de cette phase, l'Outside Insight prévaut sur les données financières internes. Les objectifs de l'entreprise, ses réalisations et sa santé sont observés dans l'optique de l'Outside Insight. Au cours de cette phase, la data science, la théorie des jeux et l'intelligence artificielle (IA) sont des outils de management fondamentaux.

Phase A : compréhension de l'environnement concurrentiel au moyen de l'Outside Insight

La première phase vise à amener les informations externes au conseil d'administration. Toutes les entreprises sont influencées par les facteurs extérieurs, et l'objectif de cette phase est d'arriver à comprendre lesquels d'entre eux auront le plus gros impact sur les résultats. En suivant ces indicateurs précurseurs de manière systématique, le management et le conseil d'administration maîtriseront mieux leurs opérations et seront mieux équipés pour prendre les bonnes décisions.

L'étape 1 (que je nommerai ci-après étape A1 par souci de clarté) de ce processus consiste à prendre en compte les facteurs extérieurs propres à l'ensemble du secteur, tels que les tendances macroéconomiques. Certains d'entre eux sont élémentaires, comme le coût de l'énergie dans le cas de Caterpillar. D'autres sont moins évidents, comme les conditions météo évoquées au chapitre 6 pour Minute Maid, qui ont un impact sur le volume d'oranges récoltées.

L'analyse de l'impact d'un grand nombre de facteurs extérieurs peut paraître herculéenne. Je pense qu'il est possible d'adopter une approche pragmatique. Dans la plupart des cas, la règle des 80/20 s'applique : 20 % des facteurs contribuent à 80 % de la valeur. Pour la plupart des entreprises, c'est déjà une grande victoire d'intégrer les facteurs extérieurs de manière systématique dans leurs processus de décision. Par conséquent, je conseille de démarrer simplement et de suivre son intuition. En général, l'équipe dirigeante de l'entreprise a une idée des facteurs extérieurs à suivre. La validation des candidats en analysant leur effet sur les résultats passés de l'entreprise permettra de définir précisément les facteurs à surveiller de près.

Une approche plus rigoureuse pourrait prévoir une analyse de régression ou le machine learning. Elle pourrait mettre au jour des liens de causalité non intuitifs et des informations surprenantes. Cependant, cette approche est une tâche de plus grande envergure, qui nécessite une expertise particulière pour parvenir aux bonnes conclusions. À moins que l'entreprise ne dispose de cette expertise en interne, je lui conseille d'attendre d'avoir saisi les avantages des facteurs extérieurs les plus manifestes avant de se lancer.

Au cours de l'étape A2, nous identifierons les indicateurs externes dérivant de la tension concurrentielle. Les dépenses marketing et la satisfaction client en sont de bons exemples. Le choix des indicateurs à suivre à l'étape 2 est fortement similaire au processus de l'étape A1. Ici aussi, il est possible de choisir une approche pragmatique ou une approche rigoureuse. Je suis pour l'approche pragmatique pour les raisons exposées à l'étape A1.

Au cours de l'étape A2, il faut également prévoir des éléments de mesure adaptés. Les indicateurs économiques tels que le coût de l'énergie sont faciles à suivre, car ils sont publics. Les zones de tension concurrentielle sont bien plus difficiles à quantifier. Prenons par exemple la satisfaction client. Comment la définir ? Doit-elle être jugée en fonction des retours client, du taux de recommandation net, de la fidélité des clients ou de la désaffection de ces derniers, c'est-à-dire du nombre de clients perdus sur une période donnée ? Il n'existe pas de définition parfaite de la satisfaction client. Quelle que soit la définition adoptée, la difficulté est ici de collecter les mêmes données auprès de notre groupe de référence. Savoir que la satisfaction de nos clients a augmenté est positif, mais sans savoir quel est le niveau de satisfaction client de nos concurrents, et quelle est son évolution, nous ne savons pas si nous avons gagné ou perdu du terrain.

Je leur conseille de commencer par sélectionner un type de données en ligne contenant le signal qu'elles recherchent. Pour la satisfaction client, les réseaux sociaux sont un candidat logique. En comparant le sentiment envers votre entreprise sur les réseaux sociaux au sentiment envers vos concurrents, vous obtiendrez une mesure objective de la manière dont la satisfaction client relative a évolué dans le temps.

Au cours de l'étape A3, nous combinerons les résultats des étapes A1 et A2 pour créer un système d'alerte précoce. L'analyse des tendances devrait être partagée au moyen d'un tableau de bord en ligne ou intégrée dans le board pack standard. Un changement abrupt d'un indicateur clé doit envoyer une alerte instantanée aux managers et aux membres du conseil.

Ce flux constant d'Outside Insight fournit un contexte précieux pour la lecture des données financières de l'entreprise et d'autres rapports et analyses internes. Il permet aux dirigeants et aux membres du conseil d'administration d'anticiper correctement les changements importants du marché et les défis. L'Outside Insight apporte également une correction critique des biais internes. Les récits internes sont-ils étayés par l'histoire que narrent les données externes ? Le management a-t-il saisi la direction du marché ? La stratégie en place est-elle adaptée aux évolutions récentes du marché ?

La compréhension des facteurs extérieurs impactant une entreprise peut également permettre de créer une mesure neutre de la compétitivité d'une entreprise : sa santé concurrentielle. Par exemple, la solidité de la marque d'une entreprise peut être mesurée comme la taille de son empreinte en ligne dans les actualités et les réseaux sociaux. En mesurant la taille de l'empreinte de toutes les entreprises du groupe de référence, vous pouvez mesurer la part de chaque entreprise dans l'empreinte du secteur. C'est ce qu'on appelle la part de voix d'une marque.

Ci-contre figure une grille de santé concurrentielle illustrant les quatre situations qu'une entreprise peut rencontrer. La grille de santé concurrentielle sert à évaluer la progression de la compétitivité d'une entreprise sur une période donnée, un mois par exemple. L'axe des abscisses décrit le changement de l'empreinte digitale de l'entreprise. L'axe des ordonnées décrit le changement de sa part de voix. Si les deux sont positifs, l'entreprise est dans le quadrant « gagnant ».

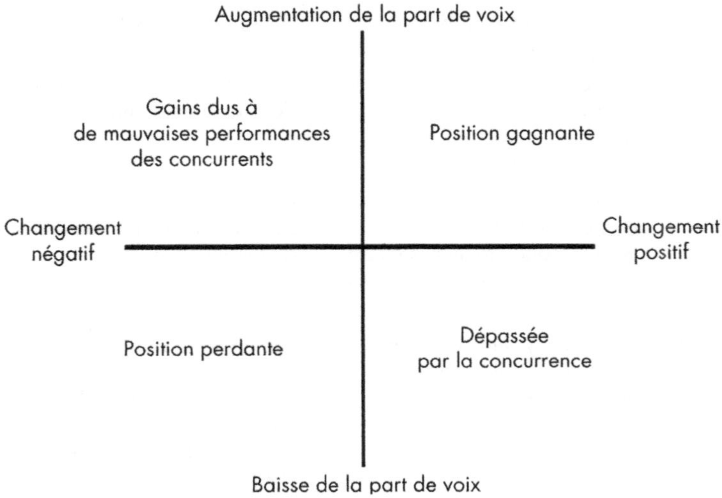

La grille de santé concurrentielle de Meltwater analyse la progression dans le temps, permettant de voir si une entreprise gagne ou perd du terrain.

L'analyse conventionnelle étudie uniquement les changements le long de l'axe des abscisses. Dans l'approche Outside Insight, les changements sur l'axe des abscisses sont insignifiants. Les changements importants sont sur l'axe des ordonnées. Tout changement positif par rapport au groupe de référence est bon signe, tout changement négatif est un revers. Sur un marché dynamique et compétitif, la progression est une mesure relative, à quantifier en termes d'amélioration par rapport à la concurrence.

Une fois la phase A de l'Outside Insight terminée, toutes les discussions du conseil peuvent s'appuyer sur une perspective du secteur fournie par des données tierces. L'environnement extérieur est suivi et analysé en temps réel, assurant ainsi une attitude proactive et prospective. L'utilisation systématique de l'Outside Insight fournit un score en temps réel de la santé concurrentielle de l'entreprise et un système d'alerte précoce qui facilite l'identification de nouvelles menaces, mais aussi d'opportunités. Un conseil d'administration pouvant s'appuyer sur l'Outside Insight est plus proactif et prend des décisions mieux informées.

	Description	Explication
Étape A1	Identifier des facteurs à l'échelle du secteur tels que les tendances macroéconomiques ayant un impact sur les performances futures.	Coût de l'énergie, confiance des consommateurs et coût des matières premières.
Étape A2	Identifier les facteurs extérieurs clés dérivant des zones de tension concurrentielles ayant un impact sur les performances futures.	Dépenses de marketing, satisfaction client et pipeline de l'innovation.
Étape A3	Créer un système d'alerte précoce signalant les menaces et les opportunités.	Tableaux de bord avec analyse en temps réel des facteurs identifiés en A1 et A2 : des changements abrupts déclenchent des alarmes instantanées. Votre santé concurrentielle est suivie par des benchmarks concurrentiels en temps réel et par le tableau de santé concurrentielle.

Phase A : comprendre l'environnement concurrentiel à travers l'Outside Insight

Edgewell Personal Care est une entreprise qui a su saisir l'importance de l'Outside Insight et comprendre les avantages du suivi en continu de l'évolution de son environnement concurrentiel. Edgewell est une entreprise de produits de consommation emballés possédant entre autres les marques de rasoirs Wilkinson Sword, de crèmes solaires Hawaiian Tropic, d'hygiène féminine telles que Playtex et Carefree et de lingettes Wet Ones. Elle compte environ 6000 employés et opère dans 50 pays.

Elle évolue dans un secteur hautement concurrentiel, face à des multinationales de bien plus grande taille, qui disposent de plus de ressources et des budgets marketing correspondants. Ainsi l'entreprise exploite-t-elle le flux d'informations pour garder une longueur d'avance. Paul Pacileo, responsable de la planification et de la stratégie commerciale chez Edgewell, utilise le logiciel de Meltwater pour générer deux rapports par semaine, regroupant toutes les données externes susceptibles d'impacter les produits d'Edgewell.

Il doit réussir à identifier les informations pertinentes pour l'entreprise dans la masse de données créées chaque jour par le secteur. Pour ce faire, il a mis au point une série de recherches avancées en temps réel pour chaque ligne d'activité d'Edgewell, qui créent des points de déclenchement pour les données externes liées aux produits de l'entreprise. Il s'est concentré sur deux secteurs : les informations stratégiques relatives aux lignes de produits, telles que les nouveaux produits mis sur le marché, les améliorations des produits et les actualités du secteur, et les données tactiques telles que le type de produits mis en vente, la progression auprès des principaux revendeurs tels que Walmart et Target, et les programmes de remises. Un troisième flux de données est consacré aux actualités des concurrents, dont les initiatives d'économie sur les coûts, les rachats et la vente de marques.

Paul Pacileo explique : « Nous observons les prévisions sans trop nous attarder sur l'analyse financière. Il est plus important pour nous de comprendre pourquoi les ventes d'un produit augmentent ou baissent : nous voulons savoir ce qui s'est passé, pour ensuite transmettre l'information à tous nos abonnés dans l'organisation. »

Il reçoit environ 200 points de données par jour. « Une partie de mes attributions concerne les processus commerciaux, et nous sommes défenseurs de l'idée d'un "point de vérité unique" comme facteur ou concept clé. Nous essayons de centraliser les informations, afin que tout le monde voie la même chose pour ne pas raisonner de manière compartimentée. Nous essayons de contrôler les versions afin d'éviter que différentes personnes ne travaillent sur différentes versions et qu'une coupure ou un écart ne se fasse jour dans notre stratégie. »

Les données tierces aident Paul Pacileo à s'assurer que les informations qu'il injecte dans l'entreprise permettent de prendre des décisions précoces en répondant à l'évolution du marché ou aux actualités requérant une réponse ou une forme de contre-renseignement. « Si nous savons et comprenons ce que fait la concurrence, nous sommes plus à même de répondre et de réagir. Nous pouvons ainsi ajuster notre stratégie, car si nous identifions les tendances et l'évolution de la situation, nous pouvons prendre un risque calculé en fonction des ressources à notre disposition, c'est-à-dire un risque minutieusement étudié. Nous n'essayons pas de suivre les traces de nos concurrents. Nous voulons savoir ce qu'ils font pour pouvoir mesurer leur efficacité », précise-t-il.

« S'ils lancent des initiatives risquant de nous faire perdre des parts, nous avons intérêt à tout mettre en œuvre pour éviter que ce risque ne se concrétise. En même temps, s'ils investissent fortement dans un programme et que les données de consommation et de résultats n'indiquent pas de changement, ou si la catégorie reste basse, nous avons certainement intérêt à saisir l'occasion... Nous sommes Edgewell, nous n'avons pas de grosse machine derrière nous ni les ressources de certains de nos concurrents. Nous devons donc être ingénieux et utiliser d'autres ressources. L'une d'entre elles est la pleine conscience de ce qui se passe dans le monde. Nous augmentons notre perception de notre environnement, la connaissance de nos revendeurs, et nous essayons d'exploiter ces informations pour établir des partenariats plus solides. »

La détermination d'Edgewell à suivre de près les informations externes est admirable. Son approche est pragmatique, mais très systématique. Avec l'Outside Insight, l'entreprise obtient une connaissance approfondie de son environnement concurrentiel et l'utilise pour affronter avec succès des concurrents de plus grande taille et disposant de davantage de ressources.

Phase B : intégration de l'Outside Insight dans les processus internes fondamentaux

Au cours de la phase B, l'Outside Insight est mis en pratique par intégration dans les processus internes fondamentaux. Les trois étapes de cette phase concernent la stratégie, la prévision et la mesure du succès.

Dans la phase A, nous avons abordé la valeur des indicateurs clés externes dérivant de la tension concurrentielle. Dans la phase B, nous approfondirons ce concept. En effet, les indicateurs précurseurs ne sont pas tous égaux. Certains peuvent aider à obtenir des bénéfices à court terme, comme une croissance temporaire des ventes, tandis que d'autres sont essentiels pour la réussite à long terme.

C'est ici que la stratégie entre en jeu. « Stratégie » vient du grec *stratêgia*, l'art de conduire l'armée. C'est un plan de haut niveau visant à réaliser un ou plusieurs objectifs dans des conditions d'incertitude. Les meilleures stratégies choisissent une position concurrentielle différenciée en exploitant une compétence unique.

L'étape B1 vise à articuler la stratégie de l'entreprise autour d'une sélection de zones de tension concurrentielle à dominer afin de gagner contre la concurrence sur le long terme. Par exemple, l'objectif pourrait être : « Nous serons leaders de notre secteur en offrant la meilleure assistance à nos clients. » Ce choix doit être soigneusement préparé, en étudiant les préférences des clients souhaités et en les faisant correspondre à une étude honnête, mais aspirationnelle, des capacités internes.

L'avantage d'articuler la stratégie autour de scènes concurrentielles est que cette approche se prête à la définition d'un objectif majeur par rapport auquel il est possible de mesurer les performances de l'entreprise à l'aide de données externes objectives. En concevant des benchmarks concurrentiels adaptés grâce à l'Outside Insight, il est possible de mesurer le succès de la quête stratégique de l'entreprise, et de le suivre en temps réel.

La boucle de feedback en temps réel concernant la progression d'une entreprise dans sa quête stratégique est un outil précieux pour réagir aux changements toujours plus rapides dans de nombreux secteurs. Si la situation sur le marché change rapidement, il est possible de réévaluer la stratégie et de l'ajuster suivant le modèle Outside Insight, sans perte de temps précieux.

En septembre 2012, la *Harvard Business Review* a révélé qu'environ 90 % des cadres élaborent des plans stratégiques sur base annuelle, indépendamment de la dynamique de changement de leur environnement concurrentiel[1]. Cet article citait une étude menée par le Boston

---

1. Martin Reeves, Claire Love et Philipp Tillmanns, « Your Strategy Needs a Strategy », *Harvard Business Review*, septembre 2012.

Consulting Group, sur 120 entreprises du monde entier opérant dans dix secteurs industriels importants, qui a montré que les cadres avaient parfaitement conscience du besoin d'adapter leurs processus d'élaboration de stratégie aux exigences spécifiques à leur environnement concurrentiel. Cependant, il ressortait de l'étude qu'un grand nombre d'entre eux s'appuyaient en réalité sur des pratiques plus adaptées à des environnements prévisibles et stables, alors que leur propre environnement était très volatil ou instable. L'article de la *Harvard Business Review* était judicieusement intitulé « Your Strategy Needs a Strategy » (Votre stratégie a besoin d'une stratégie). L'Outside Insight permet de s'attaquer aux défis principaux mentionnés dans cet article.

L'étape B2 de mise en pratique de l'Outside Insight est l'intégration d'indicateurs clés dans le modèle prévisionnel. Ceci sert à s'assurer que les prévisions reflètent les facteurs extérieurs impactant l'activité au lieu de ne s'appuyer que sur les données internes.

Pour cette procédure, des statistiques et une data science raffinées sont nécessaires. Certaines entreprises ont atteint cette expertise en interne. Les autres peuvent recourir à des consultants externes. Dans les deux cas, je conseille de ne pas créer de modèles trop complexes. De nombreux facteurs déterminent les résultats d'une entreprise. Lorsqu'on applique la magie de la data science, les modèles tendent à se compliquer et deviennent difficiles à comprendre. Évitez de vous retrouver avec une boîte noire entre les mains. Elles sont difficiles à décrypter et peuvent être à l'origine d'énormes erreurs. Je conseille de créer des modèles le plus simples possible et de les vérifier soigneusement au moyen du bon sens.

L'intégration de l'Outside Insight dans le modèle prévisionnel d'une entreprise permet d'obtenir des prévisions plus fiables, car elles ne sont plus limitées aux facteurs internes. Cette précision permettra de réduire le stress interne, de faire gagner du temps et de l'énergie aux dirigeants et de déployer plus efficacement les ressources de l'entreprise.

Prenons l'exemple d'une autre entreprise ayant travaillé avec Richard Wagner de Prevedere, un producteur de boissons d'envergure mondiale, dont les produits ont une date de péremption. Lorsque l'entreprise a pénétré le marché chinois, elle a collaboré avec des distributeurs sur les marchés régionaux. Il était manifeste que la plupart des prévisions de ventes reposaient sur l'intuition, la précision était de l'ordre de 70 %, ce qui représentait une marge d'erreur de 30 % même dans les plus grandes villes de Chine.

Dans l'industrie des boissons, il est courant de pratiquer le surstockage, car les marques ne souhaitent pas céder de linéaire à leurs concurrents. Prevedere a étudié un grand nombre de données tierces du gouvernement chinois concernant l'emploi, les revenus, les dépenses, la démographie et les ventes au détail régionales. Les enjeux étaient élevés. Chaque point de pourcentage d'amélioration de la précision des prévisions a permis à l'entreprise de réduire ses stocks. En effet, l'étude de données tierces lui a permis d'augmenter la précision de ses prévisions de plus de 15 %, ce qui représente plusieurs millions de dollars d'économies.

À l'étape B3, nous nous intéresserons à la mesure du succès, à savoir à l'efficacité des actions entreprises. En intégrant des facteurs extérieurs mesurables tant dans la stratégie que dans les prévisions, nous avons clarifié les éléments nécessaires pour réussir et avons compris la manière dont les facteurs extérieurs se traduisent en résultats financiers par la suite. Ceci permet de créer un nouvel ensemble d'indicateurs de performances pour suivre la progression d'une entreprise vers ses objectifs stratégiques.

La création de cet ensemble d'indicateurs de performances est ancrée dans deux principes fondamentaux de l'Outside Insight. D'une part, les améliorations se mesurent en gain par rapport à la concurrence. D'autre part, les indicateurs les plus précieux sont les indicateurs prospectifs et les indicateurs clés de performances futures. Cette approche est très éloignée de l'approche conventionnelle d'évaluation des performances d'une entreprise. Le rapport financier d'une société cotée en Bourse permet de prendre rapidement connaissance du chiffre d'affaires, des bénéfices, du cash flow et de la croissance par rapport à l'année précédente. Mais si l'on étudie l'entreprise à la lumière de l'Outside Insight, ces informations sont incomplètes. Le chiffre d'affaires et les bénéfices sont des indicateurs historiques, et la croissance par rapport à l'année précédente ne permet pas de comprendre si l'entreprise a gagné du terrain ou en a perdu au cours du dernier trimestre.

Je ne prétends pas que la part de marché ou d'autres éléments de mesure du succès relatif n'ont aucun intérêt. Mais il apparaît clairement que le marché est très sensible aux informations prospectives. Je ne dis pas non plus que les indicateurs financiers n'ont aucune importance. Je souhaite uniquement attirer l'attention sur la manière dont l'Outside Insight peut être utilisé pour créer un nouvel ensemble d'indicateurs de performances. Ces données tierces n'attendent pas les rapports trimestriels, mais peuvent indiquer en temps réel comment les différents acteurs du secteur s'en sortent les uns par rapport aux autres. Si les dirigeants se focalisent uniquement sur les indicateurs de performances historiques, ils risquent d'être trop concentrés sur les données internes et d'avoir un point de vue limité.

Les indicateurs de performances de l'Outside Insight permettent d'étudier l'évolution du secteur au sens large et de positionner l'entreprise pour assurer sa réussite sur le long terme.

	Description	Explication
Étape B1	Articuler la stratégie de l'entreprise en termes de scènes de tension concurrentielle à dominer.	Exemple : « Nous dominerons notre secteur en offrant le meilleur service client. » Crée un objectif majeur que l'entreprise peut utiliser comme critère de mesure de la réussite de son objectif stratégique en temps réel.
Étape B2	Incorporer les facteurs extérieurs dans les modèles de prévision financière.	Affine le système d'avertissement précoce de la phase A pour comprendre précisément la contribution de chaque facteur extérieur et peser son importance en conséquence.
Étape B3	Mesurer l'efficacité de l'exécution par un benchmarking concurrentiel des indicateurs de performance précurseurs externes.	Crée un nouveau jeu d'indicateurs de performances complémentaires des indicateurs de performances financiers conventionnels.

Phase B : intégration de l'Outside Insight dans les processus internes fondamentaux

En terminant la phase B du cadre de l'Outside Insight, nous sommes passés d'un système d'alerte précoce à la mise en pratique complète des insights fournis par les informations externes. La réalisation des objectifs stratégiques d'une entreprise peut être mesurée en temps réel au moyen de benchmarks décrivant les scènes stratégiques de tension concurrentielle. Il est ainsi plus facile de les ajuster en cas de changement des hypothèses fondamentales du marché.

La simplicité d'une stratégie s'articulant autour de benchmarks concurrentiels présente l'avantage supplémentaire d'aider les employés à comprendre comment leur travail contribue à la réussite de l'ensemble. L'intégration de facteurs extérieurs dans le modèle prévisionnel assure une compréhension profonde de l'impact des changements du paysage concurrentiel sur les prochains résultats. Les données externes sont utilisées à leur plein potentiel quand l'Outside Insight est utilisé pour mesurer l'efficacité des actions entreprises. En d'autres termes, toute initiative permettant d'améliorer un benchmark concurrentiel important améliore la position de l'entreprise et garantit ses investissements futurs. Toute activité n'ayant pas cet effet doit être abandonnée. Cette approche offre un aperçu des performances d'une entreprise venant compléter les données financières conventionnelles. Elle permet d'étudier l'évolution de l'ensemble du secteur et assure une allocation optimale des ressources de l'entreprise pour obtenir des bénéfices à long terme.

Phase C : conversion au paradigme de l'Outside Insight

La troisième et dernière phase de déploiement de l'Outside Insight représente une approche novatrice des affaires. Les résultats financiers ne sont plus au centre de l'attention et sont au contraire considérés comme les conséquences tardives des classements du passé dans les benchmarks concurrentiels.

Pour la phase C, un virage culturel s'éloignant de l'attention généralement accordée aux données internes, financières et aux événements passés est indispensable. Les objectifs annuels ne sont plus exprimés en termes d'objectifs financiers. La santé de l'entreprise n'est plus déterminée par ses bénéfices ou son cash flow.

Une entreprise entièrement convertie au paradigme de l'Outside Insight est examinée au moyen des indicateurs de performances précurseurs identifiés dans les données externes. Le succès est mesuré sur une échelle relative et en fonction des performances de l'entreprise par rapport aux benchmarks concurrentiels clés.

Ceci peut sembler assez extrême, mais vous verrez que cette approche commence déjà à prendre racine. La valeur sur le marché d'une entreprise publique est déjà plus sensible aux prévisions de la direction qu'à ses données financières historiques. Quand des informations sur une société cotée en Bourse sont publiées, les prix de ses concurrents peuvent augmenter ou baisser en conséquence, même si leurs indicateurs sous-jacents ne bougent pas.

La Silicon Valley a compris l'importance des indicateurs prospectifs externes et les a adoptés très tôt. Combien de fois avez-vous entendu parler d'une start-up de la Silicon Valley ne dégageant aucun bénéfice, mais très bien cotée ? Soit les investisseurs de la Silicon Valley ne savent pas ce qu'ils font, soit ils estiment la valeur d'une entreprise bien au-delà de ses données financières.

Au chapitre 3, nous avons vu comment Instagram, malgré son absence de bénéfices et son effectif de seulement treize personnes, a été évaluée à 1 milliard de dollars par Facebook dix-huit mois seulement après sa création. De même, YouTube a été vendu à Google en 2006 pour 1,65 milliard de dollars, alors que la société ne faisait pas de bénéfices. Ces deux exemples montrent que la Silicon Valley évalue déjà les entreprises en fonction d'indicateurs de performances précurseurs et non plus en termes de données financières historiques.

Mark Zuckerberg a évalué Instagram à 1 milliard de dollars en raison du pic de croissance de ses utilisateurs et de sa position dominante sur le marché du partage de photos en ligne. Quatre ans plus tard, les analystes financiers s'accordent pour dire que ce fut « l'affaire du siècle ». De même, Stephen Ju, analyste du Crédit Suisse, estimait le chiffre d'affaires de YouTube à 6 milliards de dollars en 2015, ce qui représente 8 % du revenu total de Google, et en fait l'une de ses sources de revenus à la croissance la plus rapide[1]. En se basant sur la valeur de marché de Google par rapport à son chiffre d'affaires, il estime que la valeur de YouTube est actuellement d'environ 50 milliards de dollars, ce qui en fait l'un des meilleurs rachats jamais réalisés par Google.

La phase C de déploiement de l'Outside Insight ne consiste pas à se débarrasser des vieilles données financières telles que les bénéfices ou le cash flow, mais à tenir compte de l'importance du classement actuel de l'entreprise dans les benchmarks concurrentiels pour sa future création de valeur. L'histoire de YouTube et d'Instagram montre que cette valeur portera ses fruits en espèces sonnantes et trébuchantes, et pourra être mesurée en chiffres d'affaires et en marges de bénéfices. Mais ceci ne peut pas se produire tant que l'entreprise ne se classe pas au sommet des benchmarks concurrentiels.

Le dernier élément introduit au cours de la phase C est l'utilisation de logiciels de simulation avancée pour assister la prise de décision stratégique. Le logiciel réalise une analyse des scénarios sur la base d'informations externes et internes. Grâce au machine learning et à la théorie des jeux, il simule les résultats des différentes stratégies. Certaines entreprises ont déjà commencé à inclure les logiciels intelligents dans leur processus de prise de décision. Deep Knowledge Ventures, société hongkongaise de capital-risque, est célèbre pour avoir nommé une intelligence artificielle dans son conseil d'administration, en lui donnant le même poids qu'aux autres membres du conseil. Dans le même esprit, IBM développe actuellement une version de Watson, célèbre pour avoir battu les concurrents du jeu *Jeopardy*. Grâce aux systèmes d'IA sophistiqués, les conseils d'administration peuvent mieux exploiter l'immense quantité d'informations dont ils disposent sur les marchés, les clients et les concurrents. Les logiciels d'IA peuvent

---

1. Jim Edwards, « We Finally Got Some Really Good Data on Just How Much Money Google Makes from YouTube and Google Play », *Business Insider*, 10 juillet 2015, https://www.businessinsider.com/stats-on-googles-revenues-from-youtube-and-google-play-2015-7?IR=T

exécuter des analyses de scénarios complexes, qui sont difficiles pour les humains, et permettent à ces derniers de se concentrer sur ce qu'ils font le mieux : se poser les bonnes questions, utiliser leur bon sens et inspirer d'autres personnes, tandis que les robots se chargent des diagnostics et de la modélisation.

Je suis convaincu que l'IA apportera la preuve de sa valeur dans la prise de décision en entreprise, aidera les conseils d'administration à déchiffrer leur univers complexe en constante évolution, et facilitera la prise de décisions informées et robustes fondées sur les données, au profit des actionnaires, des employés, des clients et d'autres parties prenantes.

	Description	Exemples
Étape C1	Exprimer les objectifs annuels en termes d'indicateurs de performances précurseurs au lieu d'objectifs financiers.	Nous améliorerons la satisfaction client de 5 % par rapport à notre concurrent le plus proche.
Étape C2	Évaluer la santé d'une entreprise en fonction de son classement dans les benchmarks concurrentiels au lieu des benchmarks financiers.	
Étape C3	Déployer une IA rigoureuse pour une prise de décision assistée par ordinateur, bénéficiant de l'analyse avancée de scénarios et de la théorie des jeux.	

Phase C : conversion au paradigme de l'Outside Insight

Le paradigme de l'Outside Insight révolutionnera la manière dont les conseils d'administration sont menés et les entreprises dirigées. Le cadre présenté dans ce chapitre décrit l'approche à suivre étape par étape par les dirigeants et les conseils d'administration qui souhaitent exploiter le plein potentiel des données externes et de l'Outside Insight pour la prise de décision, la définition des objectifs, les prévisions et la mesure de l'efficacité des actions de l'entreprise. La conversion intégrale au paradigme de l'Outside Insight représente un virage radical par rapport à l'approche se concentrant sur les données financières et l'efficacité des opérations, en privilégiant une compréhension approfondie de la dynamique concurrentielle et des indicateurs de performances précurseurs.

Au cours des chapitres suivants, nous nous intéresserons plus en détail à l'utilisation pratique de l'Outside Insight pour assister d'autres fonctions, telles que le marketing, le développement produit, l'évaluation des risques et les investissements. Les prochains chapitres ne reposent pas sur le cadre présenté, mais étudient la manière dont les entreprises novatrices utilisent les informations externes et l'Outside Insight pour exceller dans leurs activités. J'espère que ces exemples inciteront les lecteurs à découvrir de nouvelles manières d'appliquer l'Outside Insight au quotidien, qu'ils occupent l'une des fonctions décrites plus haut ou toute autre fonction.

9

L'Outside Insight pour les **marketeurs**

Selon Wikipédia, le livre sous copyright le plus vendu de tous les temps est le *Livre Guinness des records*[1]. L'idée de ce livre est née d'une discussion après que Sir Hugh Beaver, directeur de Guinness Breweries, eut manqué un pluvier doré lors d'une partie de chasse. Les participants ne réussirent pas à se mettre d'accord sur l'oiseau le plus rapide en Europe, le pluvier doré ou le lagopède des saules. Sir Beaver aurait alors réalisé qu'aucun livre ne contenait cette information et que d'innombrables discussions du même ordre devaient avoir lieu tous les jours dans tous les bars du monde, auxquelles aucun livre ne pouvait mettre fin. C'est ainsi qu'est née la tradition annuelle du *Livre Guinness des records*. En 2017, la soixante-troisième édition consécutive a été publiée. Au cours de ces soixante-trois ans, le monde a changé et nous avons aujourd'hui au bout des doigts toutes les connaissances consolidées du monde entier. Je passe moi-même mon temps à chercher des informations sur n'importe quel sujet sur Google. Quelle est la population de l'Éthiopie ? (La réponse est 94,1 millions, le pays a dépassé l'Égypte en

1. « Guinness World Records », Wikipedia, 22 février 2017, https://en.wikipedia.org/wiki/Guinness_World_Records

2000[1].) Quelle est la longueur des côtes norvégiennes ? (La réponse est 25 148 km, dont 2 650 km de continent, auxquels s'ajoutent 22 498 km de fjords, d'innombrables petites îles et de golfes sinueux[2].)

Quand j'ai cherché « l'oiseau de gibier le plus rapide d'Europe », j'ai appris que la bonne réponse est le pluvier doré. Quand j'ai cherché « l'oiseau de gibier le plus rapide du monde », j'ai appris que la sarcelle détient le record de vitesse de pointe (141 km/heure)[3].

La bécassine est en revanche plus difficile à viser, tandis que la sarcelle est plus facile à chasser, car elle accélère moins vite.

La consolidation en ligne des connaissances du monde entier ne se limite pas à changer l'accessibilité des informations de culture générale telles que la vitesse de vol du gibier. Elle nous offre également une opportunité sans précédent de chercher les pour et les contre d'un produit avant tout achat. Nous faisons des recherches en ligne et notre décision d'achat dépend de leurs résultats. Au cours des vingt dernières années, cette tendance a profondément transformé le marketing. Les décisions d'achat des consommateurs étaient auparavant très réceptives au marketing. Aujourd'hui, les méthodes de marketing traditionnel sont beaucoup moins efficaces, car les consommateurs se tournent vers les recherches en ligne avant de se décider. Ils ne font pas confiance au marketing. Ils souhaitent connaître l'avis d'autres personnes sur l'entreprise, ils sont à la recherche d'une preuve sociale.

Trois changements fondamentaux du marketing

Le marketing a subi des changements radicaux au cours des vingt dernières années, en conséquence de la nouvelle réalité numérique décrite dans la première partie de cet ouvrage. On a beaucoup écrit

---

1. Banque mondiale.
2. CIA World Factbook.
3. « Duck and Run », *The Economist*, 12 août 2009, http://www.economist.com/node/14207217

sur la transformation du marketing. Les spécialistes, ouvrages et blogs sur le sujet sont nombreux. Je pense qu'ils décrivent tous les conséquences des trois changements fondamentaux de secteur, ayant chacun engendré une transformation.

Le premier changement important est que, dans la nouvelle réalité numérique, tout est désormais mesurable. Chaque campagne, chaque engagement utilisateur peut être scrupuleusement analysé. Au cours de ce processus, le marketing est passé d'une discipline principalement créative, dont le retour sur investissement (RSI)[1] était souvent vague et difficile à calculer, à un exercice de chiffres optimisant le RSI en analysant les impressions de page, les taux de clics et l'engagement utilisateur en temps réel.

Le deuxième changement est l'introduction des réseaux sociaux. Les réseaux sociaux représentent l'avènement d'une nouvelle ère pour les études de marché, et offrent une opportunité sans précédent de découvrir les besoins et les préférences de vos clients cibles. Pour la première fois dans l'histoire, les entreprises peuvent accéder directement au cœur et à l'esprit des personnes. De manière spontanée et en temps réel, elles peuvent écouter les conversations des personnes sur leur produit et savoir comment il est perçu par rapport aux produits concurrents.

Le troisième changement est le renversement de la prise de décision d'achat. L'époque où les entreprises pouvaient se contenter de campagnes marketing visant les clients cibles est révolue. Aujourd'hui, le flux des informations n'est plus poussé, mais tiré. Avant de prendre une décision, les personnes s'informent sur votre réputation en ligne. Elles cherchent des preuves indiquant que votre entreprise et votre marque sont dignes de confiance.

La métabolisation de ces trois changements transformateurs est fondamentale pour élaborer une stratégie marketing qui fonctionne. Les marketeurs doivent s'appuyer sur une organisation maîtrisant la technique nécessaire pour analyser et optimiser les performances de leurs

1. Ndt : en anglais, « *Return on Investment* » (ROI).

campagnes. Ils doivent concevoir un programme solide d'exploitation des données des réseaux sociaux afin de rester au courant de l'évolution des préférences et aversions de leurs clients cibles. Leur effort marketing véritable doit être axé sur la promotion des preuves sociales et d'autres traces en ligne favorables afin que l'entreprise puisse être trouvée plus facilement dans les recherches de ses clients cibles.

De la magie noire aux calculs

On attribue plusieurs innovations à John Wanamaker, célèbre homme d'affaires et pionnier du marketing américain (1838-1922), notamment l'étiquette du prix (même dans les grands magasins, les prix n'étaient pas fixes et pouvaient être négociés) et la « garantie de remboursement ». C'est cependant pour sa fameuse déclaration « Je sais que la moitié des sommes que je dépense en publicité l'est en pure perte, mais je ne sais pas de quelle moitié il s'agit » qu'il est le plus connu.

Pendant de nombreuses années, ce fut précisément le problème du marketing. En effet, aucune boucle de feedback ne permettait de mesurer l'impact spécifique des campagnes marketing. Tout ceci a changé depuis l'arrivée de l'Internet, qui a permis de tout suivre et mesurer : par exemple, combien de fois une publicité a été vue, combien de clics elle a reçus. Il était désormais possible de remonter le flux de clics jusqu'au moment où la décision d'achat était prise, ou refusée.

Le marketing, activité créative par excellence, s'est alors transformé en opération mathématique. La candidature de Barack Obama à sa réélection en 2012 illustre parfaitement cette mutation. Les élections présidentielles de 2008 ont marqué les premiers succès des campagnes politiques sur les réseaux sociaux. Pour sa réélection, Obama a réussi à redoubler le succès qu'il avait obtenu sur les réseaux sociaux en 2008, et a créé une campagne fondée sur les données, qui suscite depuis lors l'enthousiasme des marketeurs.

Dan Wagner fut un élément clé de la campagne d'Obama, qui l'a embauché en janvier 2009 comme National Targeting Director du

Democratic National Committee (DNC), l'organisme dirigeant le Parti démocrate américain. Son rôle était d'identifier les personnes susceptibles de voter pour Barack Obama et de les convaincre de se rendre au bureau de vote le jour J.

Les études de l'électorat prévoyaient en général la formation de petits échantillons de données d'électeurs, informations ensuite traitées comme représentatives du sentiment à plus grande échelle. Dan Wagner a adopté une approche entièrement différente, qui tirait parti de la nouvelle réalité numérique. Ce fut l'un des premiers exemples à grande échelle de la puissance de l'Outside Insight quand il est utilisé correctement. Selon la *MIT Technology Review*,

> sa technique a marqué l'émergence d'une nouvelle manière de penser, qui s'est préparée pendant dix ans, où l'électorat n'était plus prisonnier des anciennes géographies politiques ou rattaché à des catégories démographiques traditionnelles, telles que l'âge ou le genre. [...] Mais il pouvait, au contraire, être vu comme un ensemble de citoyens susceptibles d'être mesurés et évalués individuellement selon leurs propres termes[1].

Une base de données unique et gigantesque en mesure de fusionner les informations provenant des travailleurs sur le terrain, des bases de données de consommateurs et des enquêteurs et de les associer à des informations plus récentes telles que les comptes Facebook, Twitter, et les numéros de téléphone mobile a été créée. Le système a également permis de tester différentes versions d'un message pour voir laquelle était la plus efficace. Les messages les plus performants étaient environ dix fois plus efficaces que les moins performants. L'équipe a constaté que les électeurs semblaient plus réceptifs aux messages de Michelle Obama, mais très peu à ceux de Joe Biden.

Elle a également découvert qu'il était impossible de joindre au téléphone la moitié des électeurs cibles de la campagne âgés de 18 à 29 ans.

---

1. Sasha Issenberg, « How Obama Used Big Data to Rally Voters, Part 1 », *MIT Technology Review*, 20 mars 2014, https://www.technologyreview.com/s/508836/how-obama-used-big-data-to-rally-voters-part-1/

Mais l'analyse des réseaux sociaux a également fourni une information précieuse et très utile : 98 % des utilisateurs de Facebook aux États-Unis avaient un ami fan d'Obama. L'équipe de campagne a alors réalisé que le monde avait changé. Les électeurs étaient habitués aux applications mobiles qui supprimaient les frictions et leur simplifiaient la vie. Sur la base de cette information, elle a développé une application, téléchargée par 1,2 million de fans de Barack Obama, faisant partie de la tranche de population la plus jeune.

L'équipe de campagne a utilisé cette application pour mobiliser les supporters du candidat dans les États « charnière » afin qu'ils encouragent leurs amis Facebook à voter pour lui. L'analyse des données a mis en évidence qu'une personne sur cinq contactée par un ami sur Facebook réagissait à la demande, ce qui a permis de mobiliser 5 millions d'électeurs favorables à Barack Obama.

Pour la collecte de fonds, la campagne a développé une solution nommée Quick Donate, logiciel permettant de faire des dons par SMS, sur Internet ou par e-mail sans devoir saisir à nouveau les données bancaires. En quelque sorte, le One Click d'Amazon pour la collecte de fonds politique. Les personnes l'ayant utilisée ont donné environ quatre fois plus que les autres donateurs. L'autre élément stratégique était le timing. L'équipe marketing de la campagne a contacté les donateurs potentiels au moment où ils étaient les plus réceptifs : après un débat, une réunion de campagne, ou un discours d'un républicain important. Les chiffres parlent d'eux-mêmes : Barack Obama a recueilli 500 millions de dollars pour sa première campagne présidentielle, et près de 700 millions de dollars en 2012[1].

La campagne marketing de Barack Obama a été la plus sophistiquée de l'histoire politique et elle a profondément transformé la manière d'aborder les campagnes politiques. Aujourd'hui, tout politicien aspirant à une charge publique s'inspire de la stratégie Obama. Ses

1. Niall McCarthy, « How Much Does Money Matter in U.S. Presidential Elections? », *Forbes Magazine*, 28 juillet 2016, http://www.forbes.com/sites/niallmccarthy/2016/07/28/how-much-does-money-matter-in-u-s-presidential-elections-infographic/#6a5f69a97c14

campagnes en ligne en 2008 et en 2012 font désormais figure de référence bien au-delà du milieu politique. Elles sont encore aujourd'hui étudiées par les marketeurs du monde entier.

En exploitant l'Outside Insight, Barack Obama a tiré profit des réseaux sociaux et de toutes les autres informations disponibles, en utilisant la technologie pour les analyser et en tirer des conclusions. L'analyse en temps réel des intentions des électeurs a aidé son équipe à utiliser ses maigres ressources de manière optimale. Selon un haut responsable cité par CNN, l'équipe était en mesure de « tenir les élections 66 000 fois chaque nuit[1] ». En exploitant l'Outside Insight, Barack Obama a compris l'évolution des sentiments des électeurs mieux que tout autre, et a utilisé ces informations pour se faire élire président des États-Unis d'Amérique. À deux reprises.

La candidature de Barack Obama à sa réélection en 2012 illustre deux des trois changements subis par le marketing et mentionnés au début de ce chapitre. Elle montre le nouveau rôle de la technologie et de l'analyse, et la puissance des réseaux sociaux dans l'acquisition d'une compréhension profonde et détaillée de l'audience cible.

De la notoriété à la preuve sociale

Le marketing consistait autrefois pour une entreprise à être le plus visible possible, afin que ce soit sa marque qui vienne à l'esprit des consommateurs à l'évocation d'un produit donné. C'est ainsi que vos mouchoirs en papier sont des Kleenex, que vos jeans sont des Levi's et que votre réfrigérateur est un Frigidaire. On pourrait arguer que le mot « consommateurs » est lui-même un produit de ce raisonnement. Les personnes et les clients potentiels ont été décrits dans l'optique des objectifs d'entreprise, en tant que destinataires de messages marketing les convertissant en consommateurs de produits et services.

1. Michael Scherer, « How Obama's Data Crunchers Helped Him Win », Cable News Network, 7 novembre 2012, http://edition.cnn.com/2012/11/07/tech/web/obama-campaign-tech-team/

Aujourd'hui, le marketing a dû revoir cette approche. Les réseaux sociaux ont transformé les consommateurs en utilisateurs actifs, qui sont devenus assez cyniques face à tout produit faisant l'objet d'une promotion directe par les entreprises elles-mêmes. Ils sont au contraire à la recherche d'une preuve sociale. Que disent les autres des produits ? Que disent les autres des produits concurrents ?

TripAdvisor est un exemple de réseau social devenu plateforme en ligne permettant aux clients de partager leur expérience et de donner leur avis pour aider d'autres personnes à prendre des décisions informées. Yelp est son équivalent pour les restaurants. Des commentaires positifs sur TripAdvisor ou Yelp peuvent multiplier le chiffre d'affaires d'une entreprise. En revanche, les commentaires négatifs peuvent causer son échec.

Ce schéma se retrouve aussi dans le business to business (B2B). Selon l'étude « State of B2B Procurement » menée en 2014 par Acquity Group (faisant partie d'Accenture Interactive), 94 % des acheteurs professionnels font des recherches en ligne avant de prendre une décision d'achat[1].

Le bouche-à-oreille a toujours été important dans la création d'une image de marque, mais, depuis l'introduction des réseaux sociaux, il règne en maître. Votre réputation en ligne a une valeur inestimable, et la décision d'achat de chaque nouveau client est prise en connaissance de cause, sur la base des informations publiques découlant de l'agrégation de tous les clients ayant interagi avec votre entreprise dans le passé.

Aujourd'hui, les réseaux sociaux sont le principal instrument de création d'une réputation en ligne. C'est le champ de bataille sur lequel tous vos clients actuels, perdus et potentiels discutent de vos atouts et de vos faiblesses. Pour cette raison, les réseaux sociaux sont considérés comme le lieu le plus important pour les marketeurs. C'est aussi le

1. « 2014 State of B2B Procurement Study: Uncovering the Shifting Landscape in B2B Commerce », Accenture, 24 juin 2015, https://www.accenture.com/t20150624T211502__w__/us-en/_acnmedia/Accenture/Conversion-Assets/DotCom/Documents/Global/PDF/Industries_15/Accenture-B2B-Procurement-Study.pdf

lieu le plus difficile. C'est un terrain nouveau, âgé d'à peine dix ans, et en constante mutation.

Dans la suite de ce chapitre, nous étudierons trois entreprises qui ont remarquablement utilisé les réseaux sociaux à leur avantage. Elles évoluent dans des secteurs très différents, mais elles ont en commun d'avoir compris le pouvoir de la preuve sociale et le besoin de mobiliser des clients satisfaits pour se porter garants de leurs produits. Aucune de ces entreprises n'a investi beaucoup dans le marketing traditionnel, mais elles ont au contraire choisi de canaliser leurs ressources dans la création d'une communauté de clients fidèles sur les réseaux sociaux. Pour toutes, ceci s'est traduit par une forte monnaie d'échange en ligne et par l'appréciation et la confiance de millions de personnes. Ce faisant, elles ont également construit le succès de leurs activités.

L'ascension du pionnier du marketing Instagram, Daniel Wellington

Daniel Wellington est un horloger suédois qui, contrairement à de nombreux autres horlogers, a commencé par le bracelet. En 2006, Filip Tysander randonnait en Australie quand il a rencontré un mystérieux gentleman britannique portant une Rolex Submariner au poignet, sur un vieux bracelet NATO en nylon noir et gris. Son nom ? Daniel Wellington. Inspiré par le style impeccable mais sans prétention de cette rencontre née du hasard, Filip Tysander décida de créer sa propre ligne de montres, à prix abordable et au design minimaliste et raffiné, avec des bracelets nylon colorés interchangeables.

L'entreprise Daniel Wellington (DW) a été fondée en 2011, et a d'emblée adopté une stratégie marketing hors du commun. Filip Tysander, son créateur, est connu pour avoir refusé d'investir dans le marketing conventionnel (bien que mes recherches en ligne à son sujet pour écrire cet ouvrage m'aient montré qu'il est devenu très fort en reciblage, car ses montres n'ont pas tardé à me suivre d'un site à l'autre). Il s'est au contraire lancé sur les réseaux sociaux et il est considéré comme l'un des pionniers du marketing Instagram. Il a décidé d'offrir gratuitement sa montre à des milliers de stars des réseaux sociaux. Ces personnes recevaient des bons de remise personnels à partager avec leurs followers. En tirant profit de la réputation et de la crédibilité d'une nouvelle génération de célébrités des réseaux sociaux, Daniel Wellington a pénétré le marché des montres à une vitesse qu'aucun autre horloger n'avait jamais atteinte. En 2014, DW a vendu plus d'un million de montres[1]. Par comparaison, pour les piliers du secteur tels que Rolex et Tag Heuer, ce nombre représente un bon résultat annuel, et il leur a fallu 111 et 156 ans pour en arriver là.

Daniel Wellington a compris la nouvelle génération de consommateurs et l'importance de la validation sociale. Au lieu de faire la promotion directe de ses montres auprès de son groupe cible, l'entreprise a mobilisé des milliers de faiseurs d'opinion afin qu'ils fassent le travail à sa place.

Il suffit d'étudier le compte Instagram de DW pour en avoir la confirmation. En février 2016, DW a atteint 2 millions de followers, neuf mois seulement après avoir atteint le million, en mai 2015. Cette croissance est vertigineuse. Par comparaison, le compte de Coca-Cola n'a que 1,2 million de followers.

Ce qui est fascinant sur le compte Instagram de DW, c'est que 95 % de ses contenus sont créés par les utilisateurs. Ce n'est pas le cas des autres marques, qui produisent soigneusement des contenus correspondant au storytelling de leur marque. Le compte de DW est lui aussi très étudié, mais il est principalement axé sur le partage de photos envoyées par des fans. Pour mobiliser ses followers, DW lance régulièrement des concours autour d'un hashtag. En postant une photo amusante ou artistique de leur montre DW sur leur profil Instagram, les fans

1. Stephen Pulvirent, « How Daniel Wellington Made a $200 Million Business out of Cheap Watches », Bloomberg, 14 juillet 2015, https://www.bloomberg.com/news/articles/2015-07-14/how-daniel-wellington-made-a-200-million-business-out-of-cheap-watches

peuvent gagner un bracelet ou une montre. Certains gagnants sont choisis au hasard. D'autres sont choisis pour l'originalité de leur photo.

	Exemple de concours de hashtag DW : « SHARE YOUR BEST #DWELFIE »
Étape 1	Prenez un selfie amusant et assurez-vous que votre montre Daniel Wellington est visible.
Étape 2	Chargez-le sur Instagram avec le hashtag #DWelfie.
Étape 3	Taguez trois amis dans votre photo et demandez-leur de publier un #DWelfie pour augmenter vos chances de gagner. (Cette étape n'est pas nécessaire pour participer au concours.)
Étape 4	C'est fait !

« Notre objectif principal est de maintenir un environnement stimulant au jour le jour les clients passés, actuels et à venir, et d'ajouter de la profondeur à la marque », expliquait Christopher Löfgren, social media manager de Daniel Wellington, dans un entretien avec Kara Lawson de Shareablee.com, en juin 2015[1]. « Nos followers se font entendre clairement et distinctement, et ils nous aident à construire notre marque, photo après photo, jour après jour. L'une des meilleures choses à faire est de laisser les clients et les fans représenter l'entreprise et la marque en leur donnant la parole, et un forum où s'exprimer. »

Daniel Wellington a volontairement ignoré le marketing conventionnel et a misé sur les réseaux sociaux et la preuve sociale. Cette stratégie s'est avérée gagnante. En 2015, son quatrième exercice, l'entreprise a publié un chiffre d'affaires de 207 millions de dollars et des bénéfices de 100 millions de dollars.

1. Kara Lawson, « Shareablee Exclusive Series: Daniel Wellington Watches », Shareablee Blog, 8 juin 2015, https://www.shareablee.com/blog/2015/06/08/shareablee-exclusive-series-daniel-wellington-watches

Offensive de « guérilla marketing » sur l'iPhone et « Never settle attitude »

Carl Pei est un modeste Suédois de 26 ans d'origine chinoise. Bien qu'il ait abandonné ses études à la Stockholm School of Economics, il a toujours été passionné par l'e-commerce. À 16 ans, il a convaincu un fabricant chinois de produire un lecteur de mp3 sur mesure, conçu et commercialisé par lui-même. Les enseignements qu'il a pu tirer de la promotion et de la vente de ce lecteur en ligne l'ont ensuite aidé à se lancer sur le marché des smartphones et à défier des acteurs de l'envergure d'Apple, Samsung, HTC et BlackBerry.

En 2012, Carl travaillait dans le service marketing de Meizu, fabricant chinois de téléphones mobiles. Il était déçu par la direction de son entreprise et était convaincu qu'il était possible de bien mieux faire. Il était impressionné par une entreprise chinoise concurrente, Oppo, et a décidé de contacter l'un de ses dirigeants, Pete Lau, sur Sina Weibo, l'équivalent chinois de Twitter. Carl ne s'attendait pas à ce que Pete, cadre supérieur dans une grande entreprise comptant des milliers d'employés, lui réponde, mais c'est ce qu'il fit. Carl lui a dit qu'il voulait changer le monde. Il s'est plaint du fait que la plupart des smartphones rivaux de l'iPhone se caractérisaient par des bloatwares (logiciels lents et non nécessaires), des étuis en plastique de mauvaise qualité, un design peu séduisant et un prix élevé. Pete a mis Carl au défi de trouver un moyen de mieux faire. Carl s'est exécuté, et la société OnePlus voyait le jour deux ans plus tard.

OnePlus est un producteur de smartphones se trouvant à Shenzhen, en Chine. Il propose un téléphone Android, au design raffiné et aux caractéristiques techniques supérieures, à un prix très agressif. OnePlus peut pratiquer des prix bas en partie parce que l'entreprise vend exclusivement en ligne, réalisant ainsi des économies sur la distribution, et en partie parce qu'elle a des investisseurs en commun avec Oppo, le quatrième producteur de smartphones au monde, et peut bénéficier de ses économies d'échelle à l'achat.

Quand OnePlus a dévoilé son premier produit, le OnePlus One en avril 2014, sous le slogan « Never settle » (Ne vous contentez jamais), la société a reçu des critiques dithyrambiques. Ce téléphone avait les meilleures spécifications techniques du secteur, était proposé à la moitié du prix d'un Samsung et au tiers de celui d'un iPhone.

Pour son lancement, OnePlus disposait d'un budget marketing très limité et s'est lancée dans une stratégie marketing très controversée pour générer une attention et une demande maximales. Tout d'abord, une invitation était nécessaire pour pouvoir acheter OnePlus. Les critiques ont décrit ce système comme « ahurissant », et parlaient du « meilleur smartphone que vous ne pourrez jamais acheter[1] ». Les invitations étaient accordées au moyen de concours en ligne et aux personnes envoyées par des clients de OnePlus. Le système d'invitation a beaucoup fait parler de lui. En raison de la nature exclusive de l'invitation, certains ont parcouru les réseaux sociaux à la recherche d'un ami OnePlus, ou ont acheté le téléphone d'occasion sur eBay. D'autres se sont sentis exclus et frustrés.

La première campagne de OnePlus sur les réseaux sociaux était intitulée « Smash the Past » (brisez le passé) et a fait l'objet d'une grande attention. Elle a été lancée sur YouTube et représentait une machine à recycler dans laquelle un smartphone Samsung était introduit, détruit et remplacé par un OnePlus One flambant neuf. Les fans étaient invités à détruire leur téléphone en se filmant pour prouver qu'ils méritaient un OnePlus One rutilant : une centaine d'heureux gagnants ont été récompensés par un OnePlus One à 1 dollar. En six jours, OnePlus a reçu 140 000 vidéos. Sur YouTube, on trouve des vidéos montrant la destruction de téléphones au marteau, à l'aide d'un outil rotatif, d'un lance-patates et d'un train de marchandises. Les candidats se sont surpassés pour s'assurer ce téléphone exclusif, qui n'était autrement disponible que sur invitation.

Au printemps 2014, OnePlus a continué ses campagnes, concours et cadeaux permettant de gagner une invitation pour acheter ses téléphones. Pour une start-up naissante, basée en Chine, lançant son premier produit, OnePlus a fait preuve d'une intuition indéniable afin

1. James O'Malley, « How to Get a One Plus One Phone without an Invite », Tech. Digest, 9 février 2015, http://www.techdigest.tv/2015/02/how-to-get-a-one-plus-one-phone-without-an-invite.html

d'attirer l'attention. Au cours des trois concours consécutifs organisés sur une période de douze jours, l'entreprise a attiré plus d'un million d'entrées, acquis plus de 40 000 fans Facebook et followers sur Twitter, comptabilisé plus de 400 000 visites uniques de son site Web et recueilli plus de 31 000 commentaires sur son forum. Avec un budget marketing infime, OnePlus a confié à ses fans la promotion de son produit, et un an à peine après son lancement, en décembre 2014, le site Web de OnePlus totalisait 25,6 millions de visites uniques.

Le 28 novembre 2014, Carl Pei et son équipe ont également fait preuve d'un sens du timing impeccable. Lors du Black Friday et du Cyber Monday, OnePlus a temporairement suspendu sa politique d'achat sur invitation uniquement et a permis d'acheter le téléphone sur son site. Pour le seul Black Friday, le site a totalisé environ 2,5 millions de visites, 226 % de plus que la moyenne quotidienne du mois précédent. Les campagnes de marketing social de OnePlus ont généré une demande latente que Carl et son équipe ont brillamment su exploiter en un week-end, en une action si simple qu'elle en est élégante.

Alors que l'entreprise s'apprêtait à lancer son deuxième modèle, le OnePlus 2, ou « The Flagship killer », l'anticipation des clients avait atteint des sommets. Lorsqu'une page Web permettant de demander une invitation à l'achat du nouveau modèle a été créée, plus d'un million de personnes se sont inscrites en soixante-douze heures. Lors d'un événement ponctuel à Times Square, à New York, avant le lancement du téléphone, 600 personnes ont fait la queue pour pouvoir jeter un œil au nouveau téléphone. « Quand les personnes font la queue chez Apple, c'est pour acheter un iPhone. Pour OnePlus, les personnes font la queue juste pour pouvoir voir le téléphone », s'est exclamé Carl Pei sur CNN[1]. Le OnePlus 2 est sorti en juillet 2015, et le nombre d'inscriptions a augmenté. En octobre 2015, elles atteignaient 5 millions.

---

1. Angela Doland, « OnePlus: The Startup That Actually Convinced People To Smash Their iPhones' » *Advertising Age*, 10 août 2015, http://adage.com/article/cmo-strategy/oneplus-convinced-people-smash-iphones/299875/

Le marché des smartphones est l'un des plus concurrentiels du monde. BlackBerry, Nokia, Sony, Ericsson et Microsoft ont dépensé des millions à essayer de jouer sur ce terrain, sans succès.

L'arrivée de OnePlus sur le marché des téléphones est un combat de David contre Goliath. Contrairement aux entreprises ayant échoué avant elle, OnePlus n'a pas essayé de tenir tête à ses concurrents, mais a déplacé l'action sur une scène qu'elle pouvait dominer. OnePlus avait une grande expérience des réseaux sociaux. Elle a porté l'importance de la validation sociale sur un nouveau plan, en demandant aux clients potentiels de détruire leur vieux téléphone. C'est un exemple fantastique de la manière dont une start-up peut mobiliser ses fans pour défier des concurrents de plus grande taille, et plus solides du point de vue financier. En 2016, sa troisième année d'activité, OnePlus a lancé le OnePlus 3, son quatrième téléphone, qui a enregistré les ventes les plus rapides et était pressenti par les analystes pour générer près d'un milliard de dollars de chiffre d'affaires.

De grandes aspirations, #SocialCurrency, PieceKeepers et diplomatie sociale

En 2007, lors d'un dimanche oisif et quelque peu embrumé après une soirée, trois Norvégiens d'une vingtaine d'années, Thomas Adams, Henrik Nostrud et Knut Gresvig, avaient envie de vêtements ultra-confortables, mais ne trouvaient rien qui leur convienne. Ils en ont conclu que les vêtements idéaux pour ne rien faire étaient le résultat de l'association entre un sweat à capuche et un jogging, ouverts par une fermeture Éclair géante. C'est ainsi que OnePiece est née.

Dès son lancement en Norvège en septembre 2009, l'entreprise est devenue un phénomène national. Ce succès soudain fut une grande surprise pour ses créateurs, qui n'avaient même pas de logo à l'époque.

Il est dû au fait que les clients ne se sont pas contentés de porter leur OnePiece dans leur salon, mais lui ont fait prendre l'air. Ils ont porté leur OnePiece dans la rue, au supermarché, et parfois en boîte de nuit. Cette tendance a démarré quand Thomas Adams a un beau jour décidé de mettre une OnePiece violette et de sortir dans la rue pour voir la réaction du public. Thomas se rappelle : « Tout le monde me regardait. Tout le monde me demandait ce que je portais. Quand les gens ont commencé à me demander où je l'avais acheté, je me suis rendu compte que c'était quelque chose que les personnes pouvaient avoir envie de porter où qu'elles soient. »

La première fois que j'ai vu quelqu'un porter une OnePiece en public, je n'ai pas pu m'empêcher de rire. J'ai pensé que c'était une blague. Je n'étais pas le seul. Les réactions allaient de l'étonnement au ridicule. La combinaison OnePiece a été décrite comme un « Teletubby », ou encore comme une grenouillère pour adultes. Simon Chilvers, rédacteur de mode au *Guardian*, n'a pas été très impressionné, si l'on en croit un article écrit par le journaliste Patrick Barkham en 2010. « Au début, on dirait un sweat à capuche, mais quand on la voit en entier… ça fait un peu vêtement pour bébé[1]. »

Selon son cofondateur Thomas Adams, la marque et les produits OnePiece s'inspirent de l'art du « slacking » (l'art de ne rien faire), ou, comme on peut le lire sur le site Web, de « capturer et conceptualiser l'essence d'un dimanche passé à ne rien faire, rempli d'un savoureux néant ». OnePiece n'a aucune intention de s'excuser pour son style, et déclare au contraire fièrement : « Nous sommes les paresseux et les marginaux de la mode[2]. »

OnePiece a beau incarner le mouvement des « slackers », l'entreprise est aux antipodes de cet état d'esprit. Après son succès en Norvège, elle a rapidement conquis le marché mondial, pour devenir un phénomène

---

1. Patrick Barkham, « Zip Up, Look Sharp: The OnePiece Roadtested », *The Guardian*, 26 novembre 2010, https://www.theguardian.com/lifeandstyle/2010/nov/26/onepiece-mens-fashion
2. « Histoire de OnePiece & Héritage », OnePiece, https://www.onepiece.fr/fr-fr/a-propos. En anglais, « *We're the slackers, the standouts and the fashion misfits* » (« OnePiece Story & Legacy », OnePiece, n. d., https://www.onepiece.com/en-us/onepiece).

de mode international. Lady Gaga, Rihanna, Justin Bieber, les Kardashian, One Direction et Sir Richard Branson ont fièrement exhibé leur OnePiece en public et sur les réseaux sociaux.

« Nous n'avons jamais payé quelqu'un pour qu'il porte nos produits », explique Thomas Adams. « Nous n'avons pas non plus dépensé beaucoup en marketing traditionnel. Nous nous sommes concentrés sur notre promotion par l'intermédiaire des réseaux sociaux et de nos clients. Si nous pouvons inciter nos clients à nous faire de la publicité, cela nous coûte beaucoup moins cher, et c'est bien plus crédible. »

OnePiece a depuis ses débuts une attitude innovante quant aux réseaux sociaux. Sa stratégie est principalement axée autour de la mobilisation des ambassadeurs de la marque (surnommés les PieceKeepers). Très tôt, elle a permis à ses fans d'obtenir des codes de remise personnalisés sur le site OnePiece. En les partageant sur les réseaux sociaux, les fans obtenaient des ristournes pour chaque vente qu'ils avaient générée par l'intermédiaire de leurs amis. Plus ils généraient de ventes, plus la ristourne était importante. Elle pouvait être versée au client, ou convertie en produit OnePiece. Pour accentuer le côté ludique, OnePiece a lancé un classement et des « missions ». Chaque mission terminée permettait de gagner des points et de grimper dans le classement. Les missions consistaient en des actions simples et basiques, comme aimer OnePiece sur Facebook, partager un tweet, publier une photo sur Instagram ou commenter un article dans le *Daily Mail*. Fin 2014, OnePiece totalisait 12,5 millions de followers sur les réseaux sociaux à travers son programme PieceKeeper.

En novembre 2014, OnePiece a lancé une campagne innovante sur les réseaux sociaux, nommée #SocialCurrency, qui a attiré l'attention du monde entier. Chaque visiteur du magasin temporaire OnePiece de New York obtenait une remise de 1 dollar tous les 500 followers sur ses réseaux sociaux. Une récompense supplémentaire de 20 dollars était accordée pour le partage d'une photo du magasin avec hashtag.

La campagne est devenue virale et a atteint 21 millions de personnes en une semaine. Justin Bieber a retweeté un post de Thomas Adams disant : « Heureusement que nous avons limité notre remise

#SocialCurrency à 500 dollars, ou @JustinBieber aurait un crédit de 312 927 dollars en magasin[1]. » Le total de remises #SocialCurrency au cours de la première semaine dépassait les 12 000 dollars, petit prix à payer pour une campagne marketing incroyablement réussie. La campagne a fait connaître le nouveau magasin OnePiece, a généré de nombreuses ventes et a fait l'objet de reconnaissance dans la presse comme innovation sociale, mais elle a avant tout mobilisé et consolidé la base de fans de la marque, tant en termes de taille que de fidélité.

	La campagne #SocialCurrency de OnePiece
Description	Convertissez vos followers sur les réseaux sociaux en « monnaie sociale » échangeable dans le nouveau pop-up store OnePiece de New York.
Étape 1	Rendez-vous au nouveau pop-up store OnePiece de New York.
Étape 2	Connectez vos comptes sur les réseaux sociaux au programme d'ambassadeur en ligne nommé « PieceKeepers ».
Étape 3	Le système PieceKeeper calcule votre remise en fonction de votre nombre de followers sur Facebook, Twitter, Instagram, LinkedIn, Tumblr, YouTube et Vine. Vous recevrez 1 dollar de remise tous les 500 followers.
Étape 4	Obtenez 20 $ de remise supplémentaire en partageant une photo du magasin sur les réseaux sociaux avec le hashtag #SocialCurrency.
Étape 5	C'est fait !

En 2015, OnePiece a lancé une autre campagne innovante sur les réseaux sociaux, nommée #HackThePrice. Lors de cette campagne de dix jours, le prix baissait d'un centime à chaque partage du hashtag sur Facebook, Twitter ou Instagram (avec un maximum de trois partages par participant). À la fin des dix jours, chaque participant a reçu un e-mail avec un lien pour acheter la combinaison de son choix au prix réduit (« hacked »). Le site de OnePiece fournissait un aperçu en temps réel des partages et du dernier prix. Un compte à rebours en direct a également été affiché jusqu'à la fin de la campagne.

---

1. https://twitter.com/onepiece/status/536575565567127552

Pour sa première édition, la campagne #HackThePrice a mobilisé 11 000 personnes, qui ont partagé le hashtag, et s'est traduite par la vente de 7 000 combinaisons. J'ai demandé à Thomas ce qu'il pensait de ce taux de conversion remarquable. Son analyse : « Les personnes ayant suivi la campagne étaient intéressées par l'achat du produit. Ce genre de campagne génère également un intérêt particulier. Si vous avez contribué à faire baisser le prix, vous voulez aussi la récompense. »

	La campagne #HackThePrice de OnePiece
Description	Partagez #HackThePrice pour faire baisser le prix d'une combinaison OnePiece lusekofte. Le prix baissera de 0,01 $ à chaque partage, jusqu'à ce que nous atteignions 57 $ ou que le délai soit écoulé. C'est parti !
Étape 1	Partagez #HackThePrice sur Facebook, Instagram ou Twitter. Vous pouvez partager une fois sur chaque réseau.
Étape 2	Plus les personnes qui partagent le hashtag sont nombreuses, plus le prix baissera. Vous pourrez acheter la combinaison au prix atteint le 2 juin.
Étape 3	C'est fait !

L'expertise de OnePiece en matière de conversion en chiffre d'affaires des conversations sur les réseaux sociaux est remarquable. Ses campagnes marketing innovantes ont mobilisé ses followers sur les réseaux sociaux et généré un chiffre d'affaires de l'ordre de plus de 100 millions de dollars au fil des ans.

Pour aider d'autres marques à mieux mobiliser leurs ambassadeurs, OnePiece a développé la solution technique offerte par son programme PieceKeeper au sein d'une nouvelle entreprise nommée BrandBassador. Thomas est convaincu que le succès de OnePiece sur les réseaux sociaux peut être utile à de nombreuses marques, et a envie de partager ses connaissances. « Toute marque a des milliers de fans. C'est insensé de dépenser beaucoup en marketing à leur intention alors qu'ils sont déjà vos clients. Vous les connaissez et pouvez leur parler directement en ligne, gratuitement », explique-t-il. Contre toute attente, OnePiece a créé une puissante entreprise de mode grâce à sa compréhension du brand building sur les réseaux sociaux et de l'importance de la validation sociale dans l'e-commerce. L'équipe de jeunes Norvégiens a mis en place une stratégie de lancement reposant entièrement sur ses fans pour le marketing et la génération de ventes. Elle a transformé les réseaux sociaux en poule aux œufs d'or et obtenu une forte reconnaissance en tant qu'innovatrice du commerce social.

OnePiece décline aujourd'hui sa combinaison en une collection complète de vêtements décontractés, comprenant des sous-vêtements, des pantalons, des vestes, des bottes, des casquettes et autres accessoires. Elle a dix *concept stores* dans le monde, plus de 1 000 revendeurs, et livre chaque mois dans plus de 100 pays. Son objectif est de consolider le mouvement mondial que sa combinaison caractéristique a engendré, et de se ménager une niche dans le marché de l'habillement mondial d'une valeur totale de centaines de milliards de dollars. OnePiece a à peine effleuré la surface de son potentiel ou comme elle le dit elle-même : « La fête ne fait que commencer. »

Daniel Wellington, OnePlus et OnePiece sont trois exemples de marques de nouvelle génération. Ces trois entreprises se concentrent principalement sur les réseaux sociaux et accordent instinctivement la majeure partie de leur attention aux indicateurs de type Outside Insight. Leurs indicateurs clés fondamentaux sont liés à l'engagement sur les réseaux sociaux, car ce sont des entreprises qui prospèrent ou déclinent en fonction de la taille et du dynamisme de leur communauté de clients fidèles.

Elles dépensent peu sur les canaux de marketing traditionnel, car elles comptent sur leurs clients pour parler d'elles. Les clients satisfaits créent la validation sociale qui persuade les autres à acheter. C'est le principe fondateur de leurs campagnes de marketing Outside Insight. C'est le principe fondateur d'une nouvelle génération d'entreprises couronnées de succès.

10

L'Outside Insight pour le **développement produit**

Le 14 juillet 1995, Hal Finney, célèbre cryptographe et activiste américain, a lancé un crypto-défi en ligne connu par la suite sous le nom de SSL challenge, abréviation de Secure Socket Layer, technologie inventée par Netscape pour le transfert d'informations chiffrées sur l'Internet. Les États-Unis interdisaient l'exportation de toute technologie de chiffrement au moyen de clés supérieures à 40 bits, et Hal souhaitait démontrer qu'il était très facile de les déchiffrer. Le 15 août, un doctorant français nommé Damien Doligez a cassé le code au moyen d'une approche brute : il a testé plus de 500 milliards de fois le code avant de tomber sur le bon. Ceci lui a pris huit jours.

Le succès de Damien a rapidement fait le tour d'Internet et des médias. Le tapage qui s'ensuivit a forcé Netscape à calmer les esprits le 17 août, en affirmant que Damien Doligez avait uniquement décrypté un message, à un coût estimé de 10 000 dollars en termes de puissance de calcul utilisée, et non l'algorithme de chiffrement sous-jacent[1].

1. Jeff Prosise, « The Netscape Security Breach », *PC Magazine*, 23 avril 1996.

Netscape a affirmé que sa technologie était « suffisamment puissante pour protéger les transactions des consommateurs » en raison du temps nécessaire au déchiffrement d'un message, mais a encouragé les personnes à faire pression sur le gouvernement américain pour qu'il lève son interdiction d'exportation des clés de chiffrement de plus de 40 bits.

Deux mois plus tard, le 10 octobre 1995, Netscape a lancé un programme nommé « Netscape Bugs Bounty ». Probablement inspirée par la réponse des médias au SSL challenge d'Hal Finney, Netscape a offert une récompense à toute personne réussissant à trouver un bug dans son produit. C'était une manière innovante de transformer une vulnérabilité avérée en opportunité. Matt Horner, vice-président du marketing de Netscape, expliquait à l'époque : « En récompensant les utilisateurs qui identifient rapidement les bugs et nous les signalent, ce programme encouragera un examen approfondi et ouvert de Netscape Navigator 2.0, et nous aidera à continuer à développer des produits de grande qualité[1]. »

Au lieu de se reposer uniquement sur ses employés, Netscape s'est adressé à la communauté mondiale d'experts et d'amateurs pour améliorer son produit. Les récompenses n'étaient pas importantes en termes de valeur financière, mais la reconnaissance de la contribution des participants a été chaleureusement accueillie par la communauté. Le programme innovant de Netscape, qui a ensuite été copié par de nombreuses entreprises, dont Google, Microsoft et Facebook, reposait sur l'idée qu'une entreprise, malgré toutes ses compétences internes, ne pourra jamais dépasser l'intelligence collective du reste du monde. Le programme Bug Bounty de Netscape a initié un nouveau mouvement au sein du développement produit, souvent désigné sous le nom de « crowdsourcing ».

---

1. « Netscape Announces "Netscape Bugs Bounty" with Release of Netscape Navigator 2.0 Beta », Netscape, 10 octobre 1995, http://web.archive.org/web/19970501041756/www101.netscape.com/newsref/pr/newsrelease48.html

Depuis l'annonce du programme Bug Bounty, le développement produit a subi une transformation radicale. Les changements ont été alimentés par la croissance rapide de l'Internet et la grande facilité de communication, de coopération et de partage d'informations entre des personnes du monde entier.

Avant le programme Bug Bounty de Netscape, le service de développement produit avait un rôle bien défini et était responsable du maintien des produits existants et de la conception de nouveaux produits. Ce programme a transformé son développement produit en effort collaboratif qui a dépassé les limites du service de développement produit et des employés de Netscape pour mobiliser une communauté mondiale de clients, d'experts, d'amateurs et de toute personne ayant du temps à disposition.

Le développement produit prend de nombreuses formes. Dans ce chapitre, nous étudierons l'approche s'inspirant du programme Bug Bounty, qui vise à mobiliser la foule afin de stimuler l'innovation et d'améliorer les produits. Ce type de développement produit est décliné en deux formats. Il peut soit être crowdsourcé, tous les participants collaborant à la même solution pour l'améliorer, soit prendre la forme d'un concours, dans lequel la meilleure solution remporte un prix et une certaine notoriété.

Ce type de développement produit n'est pas nouveau, mais est désormais accessible en un clic dans notre univers hyperconnecté, et tout laisse à penser que cette tendance continuera à s'affirmer. Il est également lié à l'Outside Insight, car il est public, en ligne, et alimenté par une communauté mondiale de participants.

Avant d'étudier cette tendance en détail, nous devons remonter le temps pour acquérir une perspective historique. Nous étudierons également le mouvement open source, qui s'appuie sur des volontaires ayant pris possession du concept de crowdsourcing.

MOBILISER LES FOULES : PERSPECTIVE HISTORIQUE

L'idée de faire appel à l'expertise du public pour résoudre un problème épineux ne date pas d'hier. En 1714, le gouvernement britannique offre un prix de 20 000 livres sterling à toute personne capable de concevoir une méthode fiable de calcul de la longitude d'un navire en mer. Il était indispensable de connaître la position des navires par rapport à l'ouest ou à l'est, afin de pouvoir tracer des cartes fiables et pour l'exploration maritime du monde. Ce problème était l'un des plus importants du XVIIIe siècle. De grands esprits tels que Galilée ou Sir Isaac Newton avaient déjà essayé de le résoudre, mais en vain. Le vainqueur fut un ébéniste et horloger autodidacte nommé John Harrison, qui a résolu le problème en 1764, après quarante ans d'efforts. Au cours de ces années, John Harrison a testé trois versions d'une grande horloge de marine, avant de se rendre compte que la solution était un chronomètre de marine plus compact, nommé H4. Cependant, pendant de nombreuses années, la découverte de John Harrison a été considérée comme le fruit du hasard. Ce n'est qu'en 1772, huit ans plus tard, alors qu'il est âgé de 79 ans, que John Harrison reçoit sa récompense, après l'intervention du roi George II en sa faveur. Entre-temps, son invention avait aidé le capitaine Cook à découvrir l'Australie. Cook a d'ailleurs fait l'éloge de l'invention d'Harrison, qu'il décrivait comme « un guide fidèle à travers les aléas climatiques[1] ».

Depuis le Longitude Prize, de nombreux autres concours et prix ont été organisés pour encourager les innovations. Parmi les plus célèbres, on compte l'Orteig Prize, qui a récompensé le premier vol sans escale entre New York et Paris et a été remporté par Charles Lindbergh, et l'Ansari X Prize, qui a récompensé le premier voyage dans l'espace financé par des fonds privés.

---

1. J. Donald Fernie, « The Harrison-Maskelyne Affair », *American Scientist*, octobre 2003, https://www.jstor.org/stable/27858269?seq=1#page_scan_tab_contents

Le secteur du développement de logiciels montre une certaine propension à mobiliser le public pour créer des innovations. Les prix se fondaient auparavant sur le principe d'une grosse récompense pour résoudre un problème important. Le programme Bug Bounty de Netscape a quelque peu changé la donne. En effet, tout le monde a travaillé à la même solution et a collaboré pour l'améliorer. C'est cette approche qui a ensuite été décrite comme le « crowdsourcing ».

Le terme a été créé en 2006 par Jeff Howe et Mark Robinson, éditeurs de *Wired*, pour décrire la nouvelle tendance des entreprises à solliciter la participation du public afin d'améliorer leurs produits, de trouver des idées, des services ou des données, au lieu de se reposer exclusivement sur leurs employés et leurs fournisseurs.

Jeff Howe et Mark Robinson ont dit s'être inspirés de l'ouvrage à succès de James Surowiecki, *The Wisdom of Crowds* paru en 2004 (*La sagesse des foules*, traduit en français en 2008), qui précise que son titre est une allusion à l'ouvrage de Charles Mackay, *Les Délires collectifs extraordinaires et la folie des foules*, publié en 1841.

Le crowdsourcing s'est révélé une idée particulièrement efficace, qui a d'abord transformé le monde de la technologie, pour ensuite influencer profondément l'innovation, la résolution de problèmes et le développement produit dans tous les domaines. Au cours de mes recherches pour cet ouvrage, j'ai régulièrement consulté Wikipédia, la plus grande encyclopédie du monde, créée par Jimmy Wales et Larry Sanger en 2001. Wikipédia a rapidement pris la forme d'un mouvement mondial de millions de contributeurs passionnés et est devenu le principal recueil de connaissances agrégées du monde. Le tableau ci-après indique les prix importants et événements de crowdsourcing organisés au cours de l'histoire. Nous en décrirons certains plus en détail dans ce chapitre.

1714	Le gouvernement britannique offre un prix de 20 000 livres sterling, le « Longitude Prize », à toute personne capable de concevoir une méthode fiable de calcul de la longitude d'un navire. Le prix est remporté par John Harrison, horloger autodidacte.
1884	Première publication du fascicule « A » de l'Oxford English Dictionary (OED), 800 lecteurs ont contribué à cataloguer les mots.
1916	Planter Peanuts lance un concours pour créer son logo. C'est un garçon de 14 ans qui le remporte, avec Mr. Peanut, qui devient l'emblème de la marque, et est encore aujourd'hui reconnaissable de tous.
1919	Le prix Orteig, de 25 000 dollars, est offert en 1919 par le Français Raymond Orteig, homme d'affaires et propriétaire d'hôtels, au premier vol sans escale entre New York et Paris. (Remporté en 1927 par Charles Lindbergh.)
1981	La publication du troisième guide Lonely Planet marque le début d'une nouvelle ère caractérisée par les mises à jour des utilisateurs, les conseils et les corrections de voyageurs indépendants.
1983	Richard Matthew Stallman (souvent simplement désigné par ses initiales rms) lance le projet GNU, point de départ du mouvement pour des logiciels gratuits et open source.
1991	Linux est créé par Linus Torvalds, ingénieur informatique finlandais.
1995	Netscape lance le premier programme Bug Bounty.
1996	Netflix lance le Netflix Prize, d'une valeur d'un million de dollars, remis à toute personne réussissant à améliorer son algorithme de recommandation de films.
1996	La Fondation XPRIZE offre l'Ansari X Prize, d'une valeur de 10 millions de dollars, au premier voyage dans l'espace financé par des fonds privés.
1999	Création de l'Apache Software Foundation.
2000	Le Clay Mathematics Institute lance le Millenium Prize Problem et offre un million de dollars à toute personne en mesure de résoudre l'un des sept problèmes mathématiques les plus difficiles de notre temps.
2001	Lancement de l'encyclopédie en ligne Wikipédia, par Jimmy Wales et Larry Sanger.
2005	Amazon lance la plateforme de micro-tâches Mechanical Turk.
2009	Lancement du site de crowdfunding Kickstarter.

Mobiliser les foules : perspective historique

Le mouvement du logiciel libre

En 1991, Linus Benedict Torvalds, célèbre informaticien finlandais, a créé un système nommé Linux dans l'optique de développer un système d'exploitation utilisable et modifiable par tous. Au fil des ans, il a reçu l'aide de plus de 10 000 informaticiens du monde entier, qui partageaient sa vision. Tous étaient volontaires et ont collaboré gratuitement. Aujourd'hui, Linux est le système d'exploitation le plus performant du monde. Il tourne sur un tiers des serveurs Web mondiaux, et Android, qui repose sur le noyau Linux, équipe plus de 50 % des appareils mobiles du monde entier[1].

Linux s'inscrit dans le mouvement du logiciel libre et open source découlant du travail de Richard Matthew Stallman (souvent connu sous ses initiales, rms) et du projet GNU, lancé en 1983. Richard Matthew Stallman, peu connu en dehors de l'univers tech, est probablement l'une des personnes les plus influentes en matière de développement logiciel contemporain. Son travail a inspiré la création de milliers de logiciels offerts gratuitement, et codés en open source. En plus des systèmes d'exploitation tels que Linux, des serveurs Web, des bases de données, des moteurs de recherche, des langages de programmation et d'innombrables architectures logicielles ont été créés suivant le principe de logiciels dont le code source est accessible au public, au bénéfice de l'ensemble de la société. Il est titulaire de quinze doctorats *honoris causa* remis par des universités de monde entier pour son importante contribution. Des millions d'entrepreneurs, de chercheurs et d'informaticiens amateurs ont bénéficié des travaux de Stallman. Google, Yahoo, Amazon, Facebook, Twitter et de nombreuses autres entreprises s'appuient sur ce logiciel né de sa philosophie open source. Des équipes de chercheurs du monde entier ont pu se consacrer entièrement à leurs recherches, en utilisant des architectures open source

---

1. Vlad Savov, « The Entire History of IPhone vs. Android Summed Up in Two Charts », The Verge, 1er juin 2016, http://www.theverge.com/2016/6/1/11836816/iphone-vs-android-history-charts

s'inspirant des travaux de Stallman pour leurs calculs mathématiques et la visualisation des données.

Je suis moi aussi redevable à Stallman et à la communauté open source. Quand Meltwater a été fondée en 2001, avec seulement 15 000 dollars en poche, nous nous sommes appuyés sur la célèbre architecture LAMP (L pour le système d'exploitation Linux, A pour le serveur Web libre Apache, M pour la base de données libre MySQL et P pour le langage de programmation libre et open source Perl). Sans logiciel open source, ou sans un financement substantiel pour acheter des logiciels fondamentaux, il aurait été impossible pour une petite start-up comme Meltwater de démarrer et de grandir.

Aujourd'hui, les logiciels open source inspirent plus la confiance que les logiciels commerciaux, bien qu'ils soient créés par des bénévoles et en autogestion. Le mouvement est né comme mouvement activiste pour protéger la liberté des personnes d'utiliser, d'étudier, de distribuer et de modifier les logiciels comme elles le souhaitaient. Ce mouvement s'opposait aux forces commerciales détenant les brevets, les copyrights et d'autres restrictions sur la propriété intellectuelle. Aujourd'hui, le mouvement open source se consolide et il est à l'origine de certains des logiciels les plus importants et les plus utilisés du monde. Depuis ses débuts modestes, le mouvement a évolué et domine désormais le secteur, dépassant les géants du logiciel auxquels il s'opposait à l'origine. Il continue à attirer les esprits les plus brillants de la planète, qui souhaitent employer leur talent pour le bien commun, et tant que cette dynamique se poursuivra, le mouvement open source continuera à créer des logiciels dont tous pourront bénéficier.

Le crowdsourcing dans le développement produit

Aujourd'hui, les entreprises sont de plus en plus nombreuses à adopter l'esprit du crowdsourcing dans leur processus de développement produit. Starbucks a reçu un accueil très positif pour son site My Starbucks Idea, sur lequel les fans peuvent indiquer leurs idées d'amélioration de l'entreprise. Il a été lancé en 2008 et a fait de l'entreprise l'une des pionnières de l'engagement sur les réseaux sociaux. Au cours des cinq premières années, le site a enregistré plus de 150 000 suggestions d'amélioration des produits, de l'expérience en magasin et de la responsabilité sociale de l'entreprise, et a recueilli plus de 2 millions de votes des clients choisissant leurs idées préférées[1]. L'innovation la plus célèbre résultant de ce programme est probablement le fameux « splash stick » (qui permet de boucher l'orifice du couvercle), première idée mise en pratique par Starbucks. Depuis lors, des centaines d'autres idées ont été réalisées, dont de nouvelles boissons (Skinny Mocha, Mocha Coconut Frappuccino, Hazelnut Macchiato, Pumpkin Spice Latte), des sirops sans sucre, des gobelets pour boissons froides grand format et réutilisables, et le Wi-Fi gratuit.

En 2013, la chaîne d'épiceries britannique Tesco a lancé une campagne innovante sur les réseaux sociaux, pour créer le « premier vin social au monde ». Tesco a demandé à ses clients et aux internautes de l'aider à choisir un vin parmi cinq candidats (vins choisis par des blogueurs de la communauté d'amateurs de vin de Tesco), de concevoir une bouteille et de baptiser le nouveau vin qui serait vendu dans les magasins de la chaîne Tesco, au Royaume-Uni et dans le monde. Tesco a reçu 1 668 propositions en trois semaines par l'intermédiaire d'une application créée sur sa page Facebook. Rebecca Boamah, femme au foyer de Buckinghamshire, a proposé le nom victorieux, Enaleni's Dream, d'après le nom de la communauté vinicole noire produisant les raisins servant à faire ce vin. Le vin a remporté un grand succès du point de vue de la marque, mais aussi en termes de ventes. Au cours des premières semaines de promotion, plus de 80 000 bouteilles ont été vendues.

La Fiat Mio (Ma Fiat) est la première voiture crowdsourcée du monde. Elle a été présentée au Salon de l'automobile de São Paulo en octobre 2010, et est un concept-car futuriste créé à partir des suggestions de plus de 17 000 personnes de 160 pays, sur une période

1. Marion Debruyne, *Google Books*, Londres, Kogan Page, 2014.

de quinze mois[1]. La Fiat Mio était à l'origine un petit projet devant impliquer quelques passionnés de l'automobile, mais à mesure que le nombre de participants augmentait, de son statut secondaire, le projet est devenu central pour les dirigeants, designers et ingénieurs de Fiat. Vingt et une catégories d'idées ont été minutieusement examinées par les experts produit de Fiat et les « profanes ». Les thèmes populaires allaient de l'espace dans l'habitacle à l'efficacité énergétique et à l'insonorisation, en passant par la biométrique embarquée et le design. Les experts de Fiat ont contribué au processus au moyen de schémas, d'informations techniques et d'autres formes d'assistance et ont guidé les discussions en propositions techniquement réalisables et pratiques. Cependant, Fiat et les participants au crowdsourcing savaient que ce concept-car ne serait probablement pas fabriqué pour le grand public, et ne serait peut-être jamais commercialisé.

Bien qu'il n'ait jamais été réalisé, ce concept-car a été source de création de valeur. Il a principalement servi à identifier les souhaits des consommateurs et a aidé à guider le développement de la nouvelle génération de produits Fiat. Après le lancement, un dirigeant de Fiat a déclaré que le projet avait changé la manière de travailler chez Fiat, et avait envoyé tout le secteur automobile « chez le psy ».

J'ai parlé au chapitre 9 de l'histoire marketing de OnePlus, cette start-up chinoise qui a pénétré le marché mondial des smartphones en 2015, a acquis une grande notoriété et a lancé des campagnes virales similaires à celles d'Apple en proposant son téléphone haut de gamme à la vente sur invitation uniquement. OnePlus est également un exemple de marque utilisant sa communauté pour guider son innovation produit. Après les critiques élogieuses qu'a reçues son premier smartphone, son deuxième téléphone, le OnePlus 2, a reçu un accueil plus mitigé. Pour son troisième téléphone, le OnePlus 3, Carl Pei, le cocréateur, a lancé un programme intitulé « Your Ideal Smartphone » (votre smartphone idéal), qui a mobilisé activement les fans de OnePlus pour guider toutes les décisions importantes concernant le produit.

---

1. Olivia Solon, « Fiat Releases Details of First Ever Crowdsourced Car », *WIRED*, 23 mai 2016, http://www.wired.co.uk/article/fiat-mio

Son équipe interagissait toutes les semaines avec sa communauté, par des sondages et des discussions, pour étudier la désidérabilité des différentes caractéristiques, telles que la résistance à l'eau, la communication NFC (*Near Field Communication*, communication en champ proche), un capteur de fréquence cardiaque, une mémoire extensible et le design. Ces contributions ont aidé l'équipe de OnePlus à prendre les décisions clés, telles que les spécifications techniques et la taille de l'écran, l'emplacement des caméras, la batterie, le choix et l'emplacement d'un lecteur d'empreinte digitale et le choix d'une nouvelle technologie pour recharger la batterie. « Les caractéristiques, le design et les fonctions du OnePlus 3 sont le fruit des contributions de plus de 20 000 membres de la communauté OnePlus », a déclaré Carl Pei. Cette approche a porté ses fruits. OnePlus 3 est l'appareil OnePlus qui s'est vendu le plus vite. Les ventes ont même dû être suspendues en août et en septembre 2016 en raison de l'épuisement des stocks.

Les entreprises B2B ont elles aussi appris à tirer profit du crowdsourcing pour le développement de leurs produits. En 2006, IBM a lancé un événement de crowdsourcing pour développer de nouvelles idées de produits. Cet événement, l'IBM InnovationJam, était supervisé par Sam Palmisano, directeur général d'IBM, dont l'objectif était de sortir les innovations des labos pour les mettre sur le marché. Pour lui, ceci n'était pas possible à l'aide des méthodes de développement traditionnelles. « Nous avons ouvert nos laboratoires, fait savoir au monde entier : "Voici nos bijoux, admirez-les" », a déclaré Sam Palmisano, qui s'est engagé à investir 100 millions de dollars pour développer et commercialiser les meilleures idées issues de l'événement[1]. L'InnovationJam a attiré plus de 150 000 participants de 104 pays et 67 entreprises au cours de deux sessions de 72 heures. La première session de 72 heures a enregistré 46 000 publications, canalisées en 31 idées produit prometteuses. Au cours de la deuxième session de 72 heures, la viabilité de chacune de ces idées a été analysée en termes de concurrence et d'opportunité commerciale. Tandis que certaines

1. « A Global Innovation Jam », IBM, n. d., http://www-03.ibm.com/ibm/history/ibm100/us/en/icons/innovationjam/

idées ont été abandonnées, d'autres ont passé le test et ont été consolidées. Dix idées prometteuses ont été intégrées dans un programme de développement accéléré parrainé par Nick Donofrio, vice-président exécutif d'IBM. Le plus performant de ces projets, qui comprenaient entre autres la création d'un système à la demande d'analyse du trafic en temps réel, la diffusion de l'intelligence dans les réseaux de communication mondiaux, l'introduction de systèmes intelligents de paiement des soins de santé et une nouvelle unité commerciale pour fournir des solutions et services bénéficiant directement à l'environnement, a été intégré au programme IBM Smarter Planet, et, selon l'entreprise, a depuis généré des milliards de dollars de chiffre d'affaires.

LES CONCOURS : DES PRIX À L'INNOVATION

Les prix en espèces sonnantes et trébuchantes se sont eux aussi affirmés comme source efficace de crowdsourcing permettant d'apporter une solution à un problème épineux. Ces prix sont depuis longtemps courants dans le domaine des sciences et des mathématiques. J'ai évoqué plus haut le Longitude Prize, et le prix Orteig de 25 000 dollars, offert en 1919 par le Français Raymond Orteig, homme d'affaires et propriétaire d'hôtels, au premier vol sans escale entre New York et Paris. Trois aviateurs sont morts et plusieurs autres ont été blessés lors de leur tentative de remporter ce prix, finalement décerné à un outsider, Charles Lindbergh, en 1927, aux commandes de son avion, le *Spirit of St. Louis*[1]. Ce prix a déclenché une vague d'investissements dans l'aviation, d'une valeur dépassant largement la valeur du prix, et a ouvert la voie à l'aviation commerciale moderne.

Plus récemment, des prix en argent ont réussi à stimuler les innovations et le développement produit. Pour les participants, l'attrait de

1. Richard Bak, *The Big Jump: Lindbergh and the Great Atlantic Air Race*, Hoboken, NJ: John Wiley & Sons, 2011.

ces concours est certes l'argent, mais aussi la notoriété qu'ils peuvent en retirer.

L'Ansari X Prize, d'une valeur de 10 millions de dollars, s'inspirant de l'Orteig Prize, a été offert en mai 1996 par la Fondation XPRIZE au premier équipage financé par des fonds privés pouvant emmener trois personnes dans l'espace, à deux reprises et dans un délai de deux semaines. Ce prix, organisé pour encourager le développement de vols spatiaux à bas prix, a été créé par Peter H. Diamandis, entrepreneur gréco-américain, et était à l'origine nommé X Prize, mais a ensuite été rebaptisé après une contribution de plusieurs millions de dollars par des entrepreneurs tech, Anousheh Ansari et Amir Ansari[1]. Les investissements dans les nouvelles technologies réalisés dans le cadre de ce concours ont dépassé les 100 millions de dollars. Le 4 octobre 2004, le prix a été remporté par l'avion SpaceShipOne, conçu par Burt Rutan, ingénieur aérospatial, et financé par Paul Allen, cofondateur de Microsoft. Il a depuis lors inspiré de nombreux entrepreneurs, dont Elon Musk, fondateur de Tesla, Jeff Bezos, fondateur d'Amazon et Richard Branson, fondateur de Virgin, qui ont lancé leur propre société pour développer et diffuser des voyages dans l'espace viables financièrement.

Le 2 octobre 2006, Netflix, à l'époque service de location de vidéos par correspondance, a lancé un concours s'inspirant de l'X Prize qui a fait l'objet d'une grande publicité et symbolise l'entrée des concours pour l'innovation scientifique dans l'ère du développement de produits commerciaux. Netflix a offert un prix d'un million de dollars à toute personne capable de battre son algorithme de recommandation automatique de film d'au moins 10 %[2]. Le concours avait une durée prévue d'au moins cinq ans, et un « Progress Award » de 50 000 dollars devait être remis chaque année au meilleur algorithme du concours

---

1. « The Ansari Family », XPRIZE, 19 avril 2016, https://www.xprize.org/about/people/the-ansari-family
2. David Leonhardt, « You Want Innovation? Offer a Prize », *The New York Times*, 30 janvier 2007, http://www.nytimes.com/2007/01/31/business/31leonhardt.html

à cette date. Des milliers d'équipes de 186 pays se sont inscrites. Six jours après le lancement du concours, le 8 octobre, la première équipe avait déjà battu l'algorithme de Netflix. Treize jours plus tard, le 15 octobre, deux autres équipes ont rejoint la première. Ces résultats ont pris Netflix par surprise, car son équipe de machine learning était considérée comme l'une des meilleures au monde. « Nous pensions avoir créé le meilleur algorithme jamais créé », a déclaré Reed Hastings, directeur général de Netflix. Geoffrey Hinton, professeur d'informatique à l'université de Toronto, n'a pas été si surpris. « En effet, la société a recruté une grande partie de la communauté de machine learning, sans débourser de grosses sommes », a-t-il déclaré. Trois ans après l'annonce du concours, le 21 septembre 2009, une équipe de sept statisticiens, experts de machine learning et ingénieurs informatiques des États-Unis, d'Autriche, du Canada et d'Israël, fusion de deux équipes indépendantes, a remporté le prix d'un million de dollars et son corollaire de notoriété.

En septembre 2011, un groupe de personnes sans aucune formation médicale a apporté une contribution importante à la mise au point d'un médicament contre le sida. Les concurrents d'un jeu collaboratif en ligne nommé Foldit ont résolu en dix jours une énigme concernant le virus du sida sur laquelle les chercheurs calaient depuis quinze ans. Depuis des années, des équipes scientifiques internationales tentaient d'établir la structure moléculaire tridimensionnelle d'une enzyme du virus du sida atteignant les singes rhésus, et fragmentant les protéines. La découverte de sa structure aurait représenté une piste pour la création d'un médicament en mesure d'arrêter le virus. En dernier recours, le problème a été posté sur Foldit, jeu créé à l'université de Washington[1]. Ce jeu permet aux participants de résoudre des problèmes liés à la structure moléculaire des protéines. Aucune connaissance du domaine n'est requise, mais si un utilisateur découvre une structure moléculaire dont l'état d'énergie est inférieur aux structures existantes, son score augmente. « Les personnes ont des compétences de raisonnement

1. Alan Boyle, « Gamers Solve Molecular Puzzle That Baffled Scientists », NBCNews.com, 18 septembre 2011, http://www.nbcnews.com/science/science-news/gamers-solve-molecular-puzzle-baffled-scientists-f6c10402813

dans l'espace, ce que les ordinateurs maîtrisent mal», a déclaré Seth Cooper, concepteur principal et développeur de Foldit. À la surprise générale, une équipe nommée «the Contenders», sans aucune connaissance en biochimie, a résolu le puzzle du virus en quelques jours. Les membres de l'équipe venaient du Canada, des États-Unis, d'Europe et de Nouvelle-Zélande, et coopéraient à travers la fonction de discussion en ligne de Foldit. L'une des joueuses, connue uniquement sous son pseudonyme Mimi, a expliqué comment elle était arrivée à la solution:

> J'avais étudié la structure des options présentées et j'avais vu qu'il serait mieux que le «volet» soit plus près du corps de la protéine, mais quand j'ai testé cette solution en solo, je n'ai rien obtenu. Cependant, quand j'ai appliqué cette approche aux solutions élaborées par d'autres membres de l'équipe, elle a fonctionné, et il s'est avéré que c'était la bonne réponse.

Zoran Popović, directeur du Center for Game Science de l'université de Washington, a déclaré: «Foldit montre qu'un jeu peut transformer des novices en spécialistes d'un domaine capables de faire des découvertes scientifiques de première catégorie.»

Une autre entreprise a elle aussi eu recours aux concours pour stimuler l'innovation dans le domaine médical, le géant pharmaceutique Merck. En août 2012, Merck a lancé un concours, le Merck Molecular Activity Challenge, qui offrait 40 000 dollars à l'équipe en mesure de créer le meilleur algorithme permettant de prévoir le potentiel d'une molécule à devenir un médicament efficace. Les participants recevaient quinze jeux de données concernant des cibles intéressantes du point de vue biologique, contenant chacun des informations sur la structure chimique de milliers de molécules. Le concours a duré seulement soixante jours, mais a reçu presque trois mille propositions. L'équipe gagnante était menée par George Dahl, doctorant en informatique à l'université de Toronto. En deux mois seulement, et sans aucune connaissance préalable du domaine, George Dahl et son équipe ont réussi à développer un algorithme améliorant de 17 % les références du secteur. L'équipe a obtenu ces résultats exceptionnels en appliquant des innovations récentes dans le domaine de la data science nommé deep learning neural networks (réseaux neuronaux d'apprentissage profond), méthodes qui n'avaient jamais été appliquées à la recherche pharmaceutique. Le crowdsourcing a appliqué les innovations de la data science au service de Recherche et Développement de Merck et a suscité un fort enthousiasme concernant le potentiel de nouvelles méthodes de data science pour l'ensemble de l'industrie pharmaceutique.

Mobiliser les foules pour stimuler l'innovation et la création de nouveaux produits est révolutionnaire. L'avantage principal de rechercher des idées et innovations dans la communauté étendue est qu'aucune entreprise, quelles que soient sa taille et ses ressources, ne pourra jamais dépasser le reste du monde en matière d'innovations. Dans ce chapitre, nous avons vu comment l'innovation et le développement produit ont été stimulés par le crowdsourcing et les concours dans des secteurs aussi variés que la pharmaceutique ou l'automobile.

Cette tendance va se poursuivre. J'en veux pour preuve la croissance de groupes tels que Kickstarter, groupement d'intérêt public et plateforme de crowdfunding, qui aurait levé environ 2 milliards de dollars pour aider à la réalisation de projets créatifs[1]. Son projet le plus connu est probablement la montre connectée Pebble. Ce projet est célèbre pour avoir réalisé son objectif de collecter 500 000 dollars en dix-sept minutes et pour avoir collecté plus de 20 millions de dollars pour créer sa première montre connectée[2]. Pebble est devenue célèbre dans le domaine des montres connectées, mais, malgré ses excellents débuts, l'entreprise a été rachetée en décembre 2016 par son plus gros concurrent, Fitbit.

Une autre indication de cette tendance croissante à recourir au développement produit collaboratif est la croissance des API (Application

---

1. « Two Billion Dollars », Kickstarter, 11 octobre 2015, https://www.kickstarter.com/2billion
2. Darrell Etherington, « Pebble Hits Its $500K Kickstarter Target for Pebble Time in Just 17 Minutes », TechCrunch, 24 février 2015, https://techcrunch.com/2015/02/24/pebble-hits-its-500k-kickstarter-target-for-pebble-tim-in-just-17-minutes/

Programming Interface) ouvertes, qui permettent aux applications logicielles de communiquer entre elles. Aujourd'hui, la plupart des sociétés de logiciels lancent des API ouvertes. Si le client a besoin d'une fonction spéciale, il a ainsi la possibilité de la créer lui-même. C'est une manière élégante pour ces sociétés « d'outsourcer » une part de leur développement produit à leurs clients et à leurs partenaires.

Apple a pris cette stratégie à bras-le-corps en créant l'App Store pour l'iPhone. Avant l'App Store, les fabricants de téléphones fournissaient en général les téléphones avec leurs propres logiciels. Au lieu d'essayer d'anticiper tous les besoins de ses clients, Apple a outsourcé efficacement le développement produit à ses clients. Le résultat est un vaste choix d'applications qui rendent l'iPhone difficile à remplacer. L'App Store fut probablement l'une des actions stratégiques ayant permis à Apple d'acquérir et de maintenir sa position de leader du marché des téléphones hauts de gamme. Un certain nombre d'entreprises lui ont emboîté le pas. Par exemple, l'écosystème performant d'applications de Salesforce est l'un de ses arguments les plus convaincants pour toute entreprise à la recherche d'une plateforme de GRC.

Le développement produit crowdsourcé est fait pour durer. C'est un moyen efficace de stimuler l'engagement actif des clients dans la création d'un produit qu'ils souhaitent acheter. Aucun service de développement produit interne ne sera jamais en mesure de faire mieux.

11

L'Outside Insight pour la **gestion du risque**

En 2004, le Dr Philippa Darbre a exprimé sa préoccupation concernant les parabènes, produits chimiques de synthèse utilisés comme conservateurs en cosmétique, dans les crèmes hydratantes, les déodorants, les shampoings et les produits bronzants. Dans un article publié dans *The Journal of Applied Toxicology* sous le titre « Concentrations of Parabens in Human Breast Tumours », le Dr Darbre suggérait que ce produit chimique pouvait être cancérigène[1]. Les recherches du Dr Darbre ont été contestées par un grand nombre d'entreprises cosmétiques, mais, en 2005, l'UE a interdit les produits présentant un niveau de concentration supérieur au seuil défini, sur la base d'une étude de risque menée par un organe consultatif indépendant, le Scientific Committee on Consumer Products[2].

1. P. D. Darbre, A. Aljarrah, W. R. Miller, N. G. Coldham, M. J. Sauer et G. S. Pope, « Concentrations of Parabens in Human Breast Tumours », *Journal of Applied Toxicology*, 24 (1), 2004, p. 5-13.
2. « Opinion of the Scientific Committee on Consumer Products on the Safety Evaluation of Parabens », Direction générale de la santé et des consommateurs de la Commission européenne, 28 janvier 2005, https://ec.europa.eu/health/ph_risk/committees/04_sccp/docs/sccp_o_019.pdf

Reckitt Benckiser fut l'une des entreprises à aborder prudemment le problème. Ce groupe international de biens de consommation ayant son siège à Slough, au Royaume-Uni, vend ses produits dans presque 200 pays. Il possède un certain nombre de marques de produits ménagers connues, dont Vanish, Calgon, Nurofen et Finish. En raison de la nature complexe des ingrédients de ses produits, l'entreprise a fait appel à Meltwater pour suivre les conversations en ligne concernant les produits chimiques et la santé susceptibles d'affecter la perception de ses marques.

Reckitt Benckiser a répondu aux inquiétudes du public relatives aux parabènes en décidant de reformuler, de remplacer ou d'arrêter la production de ses 64 produits contenant ce conservateur. Fin 2015, l'opération était terminée, et les chimistes de l'entreprise avaient alors découvert des alternatives viables.

Ceci n'a pas été facile. Des sites Web contenant la liste des ingrédients de chaque produit de l'entreprise ont été créés, et les sources de données externes telles que les réseaux sociaux ont été suivies afin de prévoir quels ingrédients risquaient de devenir source d'inquiétude de la part des consommateurs. Le coût du changement d'ingrédients dans des produits ménagers produits en masse est important, de la Recherche et Développement, aux usines de fabrication sur de nombreux territoires en passant par la chaîne d'approvisionnement. Avant de procéder à ces changements, Reckitt Benckiser devait évaluer correctement le risque pour les consommateurs et/ou sa réputation.

L'entreprise a mis en place une task force comprenant la R&D, les communications, les services juridiques et des spécialistes de la conformité, des représentants de la durabilité et des experts en matières premières afin d'utiliser à temps les informations externes pour prévoir les ingrédients susceptibles d'être controversés et lancer des initiatives de sensibilisation à leur sujet. Ce programme, Better Ingredients, s'appuyait sur les informations externes tirées des données publiques, et a permis d'établir un modèle de gouvernance pour les ingrédients, afin que l'entreprise puisse engager des actions de manière plus proactive.

Dans cette optique, elle a établi une « liste de substances limitées », qui a permis de créer une palette d'ingrédients de substitution que les formulateurs peuvent associer pour créer un produit et qui sert également à l'entreprise pour communiquer sur son action dans le domaine[1].

Le groupe s'est réuni chaque trimestre pour étudier les tendances mises en évidence par les sources de données externes et formuler des recommandations. Cette initiative visait en partie à assurer la pérennité de l'activité et à exercer un avantage compétitif, étant donné que, grâce à son suivi des conversations en ligne concernant ses ingrédients, l'entreprise était en mesure de prendre des décisions précoces sur les actions à entreprendre.

La controverse des parabènes est l'un des nombreux problèmes pouvant s'embraser en raison des inquiétudes des consommateurs concernant les ingrédients. La controverse ne naît pas obligatoirement d'un produit chimique directement dangereux pour les consommateurs. Il peut également s'agir d'un ingrédient mal apprécié des clients en raison de son impact sur l'environnement. Par exemple, il existe désormais un classement identifiant les entreprises utilisant de l'huile de palme qui n'est pas issue de l'agriculture durable.

L'huile de palme est une huile végétale alimentaire dérivant du fruit du palmier à huile africain. On estime qu'environ 50 % des produits emballés dans les rayons des supermarchés contiennent de l'huile de palme, qui est un ingrédient courant de la margarine, des biscuits, du pain, des céréales pour petit déjeuner, des nouilles instantanées, du shampoing, du rouge à lèvres, des bougies, des détergents, du chocolat et de la crème glacée.

Aujourd'hui, 85 % de l'huile de palme est produite et exportée par l'Indonésie et la Malaisie[2], mais elle n'est en général pas obtenue de

1. « Restricted Substances List Policy – RB », Reckitt Benckiser, n. d., https://www.rb.com/responsibility/policies-and-reports/restricted-substances-list-policy/
2. « Palm Oil », Commodities: Palm Oil, Indonesia Investments, 2 février 2016.

manière durable, ce qui cause une déforestation rapide, la perte d'habitat et la destruction de communautés.

De nombreuses personnes pensent que les plantations d'huile de palme réduisent la population d'orangs-outans et menacent d'autres espèces à risque, autochtones de ces pays, telles que les tigres, les rhinocéros et les éléphants. Le World Research Institute estime que plus de 6 millions d'hectares de forêt primaire (surface correspondant à la moitié de l'Angleterre) ont été détruits entre 2000 et 2012 en Indonésie[1]. Pour cette raison, un grand nombre d'entreprises a dû envisager des alternatives à l'huile de palme ou une production d'huile de palme plus respectueuse de l'environnement. Un nuage de mots concernant l'huile de palme et tirés de l'actualité et de la couverture dans les réseaux sociaux a été créé en avril 2016, et illustre les sources de préoccupation clés.

1. Belinda Arunarwati Margono, Peter V. Potapov, Svetlana Turubanova, Fred Stolle et Matthew C. Hansen, « Primary Forest Cover Loss in Indonesia over 2000-2012 », *Nature Climate Change*, 4 (8), 2014, p. 730-735.

ÉVALUATION DU RISQUE EN TEMPS RÉEL

Dans l'univers à haut risque et à enjeux élevés de la négociation pour la libération d'otages, Hazelwood Street, client de Meltwater, utilise l'Outside Insight pour quantifier le risque sous toutes les latitudes et les longitudes du monde, dans toute ville ou tout État, dans tout quartier d'une ville, afin d'aider ses clients à éviter les dangers à l'avance, et en temps réel.

« Personne ne le faisait dans notre secteur, ils prenaient les cas comme ils se présentaient et fonçaient », explique Bruce Kaplan, directeur général de l'entreprise.

Hazelwood Street est une entreprise de Miami qui opère dans le domaine de la gestion de crise, des services de prévention et de réponse, ainsi que dans la gestion du risque pays et du risque politique.

L'organisation est dirigée par l'ancien chef de la Defense Intelligence Agency, le général Pat Hughes, et présidée par Cresencio S. Arcos Jr, ancien assistant et secrétaire d'État sous George H. W. Bush, puis sous-secrétaire à la sécurité intérieure sous George W. Bush. Le groupe répond aux prises d'otage avec demande de rançon, à l'extorsion et aux menaces terroristes dans le monde, pour le compte de deux syndicats du Lloyd's de Londres.

« Notre expérience dans le domaine du renseignement nous a appris que les renseignements humains et électroniques sont les meilleurs indicateurs, et nous souhaitions mettre au point une approche des données plus robuste, en temps réel, et pouvoir les mesurer au moyen d'un algorithme propriétaire afin de les simplifier », explique M. Kaplan.

Bruce Kaplan et son équipe ont créé une échelle de 1 à 5 pour décrire le niveau de danger d'un pays. 1 représente un risque très faible, la Suisse par exemple, et 5 un risque élevé, l'Afghanistan par exemple. Une fois le score défini, il est alors plus simple pour Hazelwood Street et ses clients d'évaluer le risque et d'y répondre en étudiant des données empiriques concernant les événements récents, dans les réseaux sociaux et la presse traditionnelle, et pour se faire une idée des indicateurs clés tels que le seuil pour le paiement de rançons afin de mener leurs négociations en conséquence.

« Nous croyons en la prévention, et c'est là que les données sont utiles, nous pouvons prouver à nos clients qu'il y a un problème au moyen de données chiffrées et empiriques en temps réel », précise Bruce Kaplan.

Toutes les heures, les analystes d'Hazelwood Street associent les données de Meltwater à leur propre base de données composée de nombreuses autres sources, publiques et privées, classifiées ou non. « Notre domaine s'est rendu compte que le renseignement open source est très précieux, des messages en tous genres en passant par les actualités, le sentiment et les mesures », explique M. Kaplan. « Si on l'associe au renseignement humain et au renseignement électromagnétique (SIGINT), c'est un outil de prévision très performant. »

Au début, le logiciel d'Hazelwood Street avait une capacité de prévision de quinze jours. Elle s'est ensuite allongée à trente jours, pour atteindre six mois aujourd'hui. Les points de données comprennent la stabilité politique, la validité du contrat, la justice sociale, le système de justice pénale, la corruption et la petite délinquance. Un score de 5 signifie que les clients doivent procéder prudemment, et permettre à Hazelwood Street de les suivre pendant leur séjour.

« Le kidnapping est vraiment un business, et nous essayons de le maintenir à ce niveau », déclare M. Kaplan. Pour chaque cas, les données servent à accélérer le processus. « En février 2015, nous avons traité un cas dans lequel un bus entier de mineurs sortant d'un site d'extraction a été kidnappé. Il y avait dix-neuf otages. » Les kidnappeurs ont appelé l'entreprise, et se sont présentés comme faisant partie d'un cartel. Pour les agents de sécurité d'Hazelwood Street, c'était une bonne chose, ce groupe étant connu pour être composé de professionnels prêts à négocier.

Il poursuit : « Nous avons commencé à utiliser nos sources de données, les tweets et les messages interceptés ainsi que des flashs info, plus toutes les données entrant dans nos algorithmes. »

> Nous sommes tombés sur une conversation du cartel disant qu'il s'était débarrassé du kidnappeur des années auparavant

parce qu'il était fou et n'était qu'un petit truand local. Le fait de connaître ces informations nous a poussés à modifier immédiatement notre paradigme. Nous avons dit au kidnappeur que s'il voulait tirer quelque chose de la situation, il avait intérêt à ne blesser personne, et il a immédiatement libéré douze otages. Au cours des trois jours suivants, il a libéré tous les otages. Nous avons pu sauver des vies grâce aux données en temps réel.

Suivi de la santé de vos clients clés

Bien sûr, le risque prend de nombreuses formes, et n'est pas toujours aussi intense que la négociation en cas de prise d'otages. De nombreuses entreprises doivent par exemple être parfaitement à jour sur l'état de santé de leurs clients clés.

Ceci est particulièrement important si une entreprise dépend de quelques clients fondamentaux.

L'Outside Insight peut se révéler un outil précieux pour suivre la santé de vos clients. Les actualités et les réseaux sociaux permettent de repérer les changements côté client tels que les licenciements, les changements de stratégie et d'autres événements importants. En analysant leurs offres d'emploi, vous pouvez évaluer le rythme d'investissement de vos clients. Par exemple, le tarissement soudain des offres d'emploi est un signe d'alerte non négligeable. Ou encore, le fait que votre client soit poursuivi en justice. Il est possible d'avoir connaissance de ces événements en suivant les actualités en ligne, les réseaux sociaux ou directement par les documents judiciaires en ligne.

Parfois, les risques à rechercher sont très spécifiques à un secteur. L'exemple des parabènes mentionné plus haut est représentatif du risque d'impact des ingrédients sur les consommateurs. Si le client opère dans le secteur des services financiers, il peut être important de suivre l'évolution de la réglementation nationale, car tout changement peut avoir une répercussion négative sur sa situation concurrentielle. Les entreprises électroniques sont particulièrement vulnérables aux réactions des consommateurs, par conséquent, savoir assez tôt qu'un concurrent prépare un lancement de produit peut permettre d'évaluer les performances futures.

L'Outside Insight permet de rester au courant des évolutions critiques des clients clés. En écoutant les données externes, il est possible de détecter des signaux d'alerte précoces, et d'avoir ainsi plus de temps pour réagir si une situation défavorable se présentait.

CHAÎNE D'APPROVISIONNEMENT ET PARTENAIRES

L'Outside Insight peut également être utilisé pour identifier les risques dans d'autres domaines, comme la chaîne d'approvisionnement et auprès d'autres partenaires. Encore une fois, votre entreprise peut être vulnérable si elle dépend de certains fournisseurs pour une partie importante de sa chaîne d'approvisionnement. Le suivi des données tierces, d'import/export par exemple, peut apporter des avantages importants, en vous permettant de vous assurer qu'aucune des entreprises de votre chaîne d'approvisionnement n'a de problèmes pouvant affecter votre propre production. Selon des estimations, Apple a des fournisseurs dans plus de vingt-deux pays, sur des centaines de sites. C'est un écosystème très complexe à l'équilibre fragile. En cas de problème, par exemple un manque de mica, silicate utilisé pour ses propriétés d'isolation électrique indispensable dans l'industrie électronique, le processus de production dans son ensemble pourrait être menacé. Aussi est-il important de suivre de près les acteurs fondamentaux de votre chaîne d'approvisionnement, pour éviter des difficultés risquant de vous coûter cher. À cet égard, l'Outside Insight est précieux dans de nombreuses situations, car il permet de capter les informations accessibles librement sur l'Internet avant qu'elles ne soient diffusées sur les canaux formels.

Une entreprise doit également suivre de près ses partenaires. L'un des aspects de plus en plus surveillés par les actionnaires et les législateurs est les conditions de travail, notamment concernant celui des enfants.

En 2013, Apple a publié un audit révélant que 349 enfants avaient travaillé dans des usines de sa chaîne d'approvisionnement de 2006 à 2013[1].

Une telle transparence peut être très positive pour la réputation de l'entreprise, mais pour y parvenir, les organisations doivent creuser très loin dans leur chaîne d'approvisionnement pour évaluer leurs fournisseurs de deuxième et de troisième rang.

En compensation, Apple a obligé ses fournisseurs ayant employé des enfants à financer leur scolarisation et à continuer à les payer jusqu'à la fin de leur scolarité. De nombreuses sociétés, dont Walmart, Hanes, Puma, Adidas et Disney, ont été accusées d'avoir recours à des fournisseurs avec des conditions de travail déplorables. Ces fournisseurs tiers se trouvent en général à des milliers de kilomètres du siège de l'entreprise et fournissent des rapports erronés sur leurs pratiques. L'Outside Insight peut servir à surveiller la réputation et les pratiques de ces fournisseurs et à vérifier si les employés sont traités correctement.

Au-delà des problèmes d'éthique en eux-mêmes, ce type de scandale peut avoir des répercussions importantes sur l'image d'une entreprise. Si vous étiez confronté à une telle situation, vous souhaiteriez le savoir au plus tôt, et c'est ici que l'Outside Insight peut s'avérer inestimable.

KYC : LA CONNAISSANCE CLIENT

En 2012, HSBC et Standard Chartered, les plus grandes banques du Royaume-Uni en termes de valeur marchande, ont accepté de payer 2,6 milliards de dollars d'amende dans le cadre d'un règlement avec les autorités américaines à la suite d'allégations de blanchiment d'argent[2].

---

1. Tim Fernholz, « What Happens When Apple Finds a Child Making Your iPhone », Quartz, 7 mars 2014, https://qz.com/183563/what-happens-when-apple-finds-a-child-making-your-iphone/
2. « HSBC, StanChart to Pay $2.6b US Fines », *Financial Express* [Dhaka], 12 décembre 2012, http://print.thefinancialexpress-bd.com/old/index.php?ref=MjBfMTJfMTJfMTJfMV8xXzE1Mjk3Mg

Standard Chartered a versé une amende de 667 millions de dollars et HSBC de 1,9 milliard de dollars, montants records versés aux autorités américaines par une institution financière, dans une affaire de soupçons de violation du régime de sanctions.

HSBC était soupçonnée d'avoir supprimé des détails de transactions susceptibles de permettre d'identifier des entités iraniennes, ce qui aurait mis la banque en position de violation du régime de sanctions imposé par les États-Unis à l'Iran. La banque était également soupçonnée d'avoir transféré des milliards de dollars en liquide de ses filiales du Mexique vers les États-Unis, malgré les objections soulevées par les autorités sur le fait que de telles sommes ne pouvaient qu'être issues du trafic de drogue.

Stuart Gulliver, directeur général d'HSBC, a déclaré : « Nous assumons la responsabilité de nos erreurs passées. Nous avons déjà dit que nous en sommes profondément désolés, et le disons une nouvelle fois. Le HSBC d'aujourd'hui est fondamentalement différent de celui qui a commis ces erreurs[1]. »

Dans le monde entier, des banques ont reçu des amendes pour ne pas s'être conformées à la réglementation antiblanchiment d'argent. Dans certains cas, ces violations étaient dues à un comportement malhonnête, dans d'autres à l'échec des procédures de vérification du client en question. Le contrôle d'un client sur la base des réglementations strictes antiblanchiment et la connaissance du client (KYC, « Know your customer ») sont des tâches coûteuses et chronophages. L'Outside Insight peut servir à automatiser un grand nombre des recherches nécessaires pour les nouveaux clients et afin d'établir les rapports

---

1. « HSBC Became Bank to Drug Cartels, Pays Big for Lapses », CNBC, 11 décembre 2012, http://www.cnbc.com/id/100303180?view=story&%24DEVICE%24=native-android-mobile. Citation traduite dans les articles « HSBC paye une amende record pour éviter les poursuites aux États-Unis », AFP, 11 décembre 2012, https://www.france24.com/fr/20121211-banque-hsbc-hong-kong-acquitte-amende-record-eviter-poursuites-etats-unis-blanchiment-argent-sale-, et « HSBC paie une amende record pour mettre fin aux poursuites », Les Échos, 12 décembre 2012, https://www.lesechos.fr/2012/12/hsbc-paie-une-amende-record-pour-mettre-fin-aux-poursuites-368076

annuels obligatoires. L'analyse des actualités, des réseaux sociaux, des comptes d'entreprise et des informations commerciales peut permettre d'identifier les sources de revenus suspectes et les associés exposés du point de vue politique.

INVESTISSEURS ACTIVISTES

Le 6 janvier 2016, Starboard Value LP, investisseur activiste, a envoyé un troisième courrier sévère au conseil d'administration de Yahoo affirmant que les « investisseurs avaient perdu toute confiance envers la direction et le conseil d'administration[1] ». Jeff Smith, directeur général de Starboard, a déclaré que la direction de Yahoo « continuait à détruire de la valeur » et a requis une nouvelle direction exécutive et un nouveau conseil d'administration « capables d'aborder la situation avec un esprit ouvert et sous un nouvel angle ».

Starboard Value LP est un actionnaire activiste et un fonds spéculatif renommé pour son approche musclée. Chez Darden, société mère des restaurants Olive Garden, Jeff Smith a obtenu le contrôle du conseil d'administration lors de l'assemblée annuelle des actionnaires, a remplacé chaque membre du conseil et a lui-même pris le poste de président.

En avril 2016, Yahoo a été contrainte de céder quatre sièges du conseil à Starboard[2], mettant ainsi fin à la campagne de remplacement de l'ensemble du conseil d'administration par l'investisseur activiste.

1. « Starboard Contacted by Suitors for Yahoo Core Biz », CNBC, 6 janvier 2016, http://www.cnbc.com/2016/01/06/starboard-values-ceo-contacted-by-potential-buyers-of-yahoo-core-biz.html?view=story&%24DEVICE%24=native-android-mobile
2. Michael J. De La Merced et Vindu Goel, « Yahoo Agrees to Give 4 Board Seats to Starboard Value », *The New York Times*, 27 avril 2016, https://www.nytimes.com/2016/04/28/business/dealbook/yahoo-board-starboard.html

Yahoo a par la suite dû chercher un acquéreur, et a annoncé en juillet 2016 que Verizon était prêt à débourser immédiatement 4,8 milliards de dollars pour acheter l'ancien géant d'Internet[1].

Olive Garden et Yahoo ne sont pas les seules entreprises ciblées par des investisseurs activistes. Les entreprises publiques sont de plus en plus pressées par les investisseurs, qui souhaitent définir de nouveaux agendas ou imprimer une nouvelle direction à l'entreprise. Une recherche rapide sur Google donne les résultats suivants concernant les investisseurs activistes :

- « Selon ses investisseurs activistes, Seaworld a besoin de nouveaux membres du conseil. »
- « Valeant remplace son directeur général et l'investisseur activiste Bill Ackmann prend place au conseil d'administration. »
- « Un investisseur activiste met Amazon sur la sellette pour sa politique de parité, et cible Microsoft et Expedia. »
- « Autodesk choisit la paix face à l'offensive des investisseurs activistes. »
- « Rolls-Royce cède à la pression et ouvre son conseil à un investisseur activiste. »
- « United Airlines confronté à une bataille féroce face aux investisseurs activistes. »
- « Macy's pourra-t-il repousser l'investisseur activiste ? »

En juin 2014, le *Financial Times*, citant Leo Strine, juge en chef de l'État du Delaware, où sont enregistrées la plupart des grandes entreprises américaines, indiquait que certaines assemblées des actionnaires sont devenues « une "ONU miniature", lors desquelles les dirigeants sont constamment dérangés par des référendums sur toute une série de sujets proposés par les investisseurs, pour des enjeux insignifiants[2] ».

---

1. Tom DiChristopher, « Verizon to Acquire Yahoo in $4.8 Billion Deal », CNBC, 25 juillet 2016, http://www.cnbc.com/2016/07/25/verizon-to-acquire-yahoo.html
2. Stephen Foley et Jennifer Bissell, « Corporate Governance: The Resurgent Activist », *Financial Times*, 22 juin 2014.

Personne n'est à l'abri du risque d'offensive par des investisseurs activistes. Cependant, l'Outside Insight peut permettre d'évaluer le risque et d'identifier le plus tôt possible les activités alarmantes. En suivant par exemple de très près les discussions sur les réseaux sociaux et les actualités en ligne. Ou encore, en suivant les transactions boursières d'investisseurs activistes connus, afin d'être prévenus si jamais ils venaient toquer à votre porte.

La gestion du risque est une pratique souvent principalement axée sur les processus internes. L'Outside Insight est un outil performant qui peut également permettre de comprendre le risque lié à des facteurs extérieurs. Les crises liées à la marque, les problèmes avec des grands comptes ou dans la chaîne d'approvisionnement, ou avec d'autres partenaires critiques, peuvent tous être identifiés à un stade précoce avec l'Outside Insight. L'entreprise a ainsi le temps de se préparer et de prendre les mesures nécessaires pour esquiver des difficultés imminentes.

12

L'Outside Insight pour les **décisions d'investissement**

Akkadian Ventures est une société de San Francisco spécialisée en capital-risque, qui se concentre exclusivement sur de petites transactions secondaires visant à dégager des liquidités pour les fondateurs et les employés de la première heure de start-up tech privées. Grâce à son logiciel propriétaire, elle suit 14 000 entreprises correspondant aux critères d'investissement, enregistre plus de 20 millions de chiffre d'affaires et une croissance annuelle de 75 à 100 %.

Son fondateur, Ben Black, explique : « Nous voulons travailler sur tous les Uber du monde avant même que personne ne sache qu'ils sont Uber. Si un article du *Wall Street Journal* indique qu'une entreprise dégage 100 millions de chiffre d'affaires et a une croissance de 100 % par an, c'est trop tard pour nous. »

Il travaillait dans le capital-risque traditionnel depuis plusieurs années quand, en 2009, des amis lui ont demandé de vendre ses actions dans des entreprises tech, car ils avaient besoin de liquidités. Ben Black les a aidés à réaliser quelques transactions de 5 à 10 millions de dollars, quand un tiers l'a un jour contacté. Il était directeur technique d'une entreprise de logiciels renommée depuis plus de dix ans, qui déclarait un chiffre d'affaires de 30 millions de dollars. Sur le papier, il valait 5 millions de dollars, mais il ne pouvait pas disposer de cet argent, il vivait encore dans son appartement d'étudiant, et devait encore rembourser l'emprunt qu'il avait contracté pour ses études. Il lui a expliqué qu'il allait se fiancer, et qu'il devait vendre quelques actions. Mais uniquement pour une valeur de 500 000 dollars.

Ben Black lui a répondu : « C'est un chiffre difficile, c'est trop pour une seule personne, mais pas assez pour un petit investisseur institutionnel. » Black lui a expliqué que s'il souhaitait vraiment effectuer cette transaction, cela nécessiterait des efforts importants, et qu'il devrait probablement demander à dix personnes aisées de lui signer chacune un chèque de 50 000 dollars. Pour attirer les acheteurs, Black a proposé d'offrir les actions à 67 % de leur valeur marchande estimée. Le directeur technique s'est déclaré d'accord.

Ce fut la révélation pour Ben Black. Il a réalisé qu'il y avait une opportunité sur le marché secondaire, le tout étant de trouver des transactions, tâche complexe très chronophage. Ben Black s'est alors dit qu'il devait créer un logiciel identifiant le type d'entreprises à viser, pour lui permettre d'approcher les personnes rapidement et de manière intelligente.

Fondée en 2010, Akkadian Ventures exploite une méthode propriétaire de diligence fondée sur les données, qui lui permet de comprendre le développement des start-up les plus prospères de la Silicon Valley et de déterminer les entreprises à préapprouver pour ses programmes d'investissement.

Akkadian Ventures analyse les données publiques au moyen de robots d'indexation pour trouver des points de données fortement corrélés à la croissance du chiffre d'affaires d'entreprises privées. Ces points de données sont par exemple : combien de fonds avez-vous levés ? Auprès de qui ont-ils été levés ? À quelle vitesse les levez-vous ? Quel est votre effectif ? Combien de personnes ont quitté l'entreprise ? Quel est votre taux de désaffection ? Combien d'offres d'emploi se trouvent sur votre site Web ? Combien de followers avez-vous sur Twitter ? Combien de connexions LinkedIn? Combien d'amis Facebook? Ben Black poursuit: « Toutes ces données sont très intéressantes. Notre cible est fondamentalement toute entreprise ayant reçu au moins un tour de financement de l'une des 150 premières sociétés de capital-risque. »

Le logiciel d'Akkadian sert également à identifier des actionnaires particuliers dans les entreprises cibles. En analysant les informations de LinkedIn, Akkadian peut identifier les quinze ou vingt premiers employés d'une start-up intéressante. Ce sont les personnes qui détiennent le plus d'actions et qui seront les clients potentiels les plus attrayants pour la société d'investissement. Les algorithmes d'Akkadian peuvent également comprendre quand des actions seront mises en vente. « Certains moments donnent envie de vendre. Quand un dirigeant est remplacé, ou en cas de rachat d'une entreprise. En analysant les actualités et les réseaux sociaux, notre logiciel identifie automatiquement ces situations, et nous aide à comprendre la quantité d'actions se retrouvant sur le marché secondaire. »

L'approche innovante adoptée par Ben Black et sa société en matière de capital-risque rencontre un grand succès. Sur vingt entreprises de son portefeuille, la société a réalisé la sortie de sept d'entre elles, avec cinq offres publiques initiales (Splunk, Rocket Fuel, RingCentral, Opower et Convio) et deux achats (Ooyala et Medio Systems). En octobre 2014, elle a fermé son troisième fonds et gère actuellement plus de 100 millions de dollars[1].

La sagesse de Motherbrain

On trouve également des signes du rôle de plus en plus important de l'Outside Insight dans les investissements en capital-risque en Europe. EQT, géant européen de l'investissement, a annoncé en mai 2016 avoir levé un fonds de 632 millions de dollars en capital-risque,

1. « Akkadian Ventures Closes over $74 Million and Expands Team for Secondary Investing », PR Web, 28 octobre 2014, http://www.prweb.com/releases/2014/10/prweb12283611.htm

à déployer sur le marché européen, à l'aide d'un système logiciel propriétaire secret nommé Motherbrain[1].

Le nom de cette arme secrète s'inspire d'un super-ordinateur intelligent et personnage de fiction, Mother Brain, tiré du jeu Phantasy Star II, créé en 1989 par Sega. Selon la page Wikipédia de Phantasy Star II, le « Mother Brain » s'est établi comme puissance bienfaisante et « exauçait tous les rêves et souhaits des personnes sur lesquelles il veillait ». On pourrait se croire dans une histoire pour enfants, si ce n'était le sérieux des personnes à l'origine de l'initiative. EQT, fondée en 1994, est l'un des principaux investisseurs européens, et gère environ 32 milliards de dollars. Pour concevoir cette nouvelle initiative, la société a établi des partenariats avec certains des entrepreneurs tech les plus émérites d'Europe, dont le Néerlandais Kees Koolen, ancien directeur général et fondateur de Booking.com. En 2012, il était consultant à l'expansion internationale d'Uber, mais est ensuite devenu partenaire fondateur d'EQT Ventures, fin 2015. Thomas von Koch, directeur général d'EQT, n'a pas fait mystère de ses ambitions pour le nouveau fonds de venture tech. Il a déclaré : « Aujourd'hui, l'Europe dispose de fonds de capital-risque, mais ils sont minuscules. Pour les tours B et C, c'est San Francisco qui s'y colle. C'est risqué pour l'Europe, et pour les entreprises. EQT peut prendre une entreprise de 0 à 40 milliards de dollars dans son portefeuille. Nous voulons créer une locomotive du capital-risque en Europe. »

Motherbrain est une initiative déployée à l'échelle d'EQT, et visant à aider aux investissements pour tous ses fonds. L'entreprise n'a pas divulgué le fonctionnement de ses algorithmes, mais il est connu que cet outil collecte des données à partir d'au moins vingt sources en ligne, dont la base de données de start-up Crunchbase et le site de mesure du trafic Comscore, ainsi que les réseaux sociaux tels que Facebook et Twitter. Motherbrain semble également utiliser des

1. Adam Ewing, « Buyout Fund EQT Starts $632 Million Venture Arm Targeting Europe », Bloomberg, 26 mai 2016, https://www.bloomberg.com/news/articles/2016-05-26/buyout-fund-eqt-starts-632-million-venture-arm-targeting-europe

données d'une société du portefeuille d'EQT, Bureau van Dijk, qui surveille les données financières de plus de 160 millions d'entreprises dans le monde. L'objectif est d'identifier avant les autres les entreprises générant de la traction.

Les réseaux sociaux comme indicateurs clés de l'évolution du prix d'une action

Tant Akkadian que Motherbrain s'appuient sur un type de données important lors des décisions d'investissement, à savoir les réseaux sociaux. Dans une étude de 2010 sur plus de 448 investisseurs, réalisée par Brunwick Group, 43 % des personnes sondées ont déclaré que les réseaux sociaux occupaient une place importante dans les décisions d'investissement. Pourquoi ? Si les marchés disposaient de systèmes d'information transparents, chaque investisseur recevrait instantanément toutes les informations sur l'entreprise : rapports, déclarations, communiqués de presse. Mais en réalité, ces informations ne sont accessibles que ponctuellement. En effet, une entreprise ne publiera jamais plus de douze rapports mensuels sur les ventes ni plus de quatre états des résultats trimestriels par an. En revanche, les réseaux sociaux peuvent générer des données externes en temps réel et ces informations peuvent permettre de prévoir l'évolution du prix des actions.

Les réseaux sociaux se prêtent à une analyse prospective. Ils peuvent être observés à une fréquence élevée (tous les jours, toutes les heures) et, quand les clients recherchent des produits en ligne, ils tombent sur les commentaires et les avis d'autres consommateurs, qui les influenceront. Les ventes d'un aspirateur recueillant des dizaines d'avis positifs concernant sa puissance d'aspiration, ou d'un jouet qui, selon les parents, n'intéresse pas longtemps les enfants, augmenteront ou baisseront en fonction de ces commentaires.

Un article nommé « Does Online Chatter Really Matter? Dynamics of User-Generated Content and Stock Performance », publié en 2011 par

Seshadri Tirunillai, de la Houston University, et Gerard J. Tellis, de l'University of Southern California de Los Angeles, étudiait la corrélation entre les discussions sur les réseaux sociaux et la performance boursière[1]. Les auteurs ont choisi de comparer le sentiment en ligne à la performance boursière, car il leur paraissait la mesure la plus réaliste des objectifs des dirigeants : la valeur pour les actionnaires.

Ils ont choisi des réseaux sociaux très particuliers, les tests et notations de produits, en partant de l'hypothèse que ce type de données était moins bruyant que les blogs, les vidéos et les sites de réseautage. Les tests et notations reflètent une intention spécifique, par conséquent leur contenu est plus défini que d'autres sources plus génériques.

Ils ont collecté chaque jour les données de quinze entreprises sur une période de quatre ans. Pour ce faire, ils ont sélectionné six secteurs : l'informatique personnelle (Hewlett-Packard et Dell), la téléphonie mobile (Nokia et Motorola), les assistants numériques personnels/smartphones (RIM et Palm), les chaussures (Skechers, Timberland et Nike), les jouets (Mattel, Hasbro et Leap Frog) et le stockage de données (Seagate Technology, Western Digital et SanDisk).

De juin 2005 à janvier 2010, ils ont effectué des analyses computationnelles quotidiennes sur trois plateformes médias de portée importante, Amazon, Epinions.com et Yahoo Shopping, visant à mesurer les valeurs numériques des notations, le nombre (ou volume) de notations publiées par jour et leur teneur positive ou négative (ou valence).

L'équipe a constaté que, parmi toutes les variables étudiées, c'est le « volume de discussion » qui avait le plus d'effet et influençait les retours anormaux et le volume de transactions. Naturellement, le volume pouvait être influencé directement par le marketing hors ligne, qui pouvait accroître le volume de conversations positives et réduire le volume de conversations négatives.

1. Seshadri Tirunillai et Gerard J. Tellis, « Does Online Chatter Really Matter? Dynamics of User-Generated Content and Stock Performance », 2011, http://pubsonline.informs.org/doi/abs/10.1287/mksc.1110.0682?journalCode=mksc

Dans leur article, Seshadri Tirunillai et Gerard J. Tellis ont constaté que les réseaux sociaux étaient un bon indicateur des ventes et du cash flow futurs, ainsi que de la performance boursière. Plus un produit faisait parler de lui en ligne, plus sa performance boursière s'en ressentait.

L'AVÈNEMENT DES ROBOTS

Alors que le volume et la complexité des données à interpréter augmentent, l'intelligence artificielle et les robots font leur entrée. En 2014, la société hongkongaise de capital-risque Deep Knowledge Ventures, opérant dans le domaine des biotechnologies, a offert à un système d'intelligence artificielle, nommé VITAL, un siège dans son conseil d'administration, et lui a accordé le droit de vote pour chaque décision d'investissement.

Lorsque cette possibilité a été évoquée lors d'une table ronde à l'occasion de l'ouverture de l'espace de coworking pour la data science de Meltwater à Shoreditch (Londres) en août 2016, le vice-président responsable de la stratégie de Winton Capital a observé que, chez Winton Capital, tous les votes étaient réalisés par un ordinateur. Winton Capital est l'un des principaux fonds spéculatifs européens et gère 30 milliards de dollars. La société a adopté une approche algorithmique des investissements et la moitié de ses 400 employés sont data scientists. Sa philosophie d'investissement était alors présentée sur sa page d'accueil : « Winton aborde l'univers des investissements comme un gigantesque ensemble de données dans lequel il est possible d'identifier des patterns et des structures générant un certain niveau de prédictibilité[1]. »

Selon un article de Stephen Taub publié en mai 2016 dans *Institutional Investor's Alpha*, journal en ligne s'adressant au secteur des fonds spéculatifs, David Siegel, expert d'intelligence artificielle et cofondateur du fonds spéculatif Two Sigma, prévoit que les ordinateurs seront

1. https://www.winton.com/en/

un jour de meilleurs investisseurs que les personnes[1]. « Le défi en matière d'investissements est que l'esprit humain est resté le même qu'il y a cent ans, et qu'il est très dur pour une personne appliquant les méthodes traditionnelles de jongler avec toutes les informations de l'économie mondiale », écrivait Stephen Taub. « Il arrivera un moment où aucun responsable des investissements humain ne pourra battre les ordinateurs. »

Sa prédiction ne parle pas d'un avenir lointain, mais se réalise aujourd'hui sous nos yeux. Selon la « 2016 Hedge Fund Rich List » établie par *Institutional Investor's Alpha*, les managers des trois fonds spéculatifs les plus performants au monde sont tous des « quants », c'est-à-dire des managers qui s'appuient sur les systèmes informatiques pour prendre des décisions d'investissement. Dans les huit premiers fonds, seuls deux (!) managers utilisent les méthodes traditionnelles, et prennent les décisions sur la base d'une analyse exclusivement humaine.

Classement	Investisseur	Type	Société	Résultats
1	Kenneth Griffin		Citadel	1,16 milliard de £
2	James Simons		Renaissance Technologies	1,16 milliard de £
3	Raymond Dalio		Bridgewater Associates	958 millions de £
4	**David Tepper**	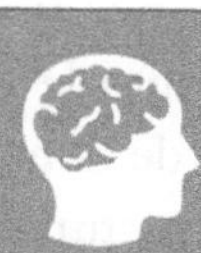 **Humain**	**Appaloosa Management**	**958 millions de £**
5	**Israel Englander**		**Millennium Management**	**788 millions de £**

1. Stephen Taub, « The 2016 Rich List of the World's Top-Earning Hedge Fund Managers », *Institutional Investor's Alpha*, 10 mai 2016, https://www.institutionalinvestor.com/article/b18bk4p13shhny/the-2016-rich-list-of-the-world39s-topearning-hedge-fund-managers

Classement	Investisseur	Type	Société	Résultats
6	David Shaw		D.E. Shaw Group	514 millions de £
7	John Overdeck		Two Sigma Investments	342 millions de £
8	David Siegel		Two Sigma Investments	342 millions de £

Source : Institutional Investor's Alpha

Un schéma surprenant ressort de l'analyse du background des principaux gestionnaires de fonds du monde. Parmi les personnes les mieux payées de Wall Street, on retrouve un ancien professeur de mathématiques, un ancien professeur d'informatique, un ancien champion olympique de mathématiques et un spécialiste de l'IA titulaire d'un doctorat en informatique du MIT. En d'autres termes, la moitié des personnes sur cette liste sont d'abord des génies, puis des investisseurs.

La formule pour battre le marché

Le plus connu de ces génies des mathématiques de Wall Street est James Simons, à la sympathique barbe blanche, allergique aux chaussettes. Il a obtenu un Bachelor of science en mathématiques au MIT en 1958 et son doctorat en mathématiques à Berkeley (Université de Californie), à l'âge de 23 ans. Après ses études, il enseigne les mathématiques au MIT et à Harvard avant de rejoindre le Princeton Institute for Defense Analysis et de déchiffrer des codes pour la National Security Agency pendant la guerre froide. Après un désaccord public avec les dirigeants de la NSA concernant la guerre du Vietnam (Simons appuyant fortement le retrait des troupes), il est renvoyé et prend la direction du département de mathématiques de la Stony Brook University, à New York.

Dans les milieux scientifiques, Simons est une légende vivante, célèbre pour la création de l'équation de Chern-Simons (1974), élément essentiel de l'une des théories les plus importantes de la physique théorique actuelle, la théorie des cordes. Elle vise à combiner la théorie de la relativité d'Einstein à la mécanique quantique afin de créer une description unifiée de la physique de la gravité et des particules pour devenir la « théorie du tout ». Simons a reçu le prix Oswald Veblen of the American Society pour cette découverte, la plus grande récompense en géométrie. Au cours de sa vie, Simons a apporté de nombreuses autres contributions précieuses à la science. Lors de son soixante-quinzième anniversaire, quatre sommités américaines des mathématiques et des sciences ont tenu des conférences sur les domaines de connaissances qu'il avait fait progresser.

James Simons n'est pas connu aujourd'hui pour ses succès académiques, mais pour ceux en tant qu'investisseur de premier ordre. En 1982, il a créé Renaissance Technologies, fonds d'investissement spéculatif naissant de l'idée que les mathématiques et les statistiques pouvaient servir à prendre des décisions commerciales en mesure de battre le marché. Renaissance est l'un des premiers fonds d'investissement algorithmique et a remporté un incroyable succès. Medallion, son fonds principal, a enregistré une moyenne de 71,8 % de rendement annuel, hors commissions, de 1994 à mi-2014, selon un article de Bloomberg du 16 juin 2015[1].

Le rendement exceptionnel de Renaissance Technologies a permis à Simons de facturer des frais, exceptionnels eux aussi, à ses investisseurs. Les frais des fonds spéculatifs sont en général de 2 % du capital géré et de 20 % des bénéfices. Simons facture respectivement 5 et 47 %. Ceci n'a pas empêché l'afflux de capitaux. Renaissance Technologies gère actuellement 65 milliards de dollars et est l'un des fonds spéculatifs les plus grands et les plus prospères du monde et Simons est l'un des hommes les plus riches du monde. En 2015, il a gagné 1,7 milliard

1. Richard Rubin et Margaret Collins, « How an Exclusive Hedge Fund Turbocharged Its Retirement Plan », Bloomberg, 16 juin 2015, https://www.bloomberg.com/news/articles/2015-06-16/how-an-exclusive-hedge-fund-turbocharged-retirement-plan

de dollars, et dispose selon Forbes d'un avoir net de 16,5 milliards de dollars (en août 2016)[1].

L'idée de Simons a été d'embaucher des scientifiques formidables, sans expérience de la finance. Il a donc fait appel à certains des meilleurs physiciens, astrophysiciens, statisticiens et informaticiens du monde. Environ 90 des 300 employés de Renaissance sont titulaires d'un doctorat. Sans expérience de la finance, l'équipe de Simons a agrégé d'immenses quantités de données et a utilisé les mathématiques et les sciences pour créer des algorithmes qui tiraient profit de schémas masqués pour battre le marché. Son approche peu conventionnelle et son succès extraordinaire ont transformé la manière dont les actions et d'autres instruments étaient échangés à Wall Street. Aujourd'hui, ce sont des robots qui échangent plus de 70 % des actions cotées à Wall Street.

On ne sait pas quelles données utilise Renaissance pour ses analyses, mais les experts attribuent ses performances à l'étendue des données concernant les « événements périphériques aux phénomènes financiers et économiques ». Un indice supplémentaire de la recette secrète de Simons réside dans le fait que, quand il a pris sa retraite en 2009, il a nommé deux linguistes computationnels, Peter Brown et Robert Mercer, à la tête de l'entreprise. La linguistique computationnelle est un champ interdisciplinaire visant à permettre aux ordinateurs de comprendre du texte. Ceci indique que la clé du secret de Renaissance est sa capacité à analyser les textes, et cet avantage informationnel est obtenu par l'analyse en temps réel d'immenses jeux de données textuelles. Sur la base de ces interprétations, j'irais jusqu'à émettre une affirmation audacieuse. Se pourrait-il que l'un des facteurs ayant contribué aux résultats remarquables de Renaissance soit le fait qu'elle ait utilisé de manière systématique la manne d'informations immergées dans l'Outside Insight ? L'Internet libre représente l'un des plus grands jeux de données textuelles. Du point de vue technique, il est très

1. Nathan Vardi, « America's Richest Hedge Fund Managers In 2016 », *Forbes Magazine*, 4 octobre 2016, https://www.forbes.com/sites/nathanvardi/2016/10/04/americas-richest-hedge-fund-managers-in-2016/

difficile d'en tirer profit, c'est pourquoi il est peu utilisé. Renaissance, grâce à son équipe exceptionnelle de scientifiques de renommée mondiale, peut mieux que personne résoudre ces problèmes, et en extrayant des renseignements que personne d'autre n'a trouvés, elle obtient un avantage informationnel qui peut expliquer ses rendements hors du commun. Ceci n'est bien sûr que pure spéculation de ma part, mais, comme nous l'avons vu plus haut dans ce chapitre, Seshadri Tirunillai et Gerard J. Tellis ont indiqué en 2010 les réseaux sociaux comme de bons indicateurs des ventes, du cash flow et de la performance boursière future d'une entreprise. Plus un produit faisait parler de lui en ligne, plus sa performance boursière s'en ressentait. Renaissance, qui est l'une des sociétés de Wall Street les plus expertes en matière de données, en a eu parfaitement conscience avant tout le monde.

Comme nous l'avons vu dans ce chapitre, l'Outside Insight acquiert toujours plus d'importance dans les décisions d'investissement. Akkadian aux États-Unis, Motherbrain en Europe et le système d'IA VITAL nommé membre du conseil d'administration en Asie montrent que cette tendance est planétaire dans l'univers du capital-risque. L'Outside Insight joue probablement un rôle important dans les algorithmes propriétaires qui dominent actuellement l'échange de titres publics et les instruments financiers.

Les investisseurs professionnels sont désormais des entreprises ultra-technologiques, qui s'entourent de génies mathématiques et de scientifiques. En revanche, les décisions d'investissement en entreprise sont généralement beaucoup moins sophistiquées, voire très en retard tant en termes de portée des données analysées que de rigueur algorithmique déployée.

En appliquant les enseignements des investisseurs professionnels, les entreprises peuvent optimiser leur retour sur investissement. Amazon par exemple utilise une technologie avancée pour suivre et optimiser en temps réel la conversion utilisateur. Netflix utilise un machine learning de pointe pour recommander des films en fonction de l'historique de ceux vus par l'utilisateur. En utilisant l'Outside Insight pour créer des benchmarks concurrentiels, les entreprises peuvent appliquer la même rigueur à la recherche d'une stratégie d'investissement optimale dans un grand nombre d'environnements concurrentiels, tels que l'image de marque, la satisfaction client et les produits.

Les décisions d'investissement des entreprises seront elles aussi transformées, tout comme l'échange public de titres et d'instruments financiers a été révolutionné par des modèles algorithmiques. Les décideurs professionnels auront à disposition des logiciels sophistiqués en mesure d'analyser en temps réel un grand nombre de scénarios, et, en fonction des objectifs de l'entreprise, pourront choisir la stratégie d'investissement optimale en temps réel. Dans les chapitres suivants, nous étudierons en détail les éléments constituant ces logiciels et les autres avantages du modèle Outside Insight pour l'avenir.

QUATRIÈME PARTIE

L'AVENIR DE L'OUTSIDE INSIGHT

13

L'émergence d'une **nouvelle catégorie de logiciels**

Au cours de la première semaine de décembre 2011, l'équipe dirigeante de Meltwater a tenu une réunion stratégique à Barcelone. Dans le sous-sol de l'hôtel W Barcelona, nous avons essayé de définir un plan à cinq ans pour l'entreprise. Nous avons tout d'abord émis des hypothèses sur la direction que prendrait le monde. Nous avons pensé qu'une fois que nous aurions bien compris l'évolution de notre secteur, il nous serait plus facile d'appréhender comment Meltwater pouvait s'inscrire dans ce tableau.

Le sous-sol était sombre et humide, sans lumière naturelle ni air frais, et après deux jours de discussions intenses, nous avons été ravis de goûter un peu au soleil catalan. Notre conclusion, après ces débats animés, fut qu'une nouvelle catégorie de logiciels se ferait jour d'ici à cinq ans, fin 2016. Comme je l'ai indiqué dans un chapitre précédent, ces logiciels seraient aux données externes ce que l'informatique décisionnelle (BI) est aux données internes. La puissance de la data science et le traitement automatique du langage naturel leur permettraient d'analyser les offres d'emploi, les réseaux sociaux, les actualités, les dépôts de brevets, les documents judiciaires, les sites Web des entreprises et bien d'autres données. En recoupant un vaste nombre de sources externes, ces logiciels seraient en mesure de fournir des renseignements précieux sur les concurrents, les clients, et le secteur en général, atteignant un niveau de perfection encore jamais vu. Nous avons nommé cette nouvelle catégorie de logiciels l'Outside Insight.

Très enthousiastes, nous avons commencé à imaginer la manière dont elle transformerait la prise de décision en entreprise. Le PGI et la BI ont transformé la prise de décision en une approche rigoureuse basée sur toutes les données opérationnelles de l'entreprise. L'Outside Insight étendrait cette approche à tous les facteurs extérieurs influençant le développement d'une entreprise. Avec le bon logiciel, il serait possible de mesurer les facteurs extérieurs en temps réel et de donner vie aux cinq forces de Porter sur les tableaux de bord et les alertes en temps réel.

Pour appuyer cette stratégie marketing, Meltwater a placé toutes les forces de l'entreprise derrière un plan quinquennal visant à créer ce logiciel. Ceci a commencé par la réécriture sur plusieurs années de l'ensemble de notre plateforme de données. Nous avons ensuite développé la data science nécessaire pour recouper les types de données les plus divers. Nous avons racheté six entreprises tech spécialisées pour compléter l'expertise interne de Meltwater. Le lancement de la première version du produit était prévu pour le deuxième trimestre 2017.

Le logiciel Outside Insight s'attaque aux difficultés techniques de l'application du paradigme de prise de décision éponyme que j'ai présenté dans la deuxième partie de ce livre. Son concept est relativement facile à comprendre : les informations externes peuvent fournir des insights internes, mais ce n'est pas chose simple que de traiter l'énorme quantité de données disponibles en ligne et de les décomposer en insights pratiques et exploitables.

Le défi des données externes, en plus de leur volume, est qu'elles sont bien plus difficiles à analyser que les données internes. Les données internes sont en général structurées et composées de chiffres. Les données externes, quant à elles, n'ont aucune structure et comprennent en général du texte. L'analyse de nombres ne pose aucun problème aux ordinateurs, mais l'analyse de texte les met en difficulté. Par ailleurs, il existe des myriades de styles et de formats de texte. Les tweets, les offres d'emploi, les articles et les demandes de brevets sont tous des documents au format texte, mais leur style, leur grammaire et même leur orthographe sont différents. Si l'on y ajoute la complexité d'agréger les insights de manière cohérente dans toutes les langues du monde, il est aisé de voir que ce type d'analyse est une gageure.

Données internes	Données externes
Structurées	Non structurées
Propres	Bruyantes
Chiffres	Principalement composées de texte

Les données externes ont une nature très différente de celle des données internes. Pour analyser les données externes, une technologie radicalement différente est nécessaire.

Alors que l'importance du modèle Outside Insight s'impose, la demande de logiciels hautement spécialisés permettant de le mettre en pratique se fera de plus en plus pressante. Ces logiciels doivent présenter de grandes compétences d'analyse de texte. Ils doivent pouvoir passer à travers le bruit en ligne, agréger des insights en différentes langues et recouper de nombreux types de données externes.

Comme la nécessité de gérer et d'analyser les données internes a pu alimenter le développement de la BI et du PGI, la nécessité de gérer et d'analyser les données externes catapultera le développement de l'Outside Insight, qui sera omniprésent dans la nouvelle génération de logiciels d'aide à la prise de décision.

L'HISTOIRE EST VOUÉE À SE RÉPÉTER

L'étude du développement d'Oracle donne des indices précieux sur l'évolution que suivront les logiciels d'Outside Insight. Oracle a débuté avec une base de données en mesure de collecter et de stocker des données internes. À mesure que le besoin de fonctions plus avancées se faisait jour, Oracle a ajouté des fonctions de workflow, de logique métier, de visualisation et d'analyse pour répondre aux besoins spécifiques des différentes fonctions au sein de l'entreprise.

Pour répondre à la demande croissante, Oracle s'est lancée dans une campagne agressive de rachats. Sur la période 2004-2016, Oracle a procédé à plus de vingt rachats stratégiques, pour une valeur de 45 milliards de dollars[1].

Le premier achat d'Oracle, la tristement célèbre prise de contrôle hostile de PeopleSoft pour 10 milliards de dollars, lui a permis de mettre la main sur le logiciel de gestion de talents le plus utilisé au monde[2]. Sa cible suivante fut Siebel, société leader de systèmes GRC, qu'elle a rachetée pour 5,8 milliards de dollars. Siebel a été créée par Tom Siebel, ancien employé d'Oracle et prodige de Larry Ellison. PeopleSoft et Siebel furent des éléments fondateurs de l'offre d'Oracle en logiciels à l'échelle des entreprises. Au fil des ans, Oracle a ajouté des fonctions de chaîne d'approvisionnement, de facturation, de gestion des recettes, d'assistance client, de business intelligence, de commerce, de systèmes POS (point de vente) et de marketing. En juillet 2016, Oracle a annoncé le rachat de NetSuite, leader mondial des logiciels de comptabilité Cloud, pour 9,3 milliards de dollars[3].

---

1. Alex Williams, « $45 Billion Later, Larry Ellison Says No Major Acquisitions For Next Few Years », TechCrunch, 2 octobre 2012.
2. Margaret Kane, « Oracle Buys PeopleSoft for $10 Billion », CNET, 13 décembre 2004, https://www.cnet.com/uk/news/oracle-buys-peoplesoft-for-10-billion/
3. « Oracle Buys NetSuite », Oracle, 28 juillet 2016, https://www.oracle.com/corporate/pressrelease/oracle-buys-netsuite-072816.html

2004	PeopleSoft	10,3 milliards de $	RH
2005	Siebel Systems	5,8 milliards de $	GRC
2005	Global Logistics Technology	Non publié	Gestion de la chaîne d'approvisionnement
2006	Portal Software	220 millions de $	Facturation et gestion du chiffre d'affaires
2006	Stellent	440 millions de $	Gestion de contenu ECM
2006	MetaSolv Software	3,3 milliards de $	Système de soutien opérationnel
2007	Hyperion	3,3 milliards de $	Système de soutien opérationnel
2007	Agile Software	495 millions de $	Cycle de vie du produit
2008	BEA Software	8,5 milliards de $	Intergiciels
2010	Sun Microsystems	7,4 milliards de $	Serveurs, Java et MySQL
2011	RightNow	1,5 milliard de $	GRC
2011	Endeca	1 milliard de $	E-commerce, SEM et CEM
2012	Taleo	1,9 milliard de $	RH
2012	Vitrue	300 millions de $	Marketing sur les réseaux sociaux
2012	Eloqua	871 millions de $	Automatisation du marketing
2013	Acme Packet	2,1 milliards de $	Technologie de réseau pour la sécurisation des services vocaux et de données par Internet et Wi-Fi
2013	Tekelec	Non publié	Logiciel de gestion et de monétisation des données mobiles
2013	Big Machines	400 millions de $	Productivité des entreprises
2013	Responsys	1,5 milliard de $	Marketing numérique
2014	MICROS Systems	5,3 milliards de $	Systèmes de POS
2016	Data Logix	Non publié	Collecte de données consommateurs
2016	NetSuite	3,9 milliards de $	Comptabilité et finance

Historique des rachats principaux d'Oracle, 2004-2016

Ces rachats frénétiques de la part d'Oracle donnent des indications intéressantes sur le développement du PGI, qui est passé d'une base de données centrales à une offre complète pour les entreprises.

L'histoire étant vouée à se répéter, les données externes suivront une évolution similaire. La banque de données externes est un moteur de recherche, car celles-ci sont par nature déstructurées. En plus d'une base de données externes centrale, un besoin croissant de workflow, de logique métier, de visualisation et d'analyse se fera jour, comme ceci s'est produit pour les données internes. En tant que PGI, l'Outside Insight évoluera en offre à l'échelle de l'entreprise, avec des fonctions sur mesure développées pour chaque service.

Le service commercial sera équipé d'algorithmes intelligents qui parcourront l'Internet à la recherche des miettes leur permettant d'identifier de nouveaux clients potentiels. Ce logiciel permettra de définir les arguments à présenter, à quelle personne et à quel moment.

Si vous ne connaissez pas le bon influenceur ou décideur, ce logiciel vous aidera également à comprendre qui est le mieux placé dans votre réseau pour vous présenter.

Les RH auront des robots explorant l'Internet à la recherche des meilleurs candidats à recruter. Ces robots suivront de près les vingt meilleurs candidats, par exemple, et découvriront des miettes pouvant donner des indices sur le meilleur moment pour tenter une approche. Les déclics tels que les promotions, la fin des périodes de blocage, un changement de direction, la baisse des investissements, les dates anniversaires ou les licenciements peuvent permettre de savoir quand courtiser des talents externes.

Les services financiers pourront s'appuyer sur des logiciels sophistiqués explorant d'énormes quantités de données en ligne afin de benchmarker la performance en temps réel par rapport aux concurrents. Des analyses permettront de suivre les aspects clés de la concurrence tels que les investissements produit, les ventes, le marketing et la satisfaction client. L'analyse sera décomposée jusqu'au niveau granulaire pour comprendre l'évolution par marché, par produit, et démographique.

Les progiciels de gestion intégrés conventionnels et l'Outside Insight sont deux catégories logicielles complémentaires, qui devront communiquer et collaborer. Tandis que les PGI se concentrent sur l'intérieur de l'entreprise, sur l'efficacité opérationnelle, l'Outside Insight est conçu pour sensibiliser aux données externes. En suivant le flux de données externes en continu, ses algorithmes intelligents identifieront des schémas et signaleront l'émergence de menaces et d'opportunités. Alors que les solutions PGI se sont avérées un atout fondamental pour permettre aux différents services d'être au top de l'exécution de leurs opérations, l'Outside Insight les aidera à toujours être au courant de l'évolution des facteurs extérieurs.

Les données externes sont un nouveau territoire à explorer. En analysant de manière systématique et rigoureuse les milliards de points de données produits chaque jour sur l'Internet, il est possible de remplacer les estimations actuelles par une analyse reposant sur des données, en mesure d'identifier les tendances et d'anticiper les développements futurs. En conquérant la jungle sauvage de données externes, les entreprises comprendront de mieux en mieux leur environnement concurrentiel et la direction que prend leur secteur.

Les PGI et la BI ont transformé la prise de décision en discipline systématique s'appuyant sur les données opérationnelles. L'Outside Insight suit les facteurs extérieurs impactant votre business et sera la nouvelle génération de logiciels d'assistance à la prise de décision pour les conseils d'administration, les dirigeants et les responsables de services.

14

Des **problèmes complexes** à résoudre

L'Outside Insight recèle un immense potentiel, mais en est à ses balbutiements, et doit encore affronter un certain nombre de problèmes techniques avant de pouvoir être pleinement exploité.

Il n'est pas facile de tirer des insights des données externes. Ils sont enterrés sous des montagnes de données qui n'ont aucune structure, sont écrites dans de nombreuses langues et sont de nature très différente. Pour parvenir aux insights les plus profonds, il est important de recouper les données des actualités en ligne, des dépôts de brevets, des offres d'emploi, des documents judiciaires et de nombreux autres types de données.

Dans ce chapitre, nous aborderons certains de ces problèmes et présenterons quelques-unes des start-up à l'œuvre pour les résoudre.

Analyse prédictive

L'un des aspects exclusifs de l'Outside Insight est sa qualité prospective. Quand une entreprise publie de nombreuses offres d'emploi dans les ventes, elle signale clairement qu'elle augmente ses investissements dans ce secteur et que la concurrence pour les clients se fera plus dure. Tisser tous les points de données prospectifs repérés en ligne en une trame de prédiction exhaustive est un processus complexe qui nécessite une combinaison délicate de connaissance approfondie du secteur et de techniques avancées en matière de statistiques et de machine learning. La panacée serait de disposer d'algorithmes pouvant prédire avec précision la demande, les ventes futures et l'évolution des coûts. Grâce aux jeux de données riches aujourd'hui disponibles, cette aspiration est de plus en plus accessible.

De nombreuses organisations évoluent dans cet espace, mais je trouve l'une d'entre elles particulièrement intéressante : Prevedere, start-up de l'Ohio fondée par Richard Wagner, que nous avons évoquée au chapitre 8. Avant de lancer Prevedere, Richard Wagner travaillait chez Borden Chemical, entreprise de produits chimiques, aujourd'hui nommée Momentive. En 1998, cette entreprise évoluait dans le domaine des produits alimentaires, laitiers et industriels, tels que les colles à tapisserie et la colle Krazy Glue. Richard Wagner travaillait à l'implémentation et à l'administration du PGI de l'entreprise, à Dublin, en Ohio. Le système se concentrait à l'origine sur l'automatisation des transactions, puis sur l'ajout d'applications de ventes, marketing et finance. Les données internes étaient consolidées dans un entrepôt de données unique, dans l'espoir que les systèmes de business intelligence en tireraient des insights.

« Nous avons intégré tous les systèmes, ce qui nous permettait d'établir de bons rapports sur nos données », a déclaré Richard Wagner. « Mais les décideurs clés de l'entreprise, au niveau de la direction, et en particulier les cadres dirigeants, ne les ont jamais regardés. Même si nous placions ces rapports sur le bureau de leur PC pour qu'ils puissent les lire en arrivant au bureau, ils ne les ont jamais ouverts. »

En 2010, il avait rendez-vous avec le directeur financier de l'entreprise. « Je lui ai dit : "J'ai remarqué que les décideurs ne regardent pas toutes les données, qu'est-ce nous faisons mal ? Qu'est-ce qui pourrait vous être utile ?" »

Le directeur financier a répliqué que tous les graphiques et tableaux qu'ils fournissaient aux cadres étaient utiles, mais qu'il s'agissait de données historiques internes qu'ils connaissaient déjà, et sur lesquelles ils n'avaient plus d'influence. Il lui a expliqué que les propriétaires, à l'époque une grande société financière privée, cherchaient des indicateurs externes étudiant les secteurs énergie, pétrole, gaz, automobile, construction et bâtiment, qui influençaient la prise de décision stratégique de l'entreprise. Les chefs de Wagner, responsables des résultats d'une entreprise chimique mondiale fabriquant différents types de produits, avaient donc besoin d'indicateurs plus variés, tels que les marchés à pénétrer, les marchés à quitter, les fluctuations du prix des matières premières et la demande de produits et services sur les différents marchés. Richard Wagner a décrit cette conversation comme « une épiphanie ».

Il a étudié une solution et en a parlé à Kevin Smith, économiste en chef de l'American Chemistry Council, auteur d'un article sur les indicateurs précurseurs dans l'industrie chimique. Kevin Smith avait obtenu les données pour son article de manière traditionnelle, au moyen de recherches laborieuses et d'analyses statistiques. Richard Wagner a réalisé qu'il pouvait créer un logiciel en mesure d'automatiser ce processus, pour obtenir quelque chose de mieux que les « conjectures », selon ses mots, des économistes et des spécialistes du secteur, « des insights sur l'évolution de notre demande s'appuyant sur la réalité, n'indiquant pas uniquement si elle augmentait ou baissait, ou si nous étions à telle phase d'un cycle, mais nous indiquant précisément l'ampleur de la demande et les débouchés de chaque produit que nous fabriquions ».

Il a créé ce système pendant son temps libre, avec l'aide d'un développeur, et l'a implémenté chez Borden en 2011, avant de se lancer à son compte. Aujourd'hui, son entreprise Prevedere prospère et aide les entreprises du top Fortune 1 000, de BMW à Yum! Brands, à prévoir plus précisément la demande des clients et les ventes futures. Elle est leader dans le domaine des prévisions de résultats des entreprises, et a annoncé un tour de financement de 10 millions de dollars en 2017, portant ainsi à 20 millions de dollars ses fonds levés auprès des sociétés de capital-risque de la Silicon Valley et de Microsoft Venture.

Lors de son discours d'inauguration, il a déclaré : « Depuis une dizaine d'années, les entreprises ont des difficultés à intégrer le big data et l'analyse prédictive dans leurs processus de planification et de prise de décision de manière à en tirer profit. Prevedere supprime les barrières traditionnelles aux insights, telles que l'accès en temps réel aux données, l'identification automatisée d'indicateurs clés, la modélisation prédictive intuitive, c'est pour cette raison que des entreprises du monde entier s'adressent à nous pour améliorer leurs résultats[1]. »

Traitement automatique du langage naturel

L'un des obstacles principaux à l'analyse des données externes est la difficulté des ordinateurs à comprendre les textes. Cependant, depuis que les ordinateurs existent, un vaste domaine de recherche nommé traitement automatique du langage naturel (TALN) travaille à ce problème. En termes simples, le TALN est une technologie aidant les ordinateurs à apprendre la grammaire et le sens sous-jacent d'un texte. À l'aide du TALN, un ordinateur détermine automatiquement le sentiment d'un texte, et reconnaît le nom d'une entreprise ou une marque. Aujourd'hui, le TALN est l'un des problèmes les plus difficiles à résoudre, et même les algorithmes les plus récents sont loin d'être parfaits, mais, grâce aux grandes avancées réalisées dans la puissance de traitement et aux innovations du machine learning, il se développe rapidement.

Une start-up nommée Idibon, cofondée en 2014 par Rob Munro, titulaire d'un doctorat de Stanford, est l'un des acteurs les plus intéressants de ce domaine du TALN appliqué à grande échelle. Il est conçu pour être agnostique de la langue, ou alingue, ce qui signifie qu'il est indépendant de la langue.

Selon Munro, chaque jour, l'anglais représente seulement 5 % des communications parlées du monde : « L'anglais est déjà une langue

1. « Prevedere Raises $10 Million in Series B Funding Led by Norwest Venture Partners », Prevedere, 9 mars 2017, https://www.prevedere.com/prevedere-raises-10-million-in-series-b-funding-led-by-norwest-venture-partners/

minoritaire dans la plupart des technologies numériques, et baissera jusqu'à moins de 10 % des communications numériques. » Il n'y aura pas de langue dominante. Le mandarin représentera 10 à 15 % des communications, l'anglais et l'arabe 5 % environ et l'espagnol un peu moins. Ceci signifie que le reste du peloton est formé d'une grande variété de langues.

L'intelligence artificielle à la base du logiciel d'Idibon n'émet aucune hypothèse préalable sur la langue, et interagit avec les utilisateurs afin de consolider sa base de connaissances. Aujourd'hui, Idibon fonctionne dans soixante langues, dont le chinois et le japonais, où il n'y a pas d'espaces entre les mots, et également dans les langues s'écrivant de droite à gauche, comme l'arabe et l'hébreu, ainsi que dans les langues ayant leur propre alphabet, comme le coréen.

« L'UNICEF utilise environ une douzaine de langues en Afrique subsaharienne », ajoute Rob Munro. Le TALN permet à l'UNICEF de gérer le plus rapidement possible des informations complexes et critiques. Par exemple, les personnes résidant dans un pays accompagné par l'UNICEF peuvent envoyer gratuitement un message à l'ONU. Ce mécanisme a été initialement mis en place afin de permettre à l'organisation intergouvernementale de mener des enquêtes, mais son objet a évolué par la suite. L'UNICEF s'est aperçue qu'elle recevait un grand nombre de messages spontanés : par exemple, des rapports sur l'inondation d'un village, ou sur des étudiants agressés par un enseignant. Ce type de messages sensibles et délicats requérait une réponse rapide, ou devait être transmis rapidement à l'organisation appropriée.

Idibon travaille également avec des clients dans le secteur automobile pour comprendre les patterns d'achat en étudiant les réseaux sociaux. Rob Munro poursuit : « Pour les gros achats, les personnes s'adressent de plus en plus aux réseaux sociaux pour voir ce que les membres de leur réseau ont acheté. » Ceci a permis à Idibon d'identifier les personnes ayant l'intention d'acheter une voiture avec une précision de 90 % environ.

« Pour dix des quatorze modèles de voitures que nous avons étudiés, nous avons pu corréler l'intention aux ventes mensuelles aux

États-Unis. Cette analyse dépasse l'analyse du sentiment. Elle anticipe les chiffres des ventes annoncés. Une application prédictive de ce type est précieuse pour comprendre l'évolution possible du prix des titres de ces entreprises. Ou, pour une personne travaillant dans ces entreprises, ces informations sont utiles, car elles permettent de savoir combien de véhicules doivent être mis à disposition des concessionnaires. Si vous êtes un concurrent, elles vous permettent de savoir lequel de vos concurrents vous a dépassé dans le mois courant, et pourquoi. »

La data science

La data science est un mélange de techniques statistiques et mathématiques servant à analyser des quantités massives de jeux de données bruyantes et complexes, telles qu'on les trouve sur Internet. Nous vivons à l'ère du « big data », et croulons sous les données, internes et externes. Les pépites d'insights que nous recherchons peuvent s'avérer très précieuses, mais sont parfois très dures à extraire. Pour ces raisons, le métier de data scientist semble être l'un des plus recherchés du XXIe siècle. Une grande partie du travail du data scientist est de compenser le bruit et les biais des données. Une fois qu'ils sont supprimés, il est beaucoup plus facile d'identifier des schémas et modèles, ce qui représente le premier pas vers les insights. En appliquant des boucles de feedback, un système informatique peut « apprendre », et plus il reçoit de données et de feedback, plus il est performant dans l'identification de patterns. Cet apprentissage est souvent nommé « machine learning » ou « intelligence artificielle » (IA), et c'est une technique fondamentale utilisée en « analyse prédictive » et « TALN », que nous avons mentionnés plus haut.

L'une des entreprises de data science les plus fascinantes du monde est Kaggle, de San Francisco, fondée en 2010 par Anthony Goldbloom, économiste, et Ben Hamner, technologue. Kaggle est connue pour organiser des concours dans lesquels des data scientists du monde entier s'affrontent, pour une récompense et pour la notoriété. La plupart des problèmes résolus lors des concours de Kaggle sont très complexes. La Mayo Clinic a par exemple crowdsourcé, avec l'aide de Kaggle, un algorithme pour une détection plus précoce et précise des crises de patients épileptiques. Microsoft a sollicité l'aide de Kaggle pour organiser un concours visant à améliorer la reconnaissance des mouvements de son produit Kinetic. Ford a mis au point, avec l'aide de Kaggle, un algorithme crowdsourcé pour la détection précoce de l'assoupissement du conducteur.

L'un des concours que je trouve particulièrement intéressants a été lancé en novembre 2012, et comportait un prix de 100 000 dollars, représentant l'une des plus grosses sommes généralement offertes[1]. Ce défi, nommé GE Hospital Quest, avait pour objectif d'augmenter l'efficacité des visites à l'hôpital. L'entreprise estimait le gaspillage dû à des processus inefficaces tels que les retards des procédures, des temps d'attente inutiles, la bureaucratie et la perte ou l'endommagement d'équipements, à 100 milliards par an. Ceci causait des retards de sortie des patients et avait un poids considérable sur les ressources.

Le concours demandait aux équipes de créer un produit, c'est-à-dire une application, permettant aux utilisateurs de simplifier et d'optimiser l'expérience client en fournissant un meilleur niveau d'efficacité opérationnelle. Chaque participant décidait de se concentrer sur un problème particulier du système, par exemple aider les patients à mieux comprendre leur plan de soins post-hospitalisation, s'assurer que les brancardiers étaient là où l'on avait besoin d'eux, en fonction des besoins des patients.

Le concours a été remporté par Aidin, application conçue par Russ Graney, ancien consultant devenu chef de projets stratégiques, Mike Galbo, ingénieur en énergie et Janan Rajeevikaran, développeur de logiciels, qui avaient décidé de se concentrer sur un domaine dont le coût estimé pour les hôpitaux américains atteignait 17,4 milliards de dollars par an : les processus de réadmission. Ils se sont fortement appuyés sur le benchmarking. À l'époque, 25 % des patients hospitalisés

---

1. Tomas Kellner, « Touch Down: GE's Quest to Know When Your Flight Will Land », General Electric, 3 avril 2013, http://www.gereports.com/post/74545138591/touch-down-ges-quest-to-know-when-your-flight/

aux États-Unis étaient réhospitalisés en phase post-aiguë dans les trente jours suivant leur sortie. Aidin a permis d'augmenter l'efficacité de ce processus en intégrant des données du système de gestion des sorties pour recommander des prestataires de soins en phase post-aiguë, ce qui a permis de libérer les prestataires des tâches administratives, et de se concentrer sur les résultats positifs des patients. Cette application combine de multiples types de données externes, telles que les informations de Medicare, et des comparaisons de chiffres, notamment les performances des prestataires de soins aigus, à des informations sur le patient, afin de trouver la correspondance idéale pour les soins post-aigus en cours.

Les « données internes » proviennent des dossiers des patients hospitalisés : informations sur l'assurance, adresse du domicile et type de soins nécessaires après leur sortie. Les données externes proviennent des 25 000 prestataires de soins, tels que les centres de réhabilitation, les agences de soins à domicile et les maisons de soins. Au lieu qu'un travailleur social étudie la documentation pour trouver un établissement correspondant aux besoins du patient et pouvant lui fournir les soins nécessaires, Aidin classe les données externes fournies par les agences en catégories telles que le taux de réadmission du prestataire ou les évaluations de Medicare indiquant le taux de suivi des bonnes pratiques du prestataire ou le pourcentage de patients ayant indiqué une amélioration de la gestion de la douleur après les soins. Aidin fournit également des informations à la manière de TripAdvisor, collectées auprès d'autres patients ayant suivi le même traitement dans le même établissement.

Aidin est un fantastique exemple du potentiel de la data science pour combiner une quantité massive de jeux de données complexes, afin de mettre au point des solutions ingénieuses et de fournir de meilleurs soins de santé, d'économiser de l'argent et de permettre aux personnes de prendre des décisions informées pour leur propre santé.

À LA RECHERCHE DE « J'AIME » SUR LES RÉSEAUX SOCIAUX

« Dis-moi ce que tu manges, je te dirai qui tu es », déclarait Anthelme Brillat-Savarin en 1826. Aujourd'hui, en paraphrasant, nous pourrions dire « Dis-moi ce que tu aimes, je te dirai qui tu es ». Les contenus des réseaux sociaux sont le plus grand réservoir d'insights, allant des informations sur les consommateurs à la veille concurrentielle. Les insights les plus intéressants ne sont pas ceux que l'on trouve dans les jeux de données eux-mêmes, mais ceux fournis sur les personnes à l'origine des mentions « J'aime » et des partages sur les réseaux sociaux. Il s'avère qu'en analysant les « J'aime » et les partages d'un internaute sur les réseaux sociaux, il est possible d'estimer avec une précision surprenante son sexe, son âge, son niveau d'instruction, sa fourchette de revenus, ses goûts en matière de musique, ses tendances politiques et ses préférences sexuelles.

L'un des pionniers dans ce domaine est Philometrics, entreprise fondée par Alex Spectre, professeur de psychologie à l'université de Cambridge. Spectre utilise le machine learning pour explorer les réseaux sociaux afin de créer des profils riches des personnes engagées activement sur Facebook, Twitter et Instagram. Il applique ces profils sociaux à l'amélioration des sondages clients.

Les sondages quantitatifs demandent aujourd'hui le sexe, l'âge et le lieu d'habitation des clients, et ensuite uniquement posent leur dizaine de questions sur le projet faisant l'objet de la recherche. La méthode de Spectre consiste à ajouter à ces informations des signaux sociaux pour créer un profil des répondants bien plus fourni. Pensez à votre profil Facebook, au genre de contenus que vous publiez et que vous « aimez », aux groupes que vous suivez. Il est possible de créer une image très précise de votre personne : Philometrics peut par exemple fournir une estimation assez précise de vos revenus et de votre niveau d'instruction.

« Le défaut des focus groups recrutés est qu'ils ne sont pas du tout représentatifs de l'espèce humaine, et c'est un problème », explique Alex Spectre. Les méthodes d'étude traditionnelles prévoient de poser une question directe, par exemple, lequel de ces deux tableaux aimez-vous ? Le Léonard de Vinci ou le Picasso ? Quel téléphone préférez-vous ? Celui qui a un écran tactile ou celui qui a un clavier ? Il ajoute : « Ce n'est pas adapté, mais le recrutement de grands échantillons revient très cher. Donc, les organisations interrogent en général quelques centaines de personnes, et généralisent. »

L'autre grand défaut du système est la variabilité de la population. « Vous et moi sommes différents, et il n'est donc pas surprenant que la plupart des choses intéressantes soient elles aussi différentes. Les différences seront nombreuses : géographiques, par tranche d'âge, revenu, sexe, origine, préférences politiques, etc. En général, nous faisons comme si elles n'existaient pas, nous n'avons pas le courage d'aller au bout des choses. »

L'idée de Philometrics est que nous pouvons exploiter les réseaux sociaux et d'autres sources de données comportementales pour mettre les sondages consommateurs à l'échelle.

La vision de Philometrics est une plateforme sur laquelle les organisations peuvent facilement mener des études suivant un processus automatisé utilisant des modèles de machine learning en mesure de prédire les réponses. Les clients analysent 500 à 1 000 personnes, mais Philometrics renvoie un jeu de données contenant 130 000 personnes, par exemple. Alex Spectre poursuit : « L'étape suivante sera : comment faciliter l'analyse ? Vous avez 130 000 personnes, et il vous suffit de cliquer sur une carte des États-Unis. Cette technique ne sera plus uniquement réservée aux experts et aux personnes ayant accès à des quantités massives de données, elle est désormais accessible à tous. »

Il avertit cependant que la précision est limitée pour les individus. Mais les modèles sont tout de même utiles, car ce ne sont en général pas les individus qui intéressent les organisations, au contraire, de nombreuses études de marché se basent sur la compréhension de groupes de personnes (par exemple, les femmes millennials en Californie). La méthodologie mise au point par Alex Spectre applique les prédictions individuelles transversalement à ces types de segments. Une fois les données agrégées, une grande partie du bruit est supprimée des estimations, et nous obtenons une évaluation relativement précise de la moyenne du groupe. Ce sont précisément ces groupes que les marketeurs veulent connaître.

Recouper les données

L'une des grandes promesses du modèle Outside Insight est sa capacité à recouper des données de types différents. Imaginez ce que l'on pourrait atteindre si chaque document publié sur l'Internet pouvait être analysé, et les nouveaux insights enregistrés et classés en fonction de leurs relations internes. C'est un défi pour une machine que d'extrapoler le sens de textes provenant de différentes sources, en différentes langues, mais des graphiques de connaissance peuvent permettre de mettre en lumière des connexions masquées.

Par exemple, en analysant des demandes de brevets, nous apprenons qu'une personne nommée « Catherine Larsen » a déposé un brevet pour le compte d'IBM. Sur Twitter, nous voyons qu'elle adore le vin italien et qu'elle se rend souvent à Rome. Sur LinkedIn nous apprenons qu'elle travaille pour IBM depuis bientôt huit ans, et qu'après son master en ingénierie électrique de l'UC Berkeley en 2001, elle a commencé sa carrière professionnelle comme développeuse de logiciels chez HP, où elle a travaillé pendant huit ans avant de passer chez IBM.

En explorant un grand nombre de types de données, nous pouvons combiner les insights trouvés dans un graphique. Ce graphique peut servir à trouver des relations qui ne sont pas présentes explicitement dans les données que nous étudions. Nous apprenons par exemple que notre vice-président de l'ingénierie a fait ses études avec Catherine à Berkeley, que l'un de nos candidats a travaillé pour Catherine pendant l'année où elle a demandé le brevet pour IBM et que notre vice-président des ventes était à Rome à la même période qu'elle l'année dernière.

Un graphique est un outil puissant permettant de déceler des insights de haut niveau, et ce domaine technologique fait actuellement l'objet d'une activité frénétique de R&D.

Les principaux défis sont liés à la désambiguïsation du nom des entreprises et des personnes. Ce n'est pas tâche facile que de comprendre si l'inventeur d'un brevet est la personne qui vient de tweeter son arrivée à Rome. Son nom peut par exemple être orthographié différemment. Sur le brevet, elle est peut-être « Catherine Larsen », mais sur Twitter elle est « Cat Larsen ». Le fait qu'il puisse y avoir des centaines de personnes portant ce nom vient compliquer les choses. Il arrive par ailleurs souvent que les personnes changent de nom. Cat pourrait s'être mariée après avoir déposé son brevet, et avoir pris le nom de son mari.

Dans le domaine de l'élaboration de graphiques, la société Spiderbook, de San Francisco, est digne d'attention. Ses cofondateurs, Aman Naimat et Alan Fletcher, ont passé plusieurs années à faire tourner des applications internes de ventes et de marketing chez Oracle. Ils ont réalisé que la plupart des commerciaux n'utilisaient pas les applications, car elles ne leur donnaient aucune information pertinente sur l'élément le plus important de leur travail : le monde hors des quatre murs de l'entreprise.

Aman Naimat a déclaré : « Les applications traditionnelles sont axées sur l'intérieur. Mais que font les commerciaux ? Ils passent 90 % de leur temps en dehors de l'entreprise. Cependant, Salesforce, Oracle et SAP développent des applications pour les 10 % du temps que les personnes passent dans l'entreprise. Que fait-on des 90 % restants ? Les technologues n'en tenaient absolument pas compte. » Ce qui est réellement utile, c'est bien sûr l'intention du client : renouvellera-t-il un contrat ? Achètera-t-il le nouveau produit ? Qu'est-ce qui l'intéresse ?

Il poursuit : « Même si vous ne comprenez que 10 % de ce qu'un client fait dans le monde extérieur, vous aurez toujours plus d'informations que tout ce que vous pourrez collecter depuis l'intérieur. »

Aman Naimat et Alan Fletcher ont décidé de créer la nouvelle génération d'applications à partir de recherches qu'ils avaient menées à Stanford, en se concentrant sur le comportement d'un commercial. Leur start-up, Spiderbook, est un graphique de connaissances réalisé autour de chaque entreprise sur l'Internet, ses points de données comprenant les clients, les partenaires, les fournisseurs, les éléments dans lesquels les entreprises investissent, les postes sur lesquels elles recrutent et leurs priorités commerciales.

« Fondamentalement, c'est l'Internet, mais nous ajoutons tout ce qui ne figure pas dans un concept commercial, comme une entreprise, un produit ou une personne associée à l'entreprise », précise Aman Naimat.

Il y a cinq ans, il aurait probablement fallu 100 millions de dollars pour créer une infrastructure en mesure de traiter 300 à 400 téraoctets de données.

Aujourd'hui, une fraction de ce montant est nécessaire. « Nous avons tellement optimisé le processus et les machines que nous pouvons lire la totalité de l'Internet commercial et le traiter à tout moment pour 750 dollars », ajoute Aman Naimat.

L'algorithme, qui a été programmé pour comprendre le vocabulaire commercial, explore les données du Web. Grâce au traitement automatique du langage naturel, il peut distinguer la manière dont les personnes expriment les relations entre une entreprise pharmaceutique et un fournisseur d'énergie, ou une entreprise technologique et un fabricant de moteurs, par exemple.

« Comparé à un commercial moyen, notre moteur a une précision dix fois supérieure. Le taux de réponse des commerciaux est en général de 3 % environ. Aujourd'hui, certains de nos clients obtiennent des taux de réponse pouvant atteindre 20 à 30 %. C'est le fait de pouvoir tout lire qui nous rend si performants », conclut Aman Naimat.

Avant Google, les moteurs de recherche fonctionnaient par mots-clés. Google a décidé de les mettre en relation et a créé PageRank, un classement des sites Web liés. Selon Aman Naimat, la réelle innovation de Spiderbook réside dans sa capacité à mettre tous les éléments en relation, et à recouper tous les points de données pertinents.

Il donne l'exemple d'une start-up du domaine de la santé avec laquelle Spiderbook collabore. Après avoir effectué des recherches sur le Web et analysé des millions d'entreprises pouvant être des clients potentiels, l'algorithme en a identifié 787 qu'il valait la peine courtiser.

« Non seulement le système vous dit de vendre à ces entreprises, mais en plus il vous guide tout au long du processus. Spiderbook est plus qu'un outil à ce stade, car ce n'est pas vous qui lui dites ce qu'il doit faire, c'est lui qui vous dit d'aller vendre à Monsanto, par exemple, et qui vous guide en identifiant les personnes susceptibles d'être les plus réceptrices, parce qu'elles publient des articles de blog ou partagent des diaporamas sur ce sujet. »

Ces nouvelles technologies, des graphiques de connaissances de Spiderbook à l'interprétation des signaux sociaux par Philometric, en passant par le TALN d'Idibon et l'analyse prédictive de Prevedere, s'attaquent à certains des problèmes les plus complexes de l'analyse de données actuelle. Ce ne sont pas les seules. Dans le monde entier, des milliers d'entreprises travaillent d'arrache-pied et étudient de nombreuses manières de résoudre ces problèmes. Grâce aux développements importants de la puissance de calcul dans le cloud et aux innovations continues du machine learning, la perspective d'exploiter le plein potentiel de l'Outside Insight se fait de plus en plus proche. Nous pouvons nous autoriser à penser que la plupart des obstacles techniques devraient être résolus dans un avenir proche. Dans quelques années, l'Outside Insight sera un outil courant d'aide à la prise de décision informée et rapide dans tous les services et à tous les niveaux d'une entreprise.

15

De nouvelles **sources de données**

Au milieu des années 1990, quand j'étais jeune chercheur en vision par ordinateur et intelligence artificielle auprès du Norwegian Computing Center, j'étais entre autres chargé d'analyser des images satellites des montagnes norvégiennes. L'objectif était d'estimer la quantité de neige dans les montagnes en hiver. Ceci permettait d'estimer le risque d'inondation au printemps. Ces données permettaient également de calculer le volume de production futur des 278 centrales hydroélectriques de Norvège, et le coût de l'électricité, en raison de la corrélation entre la quantité de neige en hiver et celle d'eau alimentant les centrales.

Le nombre de satellites en orbite autour de la terre a fortement augmenté ces dernières années. Plus récemment, le prix des satellites a chuté vertigineusement, et s'est accompagné d'une augmentation proportionnelle des images disponibles. Dans le passé, ces images étaient accessibles aux seuls gouvernements, mais en raison de la baisse des prix, elles sont désormais accessibles pour un certain nombre d'usages commerciaux. Alors que les prix continuent à baisser, je pense que les images aériennes des satellites et des drones s'imposeront comme source de données courante pour l'analyse commerciale de nouvelle génération.

Orbital Insight

Orbital Insight, entreprise de Palo Alto, en Californie a porté l'imagerie satellite à un tout autre niveau. À l'aide du traitement avancé des images, de la vision par ordinateur et d'une puissance de calcul sur le cloud, l'entreprise utilise les images satellites pour obtenir un grand nombre d'insights commerciaux intéressants, tels que l'estimation des ventes en comptant les voitures garées sur les parkings des centres commerciaux, la création de données indépendantes sur la santé de l'économie chinoise en mesurant le nombre de chantiers de construction commerciaux, la prédiction des volumes de récoltes en suivant les champs agricoles, entre autres.

Selon son fondateur et directeur général, James Crawford, nous sommes déjà capables d'obtenir 8 millions de kilomètres carrés d'images chaque jour, et ce nombre sera multiplié par dix dans un avenir proche en raison du nombre de start-up de satellites privées qui arrivent sur le marché, puis encore par dix à mesure que l'utilisation des drones se répandra, car ils fournissent des images de meilleure qualité que les satellites.

Les nouveaux venus construisent des satellites très compacts et beaucoup moins chers qu'auparavant. Le nombre croissant de satellites et de drones signifie que nous aurons bientôt accès à des images de chaque ville du monde, à toute heure. Ceci représente un tel volume de données qu'elles ne pourront pas être traitées par des humains. Par conséquent, elles seront analysées par des machines.

Le deep learning et l'IA augmenteront notre capacité d'analyse des images et nous permettront d'identifier des tendances géoéconomiques dans le monde.

Les grandes surfaces, qui disposent de grands parkings, sont des sources potentielles très intéressantes de collecte de données sur les consommateurs, qui peuvent donner lieu à de multiples formes d'extrapolation. Orbital Insight peut par exemple offrir aux services financiers de ses clients des données prédictives sur les performances trimestrielles de Walmart ou d'autres grandes enseignes en étudiant les photos des parkings. En agrégeant ces données sur plusieurs années, la société peut fournir une carte des points chauds indiquant où les consommateurs préfèrent se garer, et d'autres tendances telles que les patterns de comportements saisonniers et d'autres indications temporelles, telles que les jours de la semaine. Il est possible d'établir des comparaisons pour voir lequel de deux concurrents obtient de meilleurs résultats, données extrêmement précieuses pour les investisseurs. Selon Crawford, l'activité sur le parking est directement liée au cours des actions de l'entreprise.

L'agrégation d'une grande quantité de données nous permet d'identifier des tendances macroéconomiques et d'en tirer des insights concernant les performances de l'économie dans son ensemble, avec un niveau de précision élevé en raison de l'échelle de ces informations. Orbital Insight agrège les données de cinquante enseignes aux États-Unis pour obtenir une vue à grande échelle de l'économie américaine. Les drones commerciaux seront eux aussi de plus en plus utilisés à cette fin.

À mesure que nous avançons, selon Crawford, en plus d'utiliser ces données pour les prévisions financières, nous comprendrons et mettrons en contexte les performances d'un magasin en connaissant les tendances générales et le comportement des clients. Il nous sera utile de savoir s'ils ont des problèmes pour accéder à un magasin, de connaître l'influence de la position d'un magasin sur les ventes, les schémas du trafic urbain et régional, et nous pourrons anticiper les disruptions de la chaîne d'approvisionnement, telles que les goulots d'étranglement dans les ports ou les problèmes de transport des fournisseurs principaux.

Appréhender le monde sous une approche géospatiale pouvant être analysée à grande échelle, que ces images proviennent de drones, du dénombrement des téléphones mobiles ou des véhicules connectés, nous permettra d'obtenir des données fondamentales sur les différents secteurs d'activité, dont la vente, l'énergie, l'assurance, la santé et la finance, sans compter les applications gouvernementales.

Planet Labs

S'il est une start-up qui tire le prix de l'application commerciale des images satellites vers le bas, c'est Planet Labs, située à San Francisco. L'entreprise, financée en capital-risque à hauteur de 151 millions de dollars, opère dans le domaine aérospatial, et utilise des matériaux courants pour développer et fabriquer des satellites d'imagerie à bas prix, les Dove, à peine plus grands qu'une brique, d'un poids de 4 kg environ. Ces satellites sont mis en orbite par les fusées d'autres missions, d'où le coût réduit de leur déploiement. Chaque satellite Dove scanne la terre en continu et envoie ses données quand il passe au-dessus d'une station terrestre. Ensemble, les satellites Dove forment une constellation qui fournit une image complète de la Terre à une résolution de 3 à 5 mètres. Les images collectées par les satellites Dove fournissent des informations à jour sur la surveillance du climat, la prévision des récoltes, la planification urbaine et la réponse aux catastrophes.

Planet Labs suit un modèle très différent de celui d'une organisation gouvernementale telle que la Nasa. Bien qu'il ne soit pas directement comparable, le Landsat 8 de la Nasa, lancé en février 2013, a coûté 855 millions de dollars et mesure la taille d'un camion[1].

Depuis ses débuts en 2010, Planet Labs a conçu, réalisé et lancé 70 satellites dans l'espace, plus que toute autre organisation. Planet Labs a déclaré qu'une fois qu'elle aurait 150 satellites en orbite (date prévue : 2017), elle serait en mesure d'émettre deux fois par jour des images de la terre entière. Cette avalanche d'images permettra de créer une base de données sans précédent de la planète, qui pourra par exemple servir à éteindre les feux de forêt, voire à arrêter les guerres.

---

1. William Harwood, « NA SA Launches $855 Million Landsat Mission », CBS News, 11 février 2013, https://www.cbsnews.com/news/nasa-launches-855-million-landsat-mission/

Terra Bella

Plusieurs organisations cartographient la Terre depuis l'espace, dont Terra Bella, filiale de Google. Ses satellites, de la taille d'un mini-réfrigérateur sont réalisés au moyen de composants courants, comme ceux de Planet Labs. Ils envoient des images statiques et des vidéos HD à la Terre, où elles peuvent servir à comprendre les déplacements des camions transportant des produits d'un centre logistique à un détaillant par exemple, ou le nombre de watts émis par un pays émergent où la consommation d'électricité se répand, ou encore la quantité d'un polluant décolorant dans une baie proche d'une ville.

Toutes ces données ont des applications gouvernementales et privées, et sont aussi utiles aux scientifiques et aux activistes environnementaux, qu'aux économistes et aux analystes des institutions financières créant des modèles prévisionnels. Si vous pouvez observer les réservoirs de stockage de pétrole par le haut, vous pouvez vous faire une idée de la quantité pompée et injectée sur le marché mondial. Si vous pouvez analyser le nombre de camions sortant du site de fabrication de Foxconn à Shenzhen, vous pouvez avoir une idée de la date de sortie du prochain iPhone.

De la macro au micro

En juillet 2016, SoftBank, investisseur tech japonais, a annoncé l'acquisition du producteur de processeurs britannique ARM pour 32 milliards de dollars[1]. Cette offre était supérieure de 43 % au dernier prix de clôture et de 41 % (!) à son record absolu.

1. Chang-Ran Kim and Kate Holton, « SoftBank To Buy UK Chip Designer ARM in $32 Billion Cash Deal », Reuters, 18 juillet 2016, https://www.reuters.com/article/us-arm-holdings-m-a-softbank-group/softbank-to-buy-uk-chip-designer-arm-in-32-billion-cash-deal-idUSKCN0ZY03B

Cette acquisition est symbolique de la foi de SoftBank dans l'avenir de l'Internet des objets (IdO)[1] et représente un investissement dans une tendance technologique en pleine mutation, dont le Forum économique mondial a estimé en 2016 que les économies de coûts et l'augmentation des bénéfices qu'elle permettrait représenteraient une génération de valeur de 190 000 milliards de dollars au cours des dix ans à venir.

Il n'est pas facile de saisir l'importance de cette génération de valeur, mais peu importe la précision du rapport du Forum économique mondial, il est manifeste que l'IdO influencera fortement le monde.

L'Internet des objets peut être décrit comme un grand nombre de capteurs interconnectés dotés d'une puissance de calcul. Ces capteurs peuvent être intégrés dans presque tous les objets, et partout. Imaginez une ampoule équipée d'un capteur pouvant détecter qu'elle est grillée et envoyer cette information à un technicien, qui sait où trouver une nouvelle ampoule et quels outils sont nécessaires pour la remplacer. Ces capteurs peuvent être utilisés en production, pour augmenter l'efficacité et l'automatisation des usines. Ils peuvent ajouter des données bien plus précises aux processus logistiques et générer une valeur pour les processus et les entreprises dont l'ampleur est encore insaisissable.

L'aspect intéressant de l'IdO en lien avec le modèle Outside Insight réside dans les nouvelles données que ces capteurs collectent. Certes, une grande partie des données de l'IdO seront des données internes, qui permettront d'améliorer un grand nombre de décisions et de processus opérationnels, mais l'IdO générera également un grand nombre de données publiques que les entreprises pourront exploiter. J'en veux pour preuve certaines initiatives de « Smart City » déployées au niveau expérimental dans des villes telles qu'Amsterdam, Barcelone, Stockholm et Singapour. Dans l'optique d'augmenter leur efficacité et d'améliorer la qualité de vie de leurs habitants, ces villes déploient des capteurs intelligents interconnectés à grande échelle pour détecter les embouteillages, optimiser la consommation d'énergie et améliorer la

1. Ndt : en anglais, « *Internet of Things* » (IoT).

sécurité publique. Au cours de ce processus, elles collectent et agrègent de nombreuses informations. On ne sait pas encore quelle quantité d'informations sera accessible à tous, mais, vu l'évolution à la baisse du prix de la technologie des capteurs et de la puissance de calcul, il est facile d'imaginer à l'avenir des capteurs dans chaque rue, chaque habitation, chaque feu et chaque carrefour, collectant des données pouvant être analysées.

Il y a désormais des nuées de satellites et de drones dans le ciel, et, au sol, nos maisons, nous-mêmes (sous forme de technologie portable), nos véhicules et notre environnement fourmillent de minuscules capteurs. Si l'on associe ces éléments, on obtient des données sur l'imagerie, la température, l'humidité, le niveau de pollution et de nombreuses autres informations très précises.

Du point de vue de l'Outside Insight, l'Internet des objets représentera à l'avenir une nouvelle source de données riches que les entreprises pourront utiliser afin de prévoir le comportement de leurs clients, la demande future, la progression de leurs concurrents, et de nombreux autres insights que l'on a encore du mal à saisir pleinement aujourd'hui.

La quantité massive d'informations disponible aujourd'hui sur l'Internet est déjà faramineuse. Chaque jour, elle continue à augmenter de manière exponentielle. Et l'Internet des objets n'a pas encore réellement décollé. Avec la diffusion des technologies de capteurs, il sera possible de mesurer et d'enregistrer presque n'importe quoi. L'Internet des objets à lui seul générera probablement autant d'informations que toutes les données publiées sur l'Internet. L'évolution des drones et de l'imagerie satellite permettra de surveiller presque chaque point du globe, par des enregistrements sonores, vidéo, voire infrarouges.

Nous disposons actuellement d'un grand nombre de données, mais ce n'est rien comparé à ce qui nous attend. Leur croissance continuera de manière exponentielle, ce qui permettra d'en tirer encore plus d'insights. Elles augmenteront la valeur potentielle de l'Outside Insight, sous réserve que nous mettions au point des technologies qui nous permettront d'analyser les jeux de données massives que nous aurons entre les mains.

16

Les risques potentiels de l'Outside Insight

En novembre 2016, contre toute attente, Donald Trump a remporté les élections présidentielles américaines. Ce résultat allait à l'encontre des prévisions des sondages classiques, selon lesquels Hillary Clinton était grande favorite. Nate Silver, journaliste et statisticien célèbre pour avoir prévu correctement le résultat de chaque État lors des élections présidentielles de 2012, a lui aussi été totalement à côté de la plaque, car il donnait Hillary Clinton gagnante à 71 % à la veille des élections[1]. L'estimation du *New York Times* publiée au début de la soirée électorale, annonçant Hillary Clinton vainqueur avec 80 % des voix, montre bien que le résultat a pris tout le monde par surprise[2]. Ce chiffre a changé radicalement au cours de la soirée, à mesure de l'arrivée des résultats.

1. Dana Milbank, « No Matter Who Wins the Presidential Election, Nate Silver Was Right », *Washington Post*, 8 novembre 2016.
2. Amanda Cox et Josh Katz, « Presidential Forecast Post-Mortem », *The New York Times*, 15 novembre 2016.

Possibilités de remporter les élections présidentielles – 8 novembre 2019

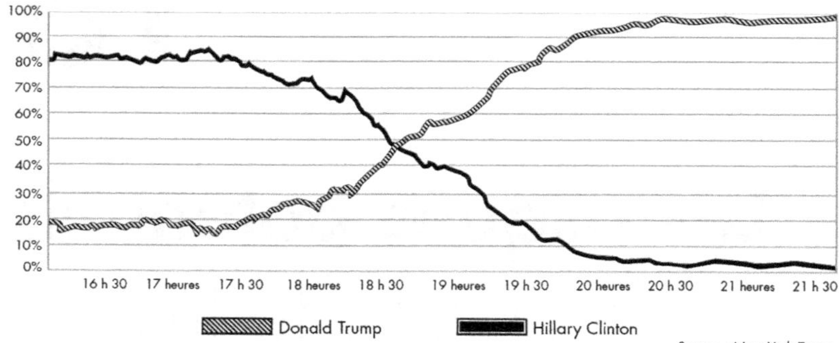

Source : *New York Times*

En revanche, certaines sociétés d'analyse n'ont pas du tout été surprises. Genic.ai, start-up indienne, qui avait déjà correctement prévu le vainqueur des trois élections précédentes, a annoncé avant les résultats officiels que, selon ses modèles, Donald Trump remporterait les élections[1]. Genic.ai a utilisé 20 millions de points de données tirés de plateformes Web telles que Google, YouTube et Twitter pour obtenir ses prévisions, à l'aide de l'intelligence artificielle. L'analyse des réseaux sociaux réalisée par Meltwater indiquait elle aussi que Donald Trump recevait de nombreux soutiens en ligne, notamment sur les réseaux sociaux. La veille des élections, nous avons publié une analyse des hashtags utilisés par les deux candidats, qui a montré que Donald Trump avait deux fois plus de chances de gagner qu'Hillary Clinton[2]. Une analyse similaire avait permis de prévoir correctement l'issue du référendum sur le Brexit[3].

---

1. Andrew Buncombe, « AI System That Correctly Predicted Last 3 US Elections Says Donald Trump Will Win », *The Independent*, 28 octobre 2016.
2. Hanna Frick, « Donald Trump Populärast I Sociala Medier », Digitalt. Dagens Media, 8 novembre 2016, http://www.dagensmedia.se/medier/digitalt/donald-trump-popularast-i-sociala-medier-6803093
3. Sophie Hedestad et Hannes Hultcrantz, « Meltwater: Så förutsåg vi Brexit », Resume, 28 juin 2016, https://www.resume.se/nyheter/artiklar/2016/06/28/meltwater-sa-forutsag-vi-brexit/

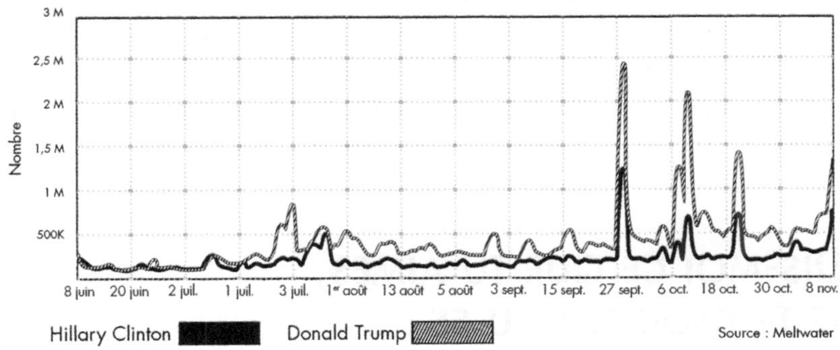

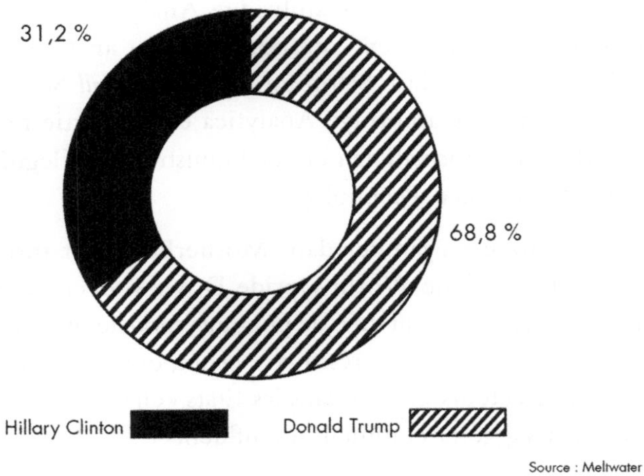

La veille des élections, Meltwater a publié une analyse indiquant que Donald Trump recevait deux fois plus de soutiens sur les réseaux sociaux qu'Hillary Clinton, annonçant ainsi la victoire renversante de Donald Trump.

La conclusion que l'on peut tirer du référendum sur le Brexit et de la victoire de Donald Trump est que les sondages traditionnels ne sont plus aussi fiables qu'autrefois, et que, dans les deux cas, les réseaux sociaux ont donné des informations plus précises sur le sentiment réel des personnes.

Une fois la victoire de Donald Trump avérée, les journalistes et les analystes ont essayé de comprendre pourquoi les sondages s'étaient trompés à ce point. Ils ont toujours une certaine marge d'erreur, mais ils ne s'étaient jamais autant trompés. Qu'est-ce qui avait changé en 2016 ?

DIS-MOI CE QUE TU AIMES, JE TE DIRAI QUI TU ES

Nous n'avons pas encore de réponse à cette question, mais il est manifeste que le camp de Donald Trump a mis les bouchées doubles sur les réseaux sociaux. Une partie de la stratégie en ligne du candidat a semble-t-il été confiée à Cambridge Analytica, bras américain d'une société de conseil en communication et analyse de données nommée SCL Group Ltd. Selon un article du *Wall Street Journal* du 9 novembre 2016, Cambridge Analytica est en partie financée par Robert Mercer, informaticien et coadministrateur délégué du fonds spéculatif Renaissance Technologies[1].

Un article publié en janvier dans Motherboard, et intitulé « The Data That Turned the World Upside Down », décrivait comment Cambridge Analytica avait créé de puissants modèles psychométriques reposant sur l'activité sur les réseaux sociaux, qui ont été utilisés pour identifier les électeurs indécis dans les États « charnière » critiques des États-Unis et suggérer comment les influencer[2].

Le modèle utilisé par Cambridge Analytica présente des similitudes avec une recherche effectuée par deux doctorants de Cambridge, Michal Kosinski et David Stillwell, qui ont associé les « J'aime » sur

---

1. Bradley Hope, « Inside Donald Trump's Data Analytics Team on Election Night », *Wall Street Journal*, 9 novembre 2016, https://www.wsj.com/articles/inside-donald-trumps-data-analytics-team-on-election-night-1478725225
2. Hannes Grassegger et Mikael Krogerus, « The Data That Turned the World Upside Down », Vice Motherboard, 28 janvier 2017, https://motherboard.vice.com/en_us/article/how-our-likes-helped-trump-win

Facebook à un modèle psychométrique élaboré dans les années 1980 nommé OCEAN, en mesure de prévoir les besoins, craintes et schémas comportementaux d'une personne. Ce modèle a toujours été difficile à mettre en pratique en raison de l'importante quantité de données d'enquête nécessaires, mais Michal Kosinski et David Stillwell ont utilisé les données de Facebook pour pallier ce problème.

Ils ont montré dans leur recherche que cette approche était remarquablement fiable. En effet, ils déclarent que, sur la base d'une moyenne de 68 «J'aime» d'un utilisateur sur Facebook, ils ont été en mesure de prévoir la couleur de sa peau (avec une précision de 95 %), son orientation sexuelle (précision de 88 %) et son penchant pour le Parti démocrate ou républicain (85 %). Par ailleurs, ils ont réussi à déterminer l'intelligence, la confession religieuse et l'usage d'alcool, de cigarettes et de drogues. Les données ont même permis de comprendre si les parents de la personne étaient divorcés.

Le rôle effectif de la psychométrie dans la victoire surprise de Trump n'est pas clairement défini. Selon certaines sources, l'utilisation des réseaux sociaux pour la modélisation psychométrique doit encore faire ses preuves. Elles mettent en doute l'importance de ces données dans la campagne de Donald Trump. Après tout, pour les primaires, c'est Ted Cruz qui avait fait appel à Cambridge Analytica, et il a été écrasé par Donald Trump, qui a lui-même été aidé par un simple compte Twitter et un site Web statique qu'il a payé 1 500 dollars à un freelance.

Trois domaines de risque potentiel soulevés par l'élection présidentielle de 2016

Quelle que soit l'importance du rôle joué par les «J'aime» de Facebook dans la détermination du résultat des élections présidentielles américaines de 2016, ces dernières ont permis de mettre au jour trois domaines de risque potentiel très importants pour le modèle Outside Insight.

Le premier est celui de la vie privée. Alors que nous laissons tous une piste de «J'aime», de tweets, de check-in et de photos, comment pouvons-nous protéger ces données contre les algorithmes sophistiqués qui réalisent notre profilage psychométrique et profitent de nous ?

Le deuxième est le risque représenté par les algorithmes eux-mêmes. Peuvent-ils devenir trop intelligents ? Existe-t-il une ligne déontologique qu'ils ne devraient pas franchir ?

Le troisième est les fake news. Les élections présidentielles de 2016 ont déclenché un tourbillon de fake news. Parmi ces fausses informations largement diffusées en ligne figurent le « Pizzagate », qui prétendait qu'Hillary Clinton était impliquée dans un réseau pédophile caché dans une pizzeria[1], ou bien les démocrates voulant imposer la charia en Floride, les supporters de Trump chantant « Nous détestons les musulmans, nous détestons les Noirs, rendez-nous notre grand pays » lors d'un rassemblement à Manhattan[2]. Il est intéressant de noter que ces fake news ont renforcé les croyances des bases d'électeurs existantes et érodé la crédibilité des sources d'information traditionnelles.

Comment protéger la vie privée des personnes ?

On entend souvent qu'à l'heure actuelle, nous devons faire une croix sur notre vie privée. Avec l'avancée des réseaux sociaux, nous entrons dans l'ère de la transparence radicale, et nombreux sont ceux qui, à l'instar d'Eric Schmidt de Google, soutiennent que le respect de la vie privée est révolu[3].

---

1. www.politifact.com/truth-o-meter/article/2016/dec/05/how-pizzagate-went-fake-news-real-problem-dc-busin/
2. www.politifact.com/florida/statements/2014/may/08/blog-posting/florida-democrats-just-voted-impose-sharia-law-wom/
3. Ryan Tate, « Google CEO: Secrets Are for Filthy People », Gawker Media, 4 décembre 2009, http://gawker.com/5419271/google-ceo-secrets-are-for-filthy-people

De nombreux internautes ne se soucient pas du respect de leurs données personnelles, car ils ne se rendent pas compte de la quantité d'informations qu'ils partagent sur eux-mêmes. Par exemple, si vous allez manger au restaurant, vous pourriez être mentionné dans la publication d'une autre personne. Ou quelqu'un pourrait vous prendre en photo sans que vous le sachiez. Les mises à jour de statut et les photos sont souvent géolocalisées, révélant votre position.

Les réseaux sociaux regorgent d'informations à votre sujet, par exemple où vous prenez vos repas, qui vous fréquentez, où vous faites vos courses, quels produits vous achetez et de nombreux autres détails de votre vie. Même si vous n'êtes pas très actif sur les réseaux sociaux, Facebook, Twitter, Instagram, Pinterest et Snapchat en savent beaucoup sur vous, car vos amis vous ont mentionné dans leurs publications.

Pour certains, pas la peine d'en perdre le sommeil, ils n'ont, à leurs dires, rien à cacher. Mais à l'analyse de toutes les miettes numériques que nous semons en ligne, nous révélons bien plus d'informations sur nous-même que ce que nous croyons. En analysant les « J'aime » sur Facebook ou le fil Twitter d'une personne, il est possible de connaître avec un niveau de précision élevé sa tranche de revenus, son niveau d'instruction, sa sexualité et ses penchants politiques. Avec le temps, une quantité de plus en plus importante de données est collectée sur les plateformes sociales, et les algorithmes intelligents le deviennent encore plus, le profilage devient de plus en plus précis et invasif.

Aux États-Unis, au cours d'un entretien d'embauche, l'employeur potentiel n'a pas le droit de poser des questions sur l'âge, les croyances religieuses, les préférences sexuelles ou l'affiliation politique d'un candidat. Cette loi vise à protéger contre les discriminations. Mais les employeurs peuvent désormais glaner ces informations sur les réseaux sociaux.

Les élections présidentielles américaines de 2016 et les campagnes psychométriques de Cambridge Analytica ont mis en évidence l'importance du respect des données personnelles. Plus l'analyse devient sophistiquée, plus le problème du respect de la vie privée prendra de l'ampleur.

QUAND LES ALGORITHMES COMMENCENT-ILS À EN SAVOIR TROP ?

L'objectif en matière d'algorithmes est d'atteindre toujours plus de sophistication, toujours plus de précision. On pourrait penser que plus les algorithmes sont bons, mieux c'est. Prenons par exemple notre analyse des discussions de clients sur les réseaux sociaux. Plus les algorithmes comprennent le sentiment réel de nos clients, mieux c'est. Mais est-ce toujours vrai, ou bien, dans certaines situations, les algorithmes soulèvent-ils d'importantes questions éthiques ?

Le programme de data science de l'enseigne américaine Target a fait les gros titres quand le magazine *Forbes* a rapporté en 2012 que Target avait envoyé des bons de réductions sur les vêtements pour bébé à une lycéenne, sur la base de l'historique de ses achats, prévoyant correctement qu'elle était enceinte avant même qu'elle n'en ait parlé à ses parents[1].

Quelques doutes ont depuis lors été soulevés quant à la véracité de cette histoire, mais elle reste une bonne illustration du fait que les algorithmes courent le risque de franchir une ligne éthique.

Quand il s'agit de déduire des informations personnelles voire très personnelles concernant une personne, les algorithmes entrent dans une zone très sensible du point de vue de l'éthique. La couleur de la peau, l'orientation sexuelle, les tendances politiques, l'instruction, le niveau de revenus, l'intelligence et l'affiliation religieuse sont des exemples d'informations que les personnes n'ont pas pour habitude de partager directement, mais que les algorithmes peuvent déduire à partir d'un grand nombre de points de données, qui peuvent sembler anodins en eux-mêmes. Ceci peut être source de situations difficiles du point de vue moral. Dans de nombreux pays, dont les États-Unis,

---

1. Kashmir Hill, « How Target Figured Out a Teen Girl Was Pregnant Before Her Father Did », *Forbes*, 16 février 2012, http://www.forbes.com/sites/kashmirhill/2012/02/16/how-target-figured-out-a-teen-girl-was-pregnant-before-her-father-did/#4df94eb134c6

la discrimination d'un candidat à un emploi sur la base de son âge, de sa religion ou de son orientation sexuelle est illégale. Dans certains pays, l'homosexualité est illégale. L'existence d'algorithmes pouvant déduire des informations sensibles sur les personnes peut être utilisée à des fins discriminatoires dans ces situations, ou, pire, pour entamer des poursuites judiciaires.

L'un des domaines probablement les plus sensibles des algorithmes est leur utilisation pour le profilage des personnes et l'utilisation de ces profils pour mettre au point des stratégies visant à manipuler leur comportement. Si les algorithmes sont si sophistiqués qu'ils comprennent où faire pression pour provoquer l'action souhaitée, ce sont alors des armes psychologiques dangereuses. Certains sont par exemple convaincus que Donald Trump a pu réduire le vote des Afro-Américains à la veille de l'élection, lorsque sa campagne a ciblé les électeurs Noirs à travers les réseaux sociaux, en leur envoyant des vidéos d'Hillary Clinton parlant de « super prédateurs ». Elle a été accusée d'utiliser ce mot pour décrire les jeunes Afro-Américains. L'électorat Noir lui étant en général plus favorable qu'à Donald Trump, il était avantageux pour ce dernier que les électeurs renoncent à se rendre aux urnes.

Il semble très grave de manipuler les personnes pour qu'elles votent d'une manière ou d'une autre, mais, si l'on y pense, nous sommes entourés en permanence de messages essayant de nous convaincre d'une manière ou d'une autre. Nous sommes bombardés de publicités et de messages soigneusement élaborés, spécialement pour nous. Certains veulent nous faire acheter un jean particulier, d'autres nous faire boire une certaine boisson. D'autres encore veulent nous faire changer de métier, soutenir une bonne cause ou commencer un nouveau régime. Quand finit la publicité, quand commence la manipulation ? Il semble que la seule chose qui les sépare soit la puissance de l'algorithme.

FAKE NEWS !

Les élections présidentielles de 2016 aux États-Unis ont donné lieu à de nombreuses fausses informations, souvent créées par des sites de propagande, puis diffusées sur les réseaux sociaux.

Il y a toujours eu des sites d'actualité dont la tendance politique influençait la manière de couvrir les informations, mais, en 2016, on a assisté à un déversement d'informations créées de toutes pièces pour désinformer et semer la confusion.

Comme les fake news sont nées pour créer une réalité alternative à celle décrite dans les sources d'information traditionnelles, l'Outside Insight pourra lui aussi être confronté à un certain nombre de faux fragments d'information injectés par les entreprises qui souhaitent semer la confusion parmi leurs concurrents et les contrecarrer.

Avec la diffusion du modèle Outside Insight, ces fausses informations seront de plus en plus courantes, et seront utilisées par les entreprises pour masquer leurs intentions réelles. Ceci donnera naissance à une course effrénée entre les créateurs de fausses informations et ceux qui pourront les identifier. Cette course sera très semblable à celle que l'on observe aujourd'hui entre les créateurs de virus et les développeurs de logiciels antivirus.

LE DÉBUT D'UNE NOUVELLE ÈRE

Par essence, les nouvelles technologies visent à résoudre des problèmes insolubles jusque-là, mais créent au passage de nouveaux problèmes, auxquels il faut trouver de bonnes solutions. L'Outside Insight ne fait pas figure d'exception.

Les trois problèmes mentionnés ci-dessus (comment protéger la vie privée des personnes, comment s'assurer que les algorithmes sont éthiques, ou sont utilisés de manière éthique, et comment s'attaquer au développement naturel des fausses informations) sont d'importantes sources de préoccupations.

Je n'ai pas de solution immédiate. Je souhaite avant tout sensibiliser à ces problèmes. Alors que nous nous démenons pour implémenter les solutions d'Outside Insight, je pense qu'il est également important que nous tenions compte des questions éthiques qui se feront jour, afin de trouver des moyens de les résoudre. C'est à ce seul titre que nous tirerons profit de tous les avantages de l'Outside Insight.

17

L'avenir de l'Outside Insight

Nous vivons dans un monde submergé d'informations. Nos interactions interpersonnelles et avec le monde qui nous entoure sont de plus en plus dominées par le numérique : nos téléphones mobiles, nos navigateurs Web, nos comptes e-mail, nos comptes sur les réseaux sociaux et nos applications de messagerie. Plus nous nous convertissons au numérique, plus nous produisons de données. Les personnes, mais aussi les entreprises, laissent derrière elles une trace numérique.

Dans cet ouvrage, nous avons abordé en détail la manière dont ces données sont actuellement majoritairement ignorées. Nous avons également constaté qu'il s'agit d'une grande occasion manquée et que l'analyse des miettes en ligne peut être utile aux conseils d'administration, aux cadres, aux développeurs de produits, aux gestionnaires du risque et aux investisseurs.

Bien que le modèle Outside Insight en soit à ses premiers pas, son importance ne doit pas être sous-estimée. Les entreprises qui intégreront les principes de l'Outside Insight prendront des décisions sur la base d'un avantage informationnel qui leur permettra avec le temps de dépasser leurs concurrents qui n'utilisent pas ce modèle. Pour toutes ces raisons, l'Outside Insight deviendra un outil fondamental pour les managers dans tous les services d'une entreprise.

L'adoption d'Oracle, des GRC, de la BI et des PGI a transformé le management moderne en une pratique rigoureuse reposant sur les données internes. L'adoption de l'Outside Insight aura le même effet pour les données externes. Lorsque la technologie et les logiciels seront à la hauteur de la tâche complexe qui les attend, c'est-à-dire de collecter des insights précieux sur l'Internet, le modèle Outside Insight sera aussi courant que la BI et le GRC aujourd'hui, et deviendra rapidement l'un des outils les plus importants de la boîte de la nouvelle génération de managers.

L'adoption du modèle Outside Insight changera radicalement la manière dont les entreprises sont dirigées et pilotées. Il apportera une nouvelle transparence dans les conseils d'administration et transformera la prise de décision d'un processus réactif en un processus proactif. Les dirigeants cesseront de se concentrer sur l'efficacité opérationnelle pour s'attacher à une compréhension holistique des fluctuations de leur secteur.

UNE NOUVELLE TRANSPARENCE POUR LES CONSEILS D'ADMINISTRATION

Les membres des conseils d'administration ont souvent du mal à saisir pleinement ce qui se passe au niveau des opérations de l'entreprise. Le conseil doit se contenter de ce que la direction lui présente. Or la direction présente un récit appuyé par des données et des analyses, mais son point de vue est inévitablement influencé par ses croyances et motivations personnelles.

En y incorporant l'Outside Insight, il sera possible d'évaluer des performances d'une entreprise sur la base de données tierces.

La comparaison de données comparables provenant de pairs du secteur permet de comprendre le développement d'une entreprise indépendamment des rapports et des convictions de la direction.

L'introduction du modèle Outside Insight dans les conseils d'administration permettra à ces derniers de comprendre l'état de santé d'une entreprise par rapport à ses concurrents à la lumière d'aspects critiques et prospectifs. Ceci changera inévitablement la conversation. Au lieu de perdre du temps à étudier des données historiques, le conseil pourra s'attaquer à des questions stratégiques telles que : quelle est la taille et le sentiment de l'empreinte de notre marque en ligne ? Quelle est sa tendance par rapport à nos concurrents ? Quelle entreprise a la meilleure satisfaction client ? Quelle est la tendance au cours des douze derniers mois ? Combien investissons-nous en ventes et marketing ? Nos investissements sont-ils inférieurs ou supérieurs à la moyenne du secteur ?

Ces analyses ne remplaceront jamais les rapports du management, mais elles fourniront aux conseils une compréhension inestimable des tendances générales du secteur. L'introduction de l'Outside Insight dans les conseils d'administration procurera à leurs membres un contexte précieux leur permettant d'interpréter les rapports de la direction et de lancer des discussions constructives lors des réunions.

Entre les réunions du conseil d'administration, les membres auront accès à des tableaux de bord d'Outside Insight en temps réel pour les aider à prendre le pouls du secteur.

La transition d'un modèle réactif à un modèle proactif

Aujourd'hui, les pratiques commerciales dépendent fortement des données internes telles que les données financières, mais c'est gérer une entreprise de manière très réactive que de prendre des décisions sur la base de résultats historiques. Les données financières d'une entreprise sont en effet le résultat d'investissements et d'activités ayant eu lieu dans le passé. Étudier les données financières revient à étudier les conséquences d'événements historiques.

Les résultats futurs d'une entreprise sont une fonction de sa capacité à conserver son business existant et à en acquérir de nouveaux. Par conséquent, la compréhension profonde de l'évolution de la dynamique concurrentielle du marché est fondamentale pour la capacité concurrentielle d'une entreprise.

L'Outside Insight permet de détecter les changements de la dynamique concurrentielle en temps réel. Il fournit des informations prédictives riches en indices permettant de prévoir l'évolution de la compétitivité d'une entreprise. La satisfaction client, les dépenses publicitaires et les offres d'emploi en sont un exemple. La satisfaction des clients peut être analysée en temps réel, et sa tendance peut avertir de futures désaffections ou de l'acquisition de nouveaux clients. Si les concurrents augmentent leurs dépenses, ceci indique que la pression concurrentielle augmentera. Les offres d'emploi sont une indication précoce d'investissements, et peuvent indiquer si les concurrents investissent dans la vente ou le développement produit.

Passer de l'analyse des données internes à l'Outside Insight revient à passer d'un paradigme de prise de décision réactif à un paradigme proactif. Les indicateurs de performances tardifs, tels que les données financières, sont remplacés par une analyse en temps réel identifiant les nouvelles menaces et opportunités se faisant jour dans l'environnement concurrentiel. Pour réussir à long terme, des actions proactives et déterminées sont nécessaires lorsque des changements du marché et de la situation surviennent.

De l'efficacité opérationnelle à une vue d'ensemble du secteur

Les données internes parlent de votre entreprise. Se concentrer uniquement sur celles-ci alimente une culture d'efficacité opérationnelle autocentrée. Le passage aux données externes permet de remplacer cette vision en tunnel par une vision périphérique, et ainsi d'étudier les fluctuations de l'ensemble du secteur.

L'Outside Insight met l'accent sur une bonne maîtrise des conditions du marché extérieur, mais il n'est pas en contradiction avec le fait de se concentrer sur l'efficacité opérationnelle. Les entreprises bien positionnées jouent souvent de tous leurs atouts pour atteindre une grande efficacité opérationnelle. Avec l'approche Outside Insight, les facteurs extérieurs sont toujours au centre de la scène, car une entreprise a beau jeu de fonctionner comme une machine bien huilée, elle sera impuissante si le marché change et qu'elle devient insignifiante.

L'Outside Insight reconnaît que l'avenir d'une entreprise ne dépend pas uniquement de facteurs internes et qu'elle existe dans un écosystème plus étendu. Une entreprise est en effet influencée par de nombreux facteurs extérieurs, et ses dirigeants doivent les comprendre correctement pour bien la gérer.

L'IMPACT À LONG TERME DE L'OUTSIDE INSIGHT

L'impact positif de l'Outside Insight à court et à moyen terme est relativement évident. Les cadres prendront des décisions mieux informées, car ce processus intégrera de nouvelles informations. En saisissant les tendances des facteurs extérieurs en temps réel, ils seront également plus réactifs aux changements de leur marché.

À long terme, l'impact de l'Outside Insight sera plus profond et on ne saurait le surestimer. Trois macro-tendances guident cette évolution : la croissance exponentielle de la puissance de calcul sur le cloud, les avancées exponentielles de l'intelligence artificielle et la croissance exponentielle des données externes. Ces tendances convergent pour créer des logiciels d'Outside Insight dotés de capacités exceptionnelles.

À l'avenir, les tâches des cadres seront radicalement différentes de ce qu'elles sont aujourd'hui. Les décisions ne reposeront plus sur des points de données et des insights, mais seront guidées par la prévision des performances réalisée à l'aide de l'IA, de la théorie des jeux et de l'analyse des scénarios.

Les dirigeants pourront bientôt s'appuyer sur une puissance de calcul et une intelligence artificielle performantes. Toute décision potentielle sera soigneusement analysée et classée par de grands clusters informatiques qui traiteront les données historiques, mais aussi les informations en temps réel sur les concurrents et les autres acteurs de l'écosystème. Les réactions possibles des concurrents seront classées par ordre de probabilité et notées en fonction de leurs conséquences positives et négatives.

À ce stade, l'analyse des données sera entièrement automatique. Le logiciel d'Outside Insight représentera l'interface sensorielle avec le monde extérieur, et les PGI internes formeront les boucles de feedback des gains et des pertes des décisions prises. Le cerveau de l'Outside Insight, l'intelligence artificielle, sera l'oracle consulté par les responsables d'analyse de scénarios, les cadres, les conseils d'administration et les investisseurs.

UNE NOUVELLE ÈRE

Alors que le monde progresse sur la voie du numérique, que les machines gagnent en intelligence et que la data science se perfectionne, l'Outside Insight aura un impact profond et révolutionnera la manière de concevoir la stratégie d'entreprise et la prise de décision. Il a le potentiel nécessaire pour transformer radicalement la manière dont les entreprises sont gérées et pilotées. L'Outside Insight pourra transformer radicalement les compétences nécessaires pour être un bon dirigeant d'entreprise.

Après l'Outside Insight, le business ne sera plus le même.

Il est temps de franchir les portes d'une nouvelle ère.

Il est temps d'accepter le changement.

Remerciements

Ce livre n'aurait jamais vu le jour sans l'aide et le soutien permanent d'un grand nombre de personnes.

Il serait resté une idée sans l'aide affectueuse et les contributions d'Elen Lewis et de Greg Williams. Vous avez travaillé si dur pour donner vie aux études de cas et m'accompagner dans cet ouragan d'émotions qu'est l'écriture d'un premier livre. Vous êtes à mes côtés depuis le premier jour, et je ne vous remercierai jamais assez.

Les membres principaux de l'équipe Outside Insight sont des personnes merveilleuses qui ont planché sur les modifications du manuscrit, les illustrations, la conception de la jaquette, le site Web, l'application et la promotion. Tout ceci sous la houlette diligente de Natasha Nissar et de Thea Sokolowski. Natasha est l'une de mes collègues les plus proches depuis de nombreuses années, et sa capacité à jongler avec des dizaines d'activités sans perdre son calme ne cesse de me surprendre. Merci d'être une si belle personne, si gracieuse, source d'inspiration quotidienne. Thea Sokolowski a fait son entrée comme un tourbillon dans la dernière partie du projet et nous a permis d'atteindre la ligne d'arrivée, malgré les vents contraires. Merci à Nick Acosta pour ses magnifiques illustrations. Merci à Ursula Tereba pour toutes ses recherches. Merci à Camy Anguile pour son soutien et ses dons d'administration sans faille.

D'immenses remerciements à l'équipe Meltwater Labs. Guidée par Chad Hamre et Robert Rydefalk, cette équipe a travaillé sans relâche pour créer la première application OI de Meltwater. Pour la promotion du livre, je dois beaucoup à Matt Michelsen, la personne la plus disponible et généreuse qu'une équipe puisse compter. Ma compagne Victoria Haynes n'est pas un membre officiel de l'équipe Outside Insight, mais c'est mon plus grand soutien et conseil depuis le premier jour. Merci Victoria pour tes encouragements et ton soutien sans faille au cours d'innombrables soirées, week-ends et vacances.

Un certain nombre de personnes m'ont donné leur avis sur les premiers jets du livre, et je les remercie pour leur temps et leurs commentaires sincères. Dans le désordre, je souhaite remercier Dag Opdal, Harald Berg, Rainer Gawlick, Harald Mix, Matt Blodgett, Vincent Kouvenhowen, Matt Michelsen, Brian Flynn, Adam Jackson, Chris Regester, Ajay Khari, Andy Ann, Chad Hamre, Robert Rydefalk, Nick Couch, Affan Butt, Jeff Epstein, Gary Briggs, C. S. Park, John Burbank, Joe Lonsdale, Peter Tufano, Kathy Harvey, Oliver Guinness, Sang Kim, Ragnhild Silkoset, Brian Seth, Jim Davidson et Larry Sonsini.

Enfin, je souhaite également remercier mes collègues de Meltwater. Quand Gard Haugen et moi avons fondé notre entreprise, puis avons été rejoints par Jens Petter Glittemberg, notre business était relativement modeste, et je trouve fantastique qu'un si grand nombre de personnes exceptionnelles ait décidé de se joindre à nous malgré le peu que nous avions à notre actif. Merci à toutes les personnes de Meltwater, d'hier et d'aujourd'hui. Merci d'avoir cru à cette petite start-up norvégienne et merci d'avoir travaillé d'arrache-pied. Un remerciement spécial aux vétérans de Meltwater : Paal Larsen, Niklas de Besche, Kaveh Rostampor, John Box, Mike Ruggieri, Marty Hernandez, Jonas Oppedal, Hanna Orquist, Kevin Lorenz et Mirjam Engebretsen. Ce livre a été directement inspiré par notre dur labeur, notre expérience et nos rêves. Je ne vous remercierai jamais assez pour le fantastique trajet que nous avons parcouru ensemble. Je ne pourrais pas avoir de meilleurs collègues. Ni passer de meilleurs moments. Je vous en serai toujours profondément reconnaissant.

Index

A

Adams, Thomas 163, 164, 165
Aidin 231, 232
AIG 93, 94
Akkadian Ventures 201, 202
Alarma Sismos 101, 102
Alaska Airlines 110
Alegría, Sebastián 100, 103, 112
algorithme Black Book 107
algorithmes intelligents 2
Allen, Paul 181
Altman, Roger C. 90
Amazon 43, 83, 108, 154, 175, 181, 198, 206, 212
analyse des offres d'emploi 5, 7, 18, 21
analyse/données en temps réel
– surveillance de la police avec ~ 102
analyse/données externes en temps réel 8, 9, 81, 82
– boucle de feedback en temps réel 139
– et évaluation du risque 191
– et marketing 151, 155
– et secteur aérien 111
– pour prédire le comportement des clients 108, 112
analyse prédictive 9, 60, 225, 228, 230
Android 52, 53, 67, 160, 175
Ansari X Prize 172, 181
antiblanchiment d'argent 196
App Annie 29, 30, 69
appareil photo
– analogique 64
– numérique 13, 61, 62
Apple 5, 52, 53, 54, 117
– App Store 185
– boiler plate 34, 35, 36, 37, 40
– et Instagram 67
– et Microsoft 35, 37, 42
– et travail des enfants dans la chaîne d'approvisionnement 194, 195
– iPhone 24, 36, 47, 52, 54, 160, 185
– iPod 36
– Macintosh 35, 37
– site Web 24
Application Programming Interface (API) 185
architecture LAMP 176
Arcos, Cresencio S., Jr 191
Arduino 101
Aston Martin 27
Aznar, Iñigo 74, 75

B

Bain & Company 116
Balsillie, Jim 47
Barkham, Patrick 164
barrage de Samarco 104, 105, 106
Bear Stearns 93, 96
Beaver, Sir Hugh 149

Benchmark Capital 66
benchmarking 82, 83, 113, 114, 115, 116, 117, 118, 119, 120, 121, 123
– « best of breed » 118
– chez USPS 119, 120, 121
– comment gagner en perspective 123
– méthodologie 115, 116
– prévoir la force d'une marque 116, 117
– transparence 118, 119
Bezos, Jeff 181
BHP Billiton 103
biais de l'isolement 46, 88
biais internes 50, 54, 83, 87, 134
Bieber, Justin 165
Big Short, The 87
Bill of lading (connaissement) 33
Black, Ben 201, 202, 203
BlackBerry 47, 48, 49, 50, 51, 53, 54, 160, 163
blanchiment d'argent 195
BMW 5, 25, 28, 129, 227
Boamah, Rebecca 177
Borden Chemical 226
Branson, Richard 181
Brexit 7, 248, 249
Brockington, Tyshawn 17
Brown, Peter 211
Bug Bounty (programme Netscape) 170, 171, 173
Burbn 65, 66
Bureau van Dijk 205
Burger King 26
Burry, Michael 87, 88, 89, 90, 91
Burton-Taylor 79
business intelligence (BI) *voir* logiciel de business intelligence (BI)
business to business (B2B) 156

C

Cambridge Analytica 250, 251, 253
caméra pour VOR 74
Cap, Jan-Patrick 115, 116
Cartagena, Robert 17
cartographie et détection de séisme 99, 100
Caterpillar Inc. 127, 128, 130, 132
chaîne d'approvisionnement 195, 199
Chilvers, Simon 164
cinq forces de Porter 9, 60, 218
Cision 18, 21
Clinton, Hillary 247, 248, 249, 252, 255
Coca-Cola 2, 106, 158
– Minute Maid 106, 107, 112, 132
Codd Edgar Franck 41
Coleman, Amanda 102
Commerce Bank 118
Comscore 29
concours 110, 111, 158, 161, 162, 171, 172, 180, 181, 183, 184, 231
connaissance du client (KYC) 196
connaissement
– (*Bill of lading*) 33
contentieux 32
Cooper, Seth 183
Crawford, James 240, 241
crise financière 87, 97
crowdsourcing 99, 100, 170, 171, 173, 176, 178, 179, 180, 184
– avec concours 171, 172, 173, 180, 181, 182, 183, 184, 230, 231
Cruz, Ted 251

D

Dahl, George 183
D'Angelo, Adam 66
Daniel Wellington (DW) 6, 157, 158, 159, 168
Darbre, Philippa 187
Darden 197
Deep Knowledge Ventures 145, 207
demandes de brevets 5, 32, 235
demandes de marques 32
dépenses pay-per-clic 5, 28
développement produit
– avec concours 171, 180, 181
– et API 184, 185
– et crowdsourcing 173, 176, 179
– mesure 2
– utilisation de l'OI pour 169, 171, 199
DHL 119, 121
Diamandis, Peter H. 181
Doligez, Damien 169
Domino's 26
données financières, entreprise 5, 8, 33, 70, 77, 130
données/informations externes 2, 3, 57, 70, 88, 97
– à partir d'images satellites 239, 245
– comparaison avec les données internes 218
– correction du biais de l'isolement 88, 91, 97
– données externes en ligne, le plus grand angle mort de la prise de décision 60
– et l'Internet des objets (IdO) 244, 245
– et TALN 2, 228, 230, 237
– indicateurs précurseurs 6
– OI, prise de décision et ~ 81
– problèmes d'analyse 219, 228
– temps réel *voir* analyse/données externes en temps réel
données/informations internes 41, 54
– comparaison avec les données externes 219
– difficultés d'interprétation 119
– en tant que données tardives 44, 45
– et culture d'efficacité opérationnelle 262
– limitations de l'utilisation 8, 45
– transition vers les données externes 262, 263
données voir Outside Insight (OI)
– comparaison de l'ancien et du nouveau paradigme 77
– data science 230, 232
– données externes en ligne, le plus grand angle mort de la prise de décision 60
– et analyse/données en temps réel 8, 9, 81, 99, 100, 101, 102, 112
– et benchmarking 82, 83, 84, 113, 114
– et données externes 57, 58, 79, 81, 88, 97
– et IA 146, 263, 264
– et logiciel de simulation 145
– métadonnées 13
– nouvelles sources de données 239, 241, 242, 245
– OI en tant que nouveau paradigme de décision 8, 77, 84, 217, 223
– prise de décision, entreprise 3, 212, 263, 264

– prise de décision pour l'investissement 201, 213
– recouper différents types 155, 218, 219, 225, 235, 237, 238
– tierces 9, 46, 83, 122, 135, 137, 141, 142, 194, 260
Donofrio, Nick 180
Dorsey, Jack 66
drones 239, 240, 241, 245
Dropbox 30, 31
Duggan, Mark 102
dynamique concurrentielle 147, 261

E

Eastman, George 61
Eastman Kodak *voir* Kodak
Edgewell Personal Care
élections présidentielles, États-Unis 247, 251, 252, 253, 256
Ellison, Larry 41, 42, 43
entreprises Fortune 500 42
entreprises Fortune 1000 129, 227
Epinions.com 206
EQT, Motherbrain 7, 203, 204, 205, 212
Ericsson 163
Evernote 30

F

Facebook 14, 15, 16, 22, 25, 74, 83, 110, 162, 170, 175, 253
– création 1
– et élections présidentielles américaines 153, 154, 251
– et Instagram 67, 69, 144
– et VOR 74
– Messenger 7, 83, 84
– préparation de l'introduction en Bourse 67
– profils et « J'aime » 233, 251
– surveillance en temps réel par la police britannique 102
– unité de surveillance NYPD 6, 16
fake news 252, 256
famille Bolch 57
FedEx 119, 120, 121
Fiat Mio 177, 178
Finney, Hal 169
Fishman, Steve 95, 96
Fitbit 184
Fletcher, Alan 236
Flickr 13, 102
Flight Quest Challenge 110
Foldit 182, 183
fonds spéculatifs 207, 208, 210
Ford, Henry 115
Friele 80, 81
Fuld, Dick 95

G

Galbo, Mike 231
Galland, Brad 58
Gartner 43
Gates, Bill 43
GE Hospital Quest challenge 231
General Electric 110, 112
Genic.ai 248
gestion de la relation client (GRC) 42, 185, 220, 260
Goldbloom, Anthony 230
Goldman Sachs 22, 89
Google 83, 170, 175, 198
– AdWords 29, 109
– et YouTube 114, 144
– Maps 99
– PageRank 237
– Play 67
Graney, Russ 231
Gregory, Joe 96

Gresvig, Knut 163
grille de santé concurrentielle 134, 135
Gulliver, Stuart 196
Gxav &* 112

H

Hamner, Ben 230
Hanno, Dennis 47
Harrison, John 172
Harvard Business Review 118, 139
Hastings, Reed 182
Hazelwood Street 191, 192
Heins, Thorstein 48
Hewlett-Packard (HP) 24, 109, 206, 235
Hike Messenger 83
Hinton, Geoffrey 182
Horner, Matt 170
Howe, Jeff 173
HSBC 195
Hughes, Pat 191
huile de palme 189, 190

I

IBM 24, 41, 145, 179, 180
Idibon 228, 229, 238
Iknowwhereyourcatlives.com 14
images satellites 107, 239, 240, 242
indicateurs précurseurs 6
informatique décisionnelle *voir* logiciel de business intelligence (BI)
InnovationJam (IBM) 179
Instagram 6, 13, 14, 66, 144, 145
  – marketing avec DW 157, 158
  – mesure de la solidité de marque 25
intelligence artificielle (IA)/ machine learning 2, 9, 109, 133, 145, 207, 212, 233, 240, 248, 263, 264
  – et data science 230, 232
  – et TALN 228, 229, 230
intelligence/veille concurrentielle *voir* veille concurrentielle
  – humaine 192
  – logiciel de veille concurrentielle 8, 218, 223
  – média 79
  – open source 192
  – signal 192
Internet 3
  – coordonnées des photos 13
  – dépenses publicitaires 28
  – développement des recherches en ligne 149, 150
  – données externes en ligne, le plus grand angle mort de la prise de décision 60
  – et calcul marketing 151, 152, 155
  – miettes *voir* miettes en ligne
  – réseaux sociaux *voir* réseaux sociaux
  – sites Web d'entreprise 23, 24
  – téléchargement d'applications 29, 30
  – trafic Web 29, 32
  – Trends Report 14
Internet des objets (IdO) 244, 245
Internet of Things (IoT) *voir* Internet des Objets (IdO)
investisseurs activistes 197, 198, 199

J

Jobs, Steve 35
Ju, Stephen 144

K

Kaggle 110, 230
Kakao 83
Kaplan, Bruce 191, 192
Kickstarter 184
Koch, Thomas von 204
Kodak 61, 62, 63, 64, 65
– Gallery 65, 68
Koolen, Kees 204
Kosinski, Michal 250, 251
Kosmix 109
KPMG 129, 130
Krieger, Mike 66
KYC *voir* connaissance du client (KYC)

L

lading, Bill of 33
Laney, Doug 130, 131
Lau, Pete 160
Lawson, Kara 159
Lazaridis, Mike 47
Lehman Brothers 95, 96
LexisNexis 18, 19, 21
Lindbergh, Charles 172, 180
Line 83
LinkedIn 15, 18, 22, 25, 203, 235
Linux 175, 176
Livre Guinness des records 149
Löfgren, Christopher 159
logiciel de business intelligence (BI) 9, 218, 223, 260
logiciel de gestion d'entreprise 41, 42, 43
logiciel de simulation 145
logiciel open source 175, 176
Longitude Prize 172, 180

M

machine learning *voir* intelligence artificielle (IA)/machine learning
Mahaney, Mark 68
manipulation, et publicité 255
marketing
– calculs 151, 152, 155
– changements 150, 151, 152
– et analyse en temps réel 151, 155
– et retour sur investissement 151
– OI pour marketeurs 149, 168
– techniques traditionnelles 165
– transformations avec la nouvelle réalité numérique 151, 168
– utilisation des réseaux sociaux dans le ~ 151, 152, 168
marketing SEM 28
marques
– marketing *voir* marketing
– mesure de la solidité 25
– objectif 27
– part de voix 134
– prévoir la force 116, 117
McDonald's 26, 119
McLaren Applied Technologies 116
McNish, Jacquie 47
Meeker, Mary 14
Meltwater
– bureau canadien 45
– et architecture LAMP 176
– et castastrophe du barrage Samarco 105, 106
– et émergence d'une nouvelle catégorie de logiciels 217, 223
– et Hazelwood Street 191, 193
– et la crise des subprimes 92
– et Reckitt Benckiser 188
– et Tine 80, 81
– et USPS 120, 122
– et YouTube 113, 114

– extraction de veille concurrentielle à partir des offres d'emploi 18, 21
– grille de santé concurrentielle 134, 135
– naissance, développement et croissance 1, 3, 23, 176
– Outside Insight *voir* Outside Insight (OI)
– prudence dans l'utilisation des réseaux sociaux 22
Mercer, Robert 211, 250
Merck 183
métadonnées 13
Microsoft 53, 163, 170, 181
– et Apple 35, 37
– site Web 24
– Surface Book 24
– Venture 227
miettes en ligne 3, 7, 13, 40, 259
– analyse OI 8
– à partir des demandes de brevet 32
– à partir des demandes de dépôt de marques 32
– à partir des dépenses pay-per-click 28
– à partir des notations de crédit 32, 33
– à partir des sites Web des entreprises 23, 24
– à partir du Search Engine Marketing 28
– à partir du trafic Web 29, 32
– à propos des contentieux 33
– connexions sur les réseaux sociaux et miettes laissées par les entreprises 22, 23
– des entreprises 13, 40
– et le buzz des réseaux sociaux sur les entreprises 24, 27
– et marketeurs 151
– fake news 256
– informations personnelles sur les réseaux sociaux 13, 15
– respect de la vie privée 252, 253
– surveillance de la police 6, 16, 17, 102
MIT Technology Review 153
modèle/analyse de régression 59, 133
Moran, Allison 57
Motherbrain (logiciel d'EQT) 7, 203, 204, 205, 212
Mundy, Owen 13
Munir, Kamal 64
Munro, Rob 228, 229
Murphy, Tayshana 16
Musk, Elon 181

N

Naimat, Aman 236, 237
Netflix 181, 182, 212
Netscape 169, 170, 171
NetSuite 220
Nokia 51, 163, 206
Northern Rock 92
Nostrud, Henrik 163
notations de crédit 32, 33

O

Obama, Barack 152, 153, 154, 155
Obama, Michelle 153
Oberhelman, Doug 127
obligations adossées à des actifs 88
offres publiques initiales (IPO) 22, 203
Olive Garden 197
OnePiece 163, 164, 165, 166, 167, 168

– campagne #HackThePrice 166
– campagne #SocialCurrency 163, 165, 166
– et BrandBassador 167
OnePlus 160, 161, 162, 163, 168, 178, 179
Oppo 160
Oracle 41, 42, 43, 44, 220, 222, 236, 260
Orbital Insight 240, 241
Orteig Prize 172, 181
Outside Insight (OI)
– avenir de l'~ 259, 264
– compréhension de l'environnement concurrentiel grâce à l'~ 132, 138
– conversion au paradigme de l'~ 143, 147
– crise des titres adossés à des créances hypothécaires subprimes 87
– émergence d'une nouvelle catégorie de logiciels 217, 223
– en tant que paradigme de prise de décision 7, 8, 77, 84, 217
– et benchmarking 82, 113, 123
– et chaînes d'approvisionnement 194, 195
– et données externes *voir* données/informations externes
– et dynamique concurrentielle 147, 261, 262
– et impact à long terme 263
– et indicateurs de performances 142
– et investisseurs activistes 197, 199
– et l'analyse prédictive *voir* analyse prédictive
– et l'Internet des objets 244, 245
– et respect de la vie privée 252, 253
– et temps réel *voir* analyse/données en temps réel
– impact à long terme 263
– indicateurs de performances 141
– intégration dans les processus internes fondamentaux 138, 143
– pour la gestion du risque *voir* utilisation de l'Outside Insight pour la gestion du risque
– pour le développement produit 169, 171
– pour les conseils d'administration et les cadres 127, 147
– pour les marketeurs 149, 168
– prise de décision pour l'investissement 201, 213
– problèmes techniques à résoudre 225, 238
– questions d'éthique soulevées par les algorithmes 254, 255
– questions soulevées par les fake news 252, 256
– recouper différents types de données 155, 218, 219, 225, 235, 237, 238
– sophistication des logiciels 7, 9

P

Pacileo, Paul 136, 137
Palmisano, Sam 179
parabènes 187, 188, 189, 193

partenaires, et chaîne d'approvisionnement 194, 195, 199
Pebble 184
Pei, Carl 160, 162, 178, 179
PeopleSoft 220
Pérez, Antonio 62, 63, 64
PGI *voir* progiciel de gestion intégré (PGI)
Philometrics 233, 234
photos sur les réseaux sociaux 14
Photoworld 14
Pizza Hut 26
Planet Labs 242, 243
police de l'agglomération de Manchester 102, 103
Popović, Zoran 183
Post, Justin 69
Power, J. D., études 118
Prevedere 58, 128, 129, 140, 141, 226, 227, 228, 238
prévision du résultat des élections 7, 152, 155
principes de management Lean 115
prise de décision de l'entreprise *voir* données, prise de décision, entreprise
prise de décision pour l'investissement 201, 205, 207, 208, 212, 213, 218, 223
progiciel de gestion intégré (PGI) 41, 42, 43, 44, 46, 59, 219, 222, 223, 226, 260, 264
– biais de l'isolement 46, 88
– données tardives 44
projet GNU 175
Propublica.org, Bailout Tracker 93
psychométrique 250, 251, 252
publicité 8, 120, 152, 165, 181, 255

Q

Q de Tobin 130
Quick Donate 154

R

RaceTrac 6, 57, 58, 59, 60
Rajeevikaran, Janan 231
Reckitt Benckiser 188
référendum sur l'Union européenne, Royaume-Uni 7, 248, 249
Renaissance Technologies 210, 250
réseaux sociaux 1, 3, 110
– analyse 2
– buzz et miettes en ligne 24, 27
– connexions aux réseaux et miettes des entreprises 22, 23
– coordonnées des photos 13
– en tant qu'indicateur de performances boursières 205, 207
– et élections 7, 152, 155, 248, 252, 255
– et mesure de la solidité de marque 25, 26
– et objectif de marque 27
– étude des « J'aime » 233, 235
– et utilisation des ~ par le marketing 151, 152, 168
– miettes personnelles sur les ~ 13, 15
– protection de la vie privée 13
– respect de la vie privée 252, 253
– surveillance en temps réel par la police 102
retour sur investissement (RSI) 151, 212
Revenue Analytics 107

RIM 48, 51, 52, 54, 206
Robinson, Mark 173
Rodriguez, Carlos 16
Rolls-Royce 27
Rotich, Juliana 100, 103
Rutan, Burt 181

S

Sacca, Chris 66
Salesforce 43, 185, 236
Sasson, Steven 61
satellites Dove 242
satisfaction client 2, 25, 114, 262
Scanlon, Liz 65
Schmidt, Eric 252
Schwartz, Alan 93
secteur aérien 111
Secure Socket Layer (SSL) challenge 169, 170
sida 182
Siebel GRC Systems, Inc. 220
Siebel, Tom 220
Siegel, David 207
Silcoff, Sean 47
Silicon Valley 5, 14, 43, 66, 144, 202, 227
Silver, Nate 247
Simons, James 209, 210, 211
site Web d'une entreprise 23
Smarter Planet (IBM) 180
smartphones 13, 49, 52, 53, 160, 163, 178, 206
Smith, Jeff 197
Smith, Kevin 227
Snapchat 14, 30, 32, 253
SoftBank 243
sondages quantitatifs 233, 234
Sony 117, 163
SpaceShipOne 181
Spectre, Alex 233, 234
Spiderbook 236, 237, 238
Stallman, Richard Matthew 175
Standard Chartered 195
Starboard Value LP 197
Starbucks 176
Statista 79
Stillwell, David 250, 251
Strine, Leo 198
suivi en temps réel par la police britannique 102
Surowiecki, James 173
Symbian 51, 52
Systrom, Kevin 66, 67, 68

T

Target 118, 137, 254
Taub, Stephen 207, 208
techniques de big data 2, 9
Tellis, Gerard J. 206, 207, 212
Tencent 84
Terra Bella 243
Tesco 177
Tesla 25, 28, 33, 34, 181
théorie des jeux 132, 145, 263
Tine 80, 81
Tirunillai, Seshadri 206, 207
titres adossés à des créances hypothécaires, crise des subprimes 88, 90, 91, 92, 93, 94, 95, 96, 97
Tobin, James 130
Torvalds, Linus Benedict 175
trafic Web 29
traitement automatique du langage naturel (TALN) 2, 217, 228, 237
Tran, Joyce 69
transporteurs 33
travail des enfants 194
tremblement de terre 99
– à Haïti 99
– et tsunami au Chili 100

– et tsunami au Japon 101
TripAdvisor 156
Trump, Donald 7, 247, 248, 249, 250, 251, 252, 255
Twitter 14, 15, 25, 74, 102, 110, 162, 175, 253
– création de ~ 2
– @gmpolice 102
– mesure de la solidité de marque 25
Tysander, Filip 157

U

UNICEF 229
UPS 119, 120, 121
Ushahidi 99, 100, 112
US Postal Service (USPS) 120
utilisation de l'Outside Insight dans les conseils d'administration 127, 131, 146, 223, 260, 261, 264
– par les cadres 127, 131, 223, 264
utilisation de l'Outside Insight pour la gestion du risque 187, 191, 199
– avec la chaîne d'approvisionnement et les partenaires 194, 195
– avec les investisseurs activistes 197, 198, 199
– et la connaissance du client (KYC) 195, 196
– évaluation du risque en temps réel 191, 193
– suivi de la santé des grands comptes 193, 194

V

Vale 104, 105, 106
Vance, Cyrus, Jr 17
veille concurrentielle 2, 3, 21, 29, 233
veille média 79
VentureBeat 5
vie privée 252
Virgin 181
VITAL 207, 212
Vocus 18, 19, 21
Volvo Ocean Race (VOR) 73, 76, 77
Vyas, Vidur 83, 84

W

Wagner, Dan 152, 153
Wagner, Richard 128, 129, 130, 140, 226, 227
Walmart 108, 109, 110, 112, 119, 137, 195, 240
Wanamaker, John 152
WeChat 83, 84
WhatsApp 7, 14, 30, 31, 83, 84
Wikipédia 173
Winton Capital 207

X

Xerox 115

Y

Yach, David 54
Yahoo 175, 197, 198
– Shopping 206
Yelp 156
YouTube 6, 15, 74, 102, 113, 114, 144, 145, 161, 248

Z

Zuckerberg, Mark 67, 68, 69, 70, 84, 144

Dépôt légal : juin 2020
IMPRIMÉ EN FRANCE

Achevé d'imprimer en mai 2020
sur les presses de l'imprimerie *La Source d'Or*
63200 RIOM
Imprimeur n° 13879

Dans le cadre de sa politique de développement durable,
La Source d'Or a été référencée IMPRIM'VERT
par son organisme consulaire de tutelle.
Cet ouvrage est imprimé - pour l'intérieur -
sur papier offset 90 g
provenant de la gestion durable des forêts.